Dennis Hans Ladener

Verschwörungsbuch
Enthüllungen jenseits der offiziellen Geschichte

Einführung

1. Auflage
© 2024 Dennis Hans Ladener
(dladener@googlemail.com)

Verlag: BoD • Books on Demand GmbH, In de
Tarpen 42, 22848 Norderstedt
Druck: Libri Plureos GmbH, Friedensallee 273,
22763 Hamburg

ISBN: 978-3-7597-7719-5

Dennis Hans Ladener,
geboren am 11. Mai 1990 in Köln,
ist ein deutscher Philosoph, Freidenker und kritischer
Geist. Nachdem er seine Ausbildung zur Fachkraft
für Schutz und Sicherheit abgeschlossen hatte,
wandte er sich im Alter von 21 Jahren der Philosophie
zu. Angeregt durch die Werke Arthur Schopenhauers,
begann er, die Welt aus neuen Perspektiven zu
betrachten und sich intensiv mit den grundlegenden
Fragen des menschlichen Daseins auseinander-
zusetzen.

Ladeners Denken ist geprägt von einem unstillbaren
Wissensdurst und dem Drang, komplexe Zusammenhänge zu ergründen. Sein Interesse reicht von den
tiefen philosophischen Fragen bis hin zu alternativen
Sichtweisen auf gesellschaftliche Ereignisse, die oft
als **"Verschwörungstheorien"** bezeichnet werden.
In beidem sieht er die Möglichkeit, gängige
Überzeugungen herauszufordern und neue Wege
des Denkens zu eröffnen.

Seine Arbeit zielt darauf ab, schwer zugängliche
Themen für eine breitere Öffentlichkeit verständlich
zu machen. Ladener ermutigt seine Leser, über die
Oberflächlichkeit des Alltags hinauszudenken und
die Welt mit einem kritischeren und wacheren Geist
zu betrachten. Als Freigeist und Systemkritiker
hinterfragt er unermüdlich die Strukturen und Normen
der modernen Gesellschaft, stets auf der Suche nach
tieferen Wahrheiten.

Inhaltsverzeichnis

Vorwort

Geschichte ist das Fundament unserer Identität, der Faden, der unsere Gegenwart mit der Vergangenheit verbindet. Doch was, wenn dieser Faden manipuliert, verdreht oder sogar absichtlich zerschnitten wurde? Was, wenn die Geschichte, die wir in den Schulen lernen, die in den Büchern steht und die von den Medien verbreitet wird, nur ein sorgfältig konstruiertes Narrativ ist, das von jenen kontrolliert wird, die die Macht haben, die Wahrheit zu formen?

Dieses Buch ist keine Abhandlung über historische Fakten, wie sie in den offiziellen Annalen verzeichnet sind. Es ist eine Reise durch das Labyrinth der Möglichkeiten, eine Expedition in das Reich des Verborgenen und des Verdrängten.

In den folgenden Kapiteln lade ich Sie ein, den Schleier der Illusion beiseitezuschieben und einen Blick auf alternative Sichtweisen zu werfen, welche die herkömmliche Geschichtsschreibung infrage stellen. Ich erhebe nicht den Anspruch, alle Antworten zu haben. Doch ich glaube fest daran, dass das Hinterfragen der offiziell akzeptierten Erklärungen und das Erkunden unkonventioneller Theorien ein wichtiger Schritt ist, um die wahre Natur unserer Welt zu verstehen.

Dieses Buch ist für diejenigen geschrieben, die bereit sind, über das Offensichtliche hinauszuschauen. Für jene, die den Mut haben, die bequemen Erklärungen zu hinterfragen und sich auf die Suche nach tieferen

Wahrheiten zu begeben. In einer Welt, die zunehmend von Desinformation und Kontrolle geprägt ist, ist das Streben nach Wissen – nach echter, unverfälschter Wahrheit – vielleicht der letzte Akt der Rebellion.

Lassen Sie uns gemeinsam die offizielle Version der Geschichte hinterfragen und den Mut aufbringen, die unzähligen Puzzleteile, die uns zur Verfügung stehen, zu einem neuen Bild zusammenzufügen.

Einleitung

Wir leben in einer Zeit, in der Informationen im Überfluss vorhanden sind und uns in jeder Sekunde erreichen. Doch paradoxerweise scheint die Wahrheit, die uns umgibt, oft unerreichbar, verborgen hinter einem dichten Netz aus Halbwahrheiten, Manipulationen und gezielten Desinformationen. In einer Welt, die von offiziellen Narrativen und festgelegten Geschichtsbüchern dominiert wird, stellt sich eine beunruhigende Frage:

Wie viel von dem, was wir als unumstößliche Wahrheit akzeptieren, ist tatsächlich real?

Die Geschichte, so wird uns gesagt, ist eine Ansammlung von Fakten, eine chronologische Aufzeichnung dessen, was war. Doch Geschichte ist auch eine Waffe, ein Instrument der Macht, das von den Siegern geschrieben und von den Mächtigen kontrolliert wird. Die offizielle Geschichtsschreibung bietet uns ein Bild der Vergangenheit, das wir bereitwillig annehmen, weil es in das Narrativ passt, das uns beigebracht wurde. Aber was, wenn dieses Bild nur ein Teil der Wahrheit ist – **oder vielleicht sogar eine sorgfältig konstruierte Fiktion?**

In den folgenden Kapiteln werden wir uns mit den größten Mysterien und Verschwörungen der Menschheitsgeschichte auseinandersetzen. Von den Pyramiden von Gizeh, deren wahre Erbauer und Absichten noch immer im Dunkeln liegen, bis hin zur mysteriösen Antarktis,

die mehr verbirgt, als das bloße Auge sehen kann.
Dieses Buch zielt darauf ab, das Offensichtliche
infrage zu stellen und alternative Erklärungen zu
erkunden.

Wir werden Theorien betrachten, die von den meisten
Historikern abgelehnt, ja sogar belächelt werden.
Doch diese Theorien, so außergewöhnlich sie auch
erscheinen mögen, bieten oft faszinierende
Perspektiven, die unsere festgefahrenen Vorstellungen
herausfordern. Sie laden uns ein, unsere
Wahrnehmung zu erweitern und zu überlegen, ob es
nicht doch mehr gibt, als wir bisher geglaubt haben.

Diese Reise ist keine leichte. Sie erfordert Mut,
Neugier und die Bereitschaft, sich auf das Unbekannte
einzulassen. Es geht nicht darum, blind an jede
alternative Theorie zu glauben, sondern darum, die
gängigen Erklärungen zu hinterfragen und sich dem
Abenteuer der Entdeckung hinzugeben. Denn nur
durch das Hinterfragen des Bekannten können wir
neue Wahrheiten enthüllen und ein tieferes
Verständnis für die Welt entwickeln, in der wir leben.

Ich lade Sie ein, Ihre Annahmen infrage zu stellen
und gemeinsam mit mir das Offensichtliche zu
durchbrechen. Lassen Sie uns die Grenzen der
etablierten Geschichte überschreiten und uns auf
die Suche nach der Wahrheit machen, die
möglicherweise weit jenseits des Offiziellen liegt.

1. Abschnitt

Geschichtsverfälschung

Die Erforschung der Geschichte geht weit über das bloße Studium vergangener Ereignisse hinaus. Sie ist der Schlüssel zum Verständnis unserer Ursprünge und Entwicklungen als Zivilisation. Doch was, wenn die Geschichte, wie wir sie kennen, nur ein fragmentarisches Bild einer viel komplexeren Realität ist? Was, wenn ganze Epochen unserer Vergangenheit verfälscht, vergessen oder bewusst verschleiert wurden?

Dieser Abschnitt widmet sich der Untersuchung alternativer Theorien und kritischer Ansätze zur Chronologie und Geschichte, die von der etablierten Wissenschaft oft übersehen oder abgelehnt werden. Es stellt die traditionellen Annahmen infrage und bietet neue Perspektiven auf historische Ereignisse und Monumente.

Von der möglichen Existenz früher Hochkulturen, die weit fortschrittlicher waren, als bisher angenommen, bis hin zu Verschwörungstheorien rund um die Antarktis – dieser Abschnitt lädt den Leser ein, die Grenzen des Bekannten zu hinterfragen und die Möglichkeit in Betracht zu ziehen, dass die offizielle Geschichtsschreibung nur ein Teil eines viel größeren und komplexeren Ganzen ist.

Die offizielle Geschichtsschreibung gilt weithin als unverrückbar, festgehalten in Lehrbüchern und Studien, und wird von Generation zu Generation weitergegeben.

Doch was, wenn diese überlieferte Geschichte nur ein bruchstückhaftes Bild einer vielschichtigeren Realität darstellt?

„Was, wenn unsere Vergangenheit weit weniger linear und deutlich turbulenter war, als es die etablierten Narrative vermuten lassen?"

Dieser Abschnitt stellt diese Fragen ins Zentrum seiner Untersuchung. Es ist eine Einladung, die vertrauten Annahmen über die menschliche Geschichte zu hinterfragen und sich auf eine Erkundung alternativer Theorien einzulassen. Theorien, die behaupten, dass ganze Epochen verfälscht oder gar erfunden wurden, dass Zivilisationen existierten, die weit fort- schrittlicher waren, als wir es uns heute vorstellen können, und dass bedeutende historische Ereignisse vielleicht nicht so stattgefunden haben, wie wir glauben.

„Warum sollten wir uns mit den konventionellen Erklärungen zufriedengeben, wenn es so viele Hinweise gibt, die auf eine komplexere und womöglich geheimnisvollere Vergangenheit hindeuten?"

Überall auf der Welt finden sich antike Bauwerke, die durch ihre schiere Größe und Präzision selbst moderne Ingenieure in Erstaunen versetzen. Wie ist es möglich, dass solche Strukturen ohne die uns bekannten Technologien errichtet wurden?

Könnte es sein, dass wir die wahre Geschichte dieser Bauwerke und ihrer Schöpfer noch gar nicht kennen?

Dieses Buch erhebt nicht den Anspruch, definitive Antworten zu liefern. Vielmehr möchte es dazu anregen, die festgefügten Vorstellungen über die Vergangenheit zu hinterfragen und sich einer tieferen Untersuchung hinzugeben. Es lädt dazu ein, über den Tellerrand hinauszublicken und das Unbekannte mutig zu erforschen.

Die Welt ist voller ungelöster Rätsel, die unsere Vorstellungskraft herausfordern. Vielleicht führt uns dieser Weg zu einer völlig neuen Sichtweise auf die Geschichte der Menschheit.

Dunkle Jahrhunderte und Chronologiekritik

„Die dunklen Jahrhunderte bezeichnen Perioden, in denen es nur wenige oder gar keine schriftlichen Aufzeichnungen gibt, was die Erforschung und das Verständnis dieser Zeiten erheblich erschwert.

Die Chronologiekritik greift diese Lücken auf und stellt etablierte historische Zeitrechnungen in Frage.

Es gibt verschiedene theoretische Ansätze, die behaupten, dass bedeutende Abschnitte der Geschichte entweder verkürzt, umdatiert oder verlängert wurden."

Das moderne historische Paradigma wurde hauptsächlich im 16. und frühen 17. Jahrhundert etabliert!

Die Autoren der Neuen Chronologie, betrachten den Gelehrten Joseph Justus Scaliger und seinen Nachfolger Denis Petau (lat.: Dionysius Petavius), als die ursprünglichen Begründer dieses Paradigmas.

Petau war neben Scaliger der bedeutendste Chronologe der Frühen Neuzeit .

Ihre Werke zur geschichtlichen Chronologie haben die gesamte Basis für das heutige Verständnis historischer Zeitlinien gelegt!

Die aktuelle und allgemein akzeptierte Ausrichtung der Weltgeschichte wird somit als **scaligerianisch** bezeichnet. Diese Version der Geschichte wurde jedoch bereits von vielen berühmten und renommierten Wissenschaftlern scharf kritisiert!

Trotz dieser berechtigten Kritik hat die scaligerianische Chronologie noch immer großen Einfluss auf die akademische Geschichtsschreibung und die allgemeine Auffassung von historischen Ereignissen beibehalten!

In der „Neuen Chronologie" wird hingegen die Idee einer "Breakaway Civilization" diskutiert. Diese Theorie nimmt an, dass es abweichende historische Entwicklungen oder verdeckte Zivilisationen gab, die von der Mainstream-Forschung nicht ausreichend berücksichtigt wurden.

**„Solche Zivilisationen könnten alternative
Zeitlinien oder unbekannte technologische
Fortschritte aufweisen, die in der
herkömmlichen Geschichtsschreibung
nicht auftauchen."**

Anatoli Timofejewitsch Fomenko,
ein bedeutender Vertreter der Neuen Chronologie,
stellt die scaligerianische Chronologie ebenfalls
infrage und schlägt alternativ-historische-Zeitlinien
vor.

Fomenkos Arbeiten basieren auf einer Neubewertung
historischer Daten und verwenden mathematische
Methoden zur Analyse chronologischer Ereignisse.
Seine Theorien haben zu intensiven Debatten
innerhalb der historischen Forschung geführt und
polarisieren die wissenschaftliche Gemeinschaft.

**„Fomenko behauptet, dass viele historisch
Ereignisse und Figuren mehrfach in
unterschiedlichen Zeiten und Regionen
auftauchen, was deutlich auf eine fehlerhafte
bzw. absichtlich verfälschte Chronologie
hinweisen könnte!"**

Weitere Theorien

•Immanuel Velikovsky

Velikovsky rekonstruierte die altägyptische Geschichte und verkürzte den Zeitablauf, indem er den Auszug aus Ägypten mit der Katastrophe am Ende des Mittleren Reiches gleichsetzte. Diese Verkürzung führte zu einer Streichung von etwa 550 Jahren aus der herkömmlichen Chronologie.

•Heribert Illig und die Phantomzeit-These

Illigs Theorie besagt, dass etwa 300 Jahre des Mittelalters erfunden wurden. Laut ihm folgte auf das Jahr 614 direkt das Jahr 911. Diese These impliziert, dass bedeutende historische Figuren wie Karl der Große nie existiert haben.

•Gunnar Heinsohn

Heinsohn glaubt, dass die Geschichte Mesopotamiens und Ägyptens um 2000 Jahre gestreckt wurde, um die biblische Geschichte zu stützen. Er argumentiert, dass viele historische Ereignisse und Figuren künstlich eingefügt wurden.

•Uwe Topper

Topper vertritt die Ansicht, dass Mohammed etwa 297 Jahre früher lebte und dass die Entstehung des Islam mit der Verurteilung des Arius auf dem Konzil von Nicäa zusammenfällt.

Er argumentiert, dass viele historische
Epochen erfunden oder stark verzerrt sind.

•Hans-Joachim Zillmer

Zillmer glaubt, dass das Altertum erst
vor etwa 1000 Jahren begann und dass
das Römische Reich in Rom nie existierte.
Er vermutet, dass eine große Natur-
katastrophe im 6. Jahrhundert die Ursache
für den Bruch in der Geschichte war.

•Christoph Pfister

Pfister argumentiert, dass die gesamte
Menschheitsgeschichte seit den frühesten
Hochkulturen auf 1000 Jahre verkürzt
werden sollte. Er glaubt, dass antike
Kulturen wie die der Kelten, Griechen
und Römer Erfindungen aus der
Renaissance sind.

Alternativer Ansatz

Es gibt Themen, die einen dermaßen innerlich ergreifen, dass man allen gegebenen Zweifeln zum Trotz unbedingt weiterhin dieser Sache nachgehen sollte, wenn man seinen eigenen Seelenfrieden beibehalten möchte. Ich maße mir hierbei jedoch unter keinen Umständen an, der absolute Experte auf diesem Fachgebiet zu sein. Ich gehe jedoch davon aus, mittlerweile tief genug gegraben zu haben, um zumindest für alle "Neueinsteiger" innerhalb dieses Feldes eine ausreichende Stütze bilden zu können.

Zu diesen Themen gehören:

- *Alte Hochkulturen*
- *Geschichtsfälschung*
- *Die Geschichte des Alten Ägyptens*
- *Der Mythos von Atlantis*
- *Pyramidenbauwerke weltweit*
- *Antike Bauwerke weltweit*
- *Der Kontinent Antarktika (Antarktis)*

Für diese Einführung werde ich den gesamten Umfang der Theorie (wie ich sie verstanden habe) so komprimiert wie möglich darlegen. Dieser Ansatz spiegelt somit lediglich meine ganz eigene persönliche Interpretation der These wider und weicht somit sicherlich stellenweise (mehr oder weniger) von anderen noch existierenden Darstellungen ab.

Es gibt eine nicht zu unterschätzende Anzahl unterschiedlicher Indizien, die in ihrer Gesamtheit betrachtet darauf hindeuten, dass es in der Vergangenheit bereits eine oder sogar mehrere hoch entwickelte Zivilisationen auf der Erde gegeben haben könnte. Folgt man diesen Spuren, erscheint nicht nur der Mythos rund um Atlantis in einem völlig neuen Licht, sondern auch der wahre Ursprung des alten Ägyptens sowie aller weltweit auffindbaren Pyramidenbauwerke und anderer komplexer Strukturen aus früherer Zeit.

Das Problem ist jedoch, dass jegliche vorweisbaren potenziellen Belege für alternative Erklärungsansätze von den "Verwaltern und Beschützern" der allgemein anerkannten Geschichtsschreibung gnadenlos ignoriert, vernichtet oder mit unlauteren Mitteln niedergeschmettert werden. Sogar innerhalb der jüngeren menschlichen Geschichte der letzten 300 bis 500 Jahre zeigen sich immer wieder auffällige Widersprüche – zumindest, wenn man genau hinschaut.

Könnte es vielleicht sogar möglich sein, dass es in Wahrheit noch nicht allzu lange her ist, als die Menschheit schon einmal einen recht fortgeschrittenen Entwicklungsstand erreicht hatte?

Dem gesunden Menschenverstand nach, gehen wir im Allgemeinen wohl von einem doch recht geradlinigen Menschheitsverlauf aus. Was bedeutet dass wir in der heutigen Moderne des Jahres 2024 einen sicherlich viel höheren Stand der zivilisa-torischen Entwicklung erreicht haben als es beispielsweise noch vor 500, 5.000 oder gar 50.000 Jahren der Fall gewesen ist.

Dennoch sprechen nicht wenige Indizien dafür,
das dieser von den meisten Wissenschaftlern wohl
als richtig abgesegneter Gedankengang trotz allem
nicht zwangsläufig auch der tatsächlichen Wahrheit
entspricht.

Vielmehr scheint es so zu sein das die Menschheit sich
im Laufe ihrer gefährlichen Reise zwangsweise mit
immer wiederkehrenden gravierenden Rückschlägen
auseinander setzen musste. Katastrophale Ereignisse
unterschiedlicher Natur welche zunächst nicht nur ein
zivilisatorisches weiterkommen verhinderten sondern
uns zudem auch noch jedes einzelne Mal sowohl
"geistig als auch entwicklungstechnisch" wieder
erneut ein ordentliches Stück weit zurückgeworfen
haben!

Die ältesten Funde des "Homo sapiens" sind laut einer Studie aus dem Jahre 2017 mindestens 300.000 Jahre alt!

Wir dachten lange Zeit, dass die Wiege der
Menschheit vor etwa 200.000 Jahren irgendwo
in Ostafrika lag. Aktuelle Daten, die durch neue
archäologische Funde und fortschrittliche
Datierungstechniken gewonnen wurden, zeigen
jedoch, dass sich Homo sapiens bereits vor etwa
300.000 Jahren über den gesamten afrikanischen
Kontinent ausgebreitet hat.

Diese Erkenntnisse stammen aus verschiedenen
Fundorten in Nordafrika, Südafrika und Westafrika
und deuten darauf hin, dass es mehrere Regionen gab,

die zur Entwicklung des modernen Menschen
beigetragen haben.

„Lange bevor der moderne Mensch
Afrika vor etwa 100.000 Jahren verließ,
hatte er demnach bereits den ganzen Kontinent
besiedelt und eine bemerkenswerte kulturelle
und technologische Vielfalt entwickelt!"

Ich persönlich halte es also daher durchaus für
realistisch möglich das sich innerhalb einer langen
Zeitspanne von hunderttausenden Jahren immer
wieder vereinzelt weit entwickelte Hochkulturen hier
auf Erden entwickelt haben könnten. Menschen aus
völlig anderen Epochen unserer langen "bröckeligen"
Menschheitsgeschichte welche uns entweder
(auf ihre Art) ebenbürtig bzw. "in einigen Belangen"
sogar bereits weit überlegen waren. Aufgrund der
teils gravierenden unterschiedlichen Verläufe ihrer
jeweiligen individuellen Geistigen als auch
technischen Entwicklungslinien jedoch auf solch
eine "Andersartige" Art und Weise **(im Vergleich zu**
heutzutage) sodass wir uns dies aus unserer
Perspektive betrachtet **(wenn überhaupt)** nur äußerst
schwerlich und beschränkt vorstellen können!

Die allgemein rasante technische Entwicklung
der letzten "150 - 250" Jahre sowie der Beginn
des Informationszeitalters (Computer/Digitalzeitalters)
vor rund 83 Jahren (anhaltend bis zum heutigen Tage)
kann somit aus meiner persönlichen Betrachtung
hinaus vielmehr als lediglich nur ein Einzelphänomen
innerhalb des verlaufes der Menschheit dargestellt
haben.

Diesen Gedankengang halte ich zumindest
für wesentlich realistischer als mir vorzustellen
das die Menschheit innerhalb einer Zeitspanne von
dreihunderttausend Jahren (bis auf wenige Ausnahmen)
kaum etwas nennenswertes hinbekommen haben soll
nur um dann jedoch plötzlich vor nicht einmal 300
Jahren eine bahnbrechende Errungenschaft nach der
anderen vorzuweisen.

Ganz gleich ob wir nun fünf jahunderte oder gar zig
Jahrtausende zurück schauen. Egal wieviel bereits
vernichtet oder unter Schlamm, Wäldern und Ruinen
vergraben worden ist. Unsere mehr als nur fleißigen
Vorfahren haben uns zum Glück genügend Beweise
für ihr mehr als nur beeindruckendes können
hinterlassen...

**Doch was nützen einem Menschen selbst die besten
Augen wenn der Geist bereits längst verlernt hat
auch tatsächlich zu sehen?**

Die Ägypten-Verschwörung
Eine alternative Geschichte

Die Geschichte Ägyptens scheint aufgrund jahrzehntelanger intensiver Forschung sowie vermeintlich unbestreitbarer Fakten bereits buchstäblich in Stein gemeißelt zu sein. Doch was wissen wir tatsächlich über "die alte Zeit", also den Zeitraum, in dem die Cheops-Pyramide ursprünglich erbaut worden sein soll?

Im Allgemeinen wird angenommen, dass Ägyptologen im Überfluss auf zahlreiche alte Quellen zurückgreifen können, was insbesondere für jüngere Epochen zutrifft. Für das Alte Reich jedoch fehlen umfangreiche schriftliche Überlieferungen.

Die meisten Informationen über diese Zeit stammen aus späteren Quellen, die Jahrhunderte nach den Ereignissen verfasst wurden.

Tatsächlich lässt sich die Geschichte Ägyptens erst ab ungefähr 680 vor Christus eindeutig datieren, da sich erst ab diesem Zeitpunkt zahlreiche Verbindungen zu griechischen und römischen Quellen belegen lassen. Diese Quellen bieten detailliertere und umfassendere Einblicke in die ägyptische Geschichte, die vorher weitgehend im Dunkeln liegt.

Ägyptologen sind also bei weitem nicht alle der gleichen Meinung, was den tatsächlichen geschichtlichen Verlauf betrifft.

Auch sie stellen stets nur Theorien auf, die auf den verfügbaren Beweisen basieren. Der eine fügt etwas Neues hinzu, der andere lässt etwas weg, und so entstehen unterschiedliche Interpretationen derselben Beweise. Ein Umstand, der natürlich auch den Bau der Cheops-Pyramide betrifft. Außer dem existierenden Bauwerk selbst scheint es doch recht wenige überzeugende Fakten zu geben.

Archäologische Funde und spätere historische Berichte bieten einige Hinweise, aber viele Fragen bleiben offen. Wie wurden die riesigen Steinblöcke transportiert und aufgeschichtet? Welche Rolle spielten die Arbeiter, und wie wurden sie organisiert und versorgt? Diese und viele andere Fragen bleiben weiterhin Gegenstand intensiver Debatten und Untersuchungen.

Die offizielle Geschichtsschreibung besagt,
dass die großen Pyramiden von Gizeh und die Sphinx
von den alten Ägyptern während der vierten Dynastie,
etwa 2580–2560 v. Chr., erbaut wurden. Diese
Monumente gelten als Meisterwerke der antiken
Baukunst und zeugen von den Fähigkeiten und dem
Wissen der ägyptischen Zivilisation. Doch viele
alternative Historiker bezweifeln diese Darstellung
und argumentieren, dass diese Bauwerke viel älter
sind und möglicherweise von einer verloren
gegangenen Hochkultur errichtet wurden.

Die Cheops-Pyramide, auch bekannt als die Große
Pyramide von Gizeh, ist das letzte verbliebene der
sieben antiken Weltwunder und fasziniert durch ihre
Präzision und Größe. Sie wurde angeblich in einer
Zeit errichtet, als die alten Ägypter weder das Rad
noch Eisen oder Stahl kannten, sondern lediglich
Meißel aus Bronze, Steinwerkzeuge und Hanfseile
verwendeten. Trotz dieser primitiven Werkzeuge
und Techniken, die den alten Ägyptern zur Verfügung
standen, ist das Bauwerk so präzise, dass es selbst
moderne Technologien herausfordert.

**Die Pyramide besteht aus etwa 2,3 Millionen
Steinblöcken,** die jeweils mehrere Tonnen wiegen
und zu einem 146 Meter hohen Bauwerk zusammen-
gefügt wurden. Die Steinblöcke sind von höchst
unterschiedlicher Form und Größe, was den Bau
erheblich komplizierter machte. Dennoch ist das
abschließende Ergebnis der Pyramide genauso
präzise, als hätte man für ihre Fertigstellung
modernste Technologien verwendet.

Die Steinblöcke wurden so genau bearbeitet und positioniert, dass selbst heutige Bauunternehmen Schwierigkeiten hätten, etwas Vergleichbares zu schaffen.

Die präzise Ausrichtung der Pyramide nach den Himmelsrichtungen und die exakte Anordnung der Blöcke lassen viele Forscher vermuten, dass die Erbauer über fortgeschrittene Bau- und Vermessungstechniken verfügten. Die Frage, wie diese gigantischen Blöcke transportiert und so präzise platziert werden konnten, bleibt eines der größten Rätsel.

Besonders bemerkenswert sind die drei Grabkammern innerhalb der Pyramide:

- *Die Felsenkammer*
- *Die Königinnenkammer*
- *Die Königskammer*

Diese Kammern sind so exakt gebaut, dass es selbst heutzutage eine große Herausforderung wäre, etwas Vergleichbares zu schaffen. Die Königskammer zum Beispiel ist horizontal wie vertikal perfekt ausgelotet. Es ist erstaunlich, dass die Menschen zu jener Zeit bereits in der Lage waren, solche präzisen Bauwerke zu errichten. Die Cheops-Pyramide hat nachweislich mindestens drei schwere Erdbeben überstanden, das letzte im 13. Jahrhundert. Dennoch steht sie bis heute unverändert und zeigt keinerlei Zerstörungen im Inneren.

- *Die Pyramide wurde exakt in Nord-Süd-Richtung erbaut. Noch im 17. Jahrhundert betrug die Abweichung bei selbst besonderen Bauwerken fünf Mal so viel.*

- *Die Cheops-Pyramide hat, anders als allgemein angenommen, tatsächlich acht Seiten, da ihre vier Flächen leicht gewinkelt sind. Dies macht ihren Bau zusätzlich wesentlich schwieriger und stellt selbst heute noch ein kaum durchführbares Unterfangen dar.*

- *Es wird behauptet, dass die gesamte Pyramide in lediglich zwanzig Jahren komplett erbaut worden sein soll. Doch selbst bei 12-Stunden-Schichten und 365 Tagen pro Jahr müsste man etwa alle 2,5 Minuten einen Tonnen schweren Steinquader exakt in Position bringen und einbauen.*

Die Frage, warum Ägyptologen so sehr auf dem Zeitraum von nur 20 Jahren beharren, könnte damit zusammenhängen, dass sonst die These, die Pyramide sei das Grab von Cheops, aufgrund der zeitlichen Datierung nicht mehr haltbar wäre!

Wie es bei allen Pharaonen üblich zu sein scheint, gibt es auch von Cheops (altägyptisch Chufu), dessen Grab die Große Pyramide angeblich sein soll, keinerlei nachweisbare Aufzeichnungen. Es ist nicht einmal sicher, wann oder wie lange er regiert hat. Die wenigen Hinweise, die existieren, sind oft fragmentarisch und lassen viel Raum für Interpretationen.

Es gibt keine zeitgenössischen Dokumente oder Inschriften, die direkt auf die Regierungszeit von Cheops hinweisen.

Die zur Verfügung stehenden Texte, die erst Jahrhunderte nach dem vermutlichen Bau der Cheops-Pyramide entstanden sind, wurden allesamt in einer nur äußerst schwer zu entziffernden Schrift geschrieben. Die Hieroglyphen, die genutzt wurden, sind komplex und erfordern eine hohe Expertise, um korrekt interpretiert zu werden. Zudem sind viele dieser Texte religiöser oder ritueller Natur und bieten wenig konkrete historische Fakten.

Indizien

Fehlen von Inschriften

- *Im Gegensatz zu anderen ägyptischen Monumenten, die reich an Inschriften und Hieroglyphen sind, gibt es in den Pyramiden von Gizeh kaum schriftliche Hinweise auf die Erbauer oder den Zweck der Bauwerke. Einige Forscher interpretieren dies als Hinweis darauf, dass die Pyramiden möglicherweise älter sind und von einer anderen Zivilisation errichtet wurden.*

Die Zahl Pi und der Goldene Schnitt

- *Einige Forscher, darunter der Physiker und Mathematiker Livio Catullo Stecchini, haben entdeckt, dass die Maße der Cheops-Pyramide die Zahl Pi (π) und den Goldenen Schnitt (Φ) in ihren Proportionen enthalten. Dies deutet darauf hin, dass die Erbauer der Pyramide ein tiefes Verständnis von Mathematik und Geometrie hatten, das weit über das hinausgeht, was den alten Ägyptern zugeschrieben wird.*

Die Erfindung des Rades

- *Ein weiteres Argument der Kritiker ist, dass zur Zeit des Pyramidenbaus das Rad im alten Ägypten noch nicht bekannt war. Dies wirft die Frage auf, wie die gigantischen Steinblöcke transportiert und platziert werden konnten*

- *Einige Theorien schlagen vor, dass die Erbauer über fortschrittliche Technologien verfügten, die uns heute unbekannt sind.*

Elektrizität im alten Ägypten

- *Eine weitere umstrittene Theorie besagt, dass die alten Ägypter möglicherweise Elektrizität kannten und nutzten. Der sogenannte Dendera-Leuchter, ein Relief im Hathor-Tempel von Dendera, zeigt eine Darstellung, die einige als antike Glühbirne interpretieren. Diese Theorie wird von Mainstream-Wissenschaftlern weitgehend abgelehnt, aber sie bleibt ein faszinierender Aspekt der alternativen Geschichte.*

Unterirdische Tunnel und Kammern

- *Einige Forscher behaupten, dass es unter den Pyramiden und der Sphinx ein Netzwerk von Tunneln und Kammern gibt, die noch nicht vollständig erforscht wurden. Diese geheimen Strukturen könnten Hinweise auf die wahre Geschichte und den Zweck der Pyramiden liefern. Berichte über geheime Expeditionen und verschlossene Zugänge nähren die Spekulationen über verborgene Schätze und Wissen.*

- *Der berühmte amerikanische Hellseher Edgar Cayce sagte in seinen Prophezeiungen, dass unter der Sphinx eine "Halle der Aufzeichnungen" verborgen sei, die das Wissen einer antiken Zivilisation enthält.*

Die Sphinx und ihre geheimnisvollen Ursprünge

Die Große Sphinx von Gizeh, die als Symbol der ägyptischen Zivilisation gilt, ist eines der am meisten diskutierten Monumente der Welt. Offiziell wird angenommen, dass sie während der Regierungszeit des Pharaos Chephren (2520–2494 v. Chr.) erbaut wurde. Doch alternative Theorien stellen diese Datierung infrage und bieten eine völlig andere Perspektive.

Der Geologe Robert Schoch von der Boston University untersuchte die Erosionsspuren an der Sphinx und kam zu dem Schluss, dass diese durch Regenwasser verursacht wurden. Da die letzte Periode mit starkem Regen in dieser Region auf das Ende der letzten Eiszeit **(etwa 10.000 v. Chr.)** datiert wird, argumentiert Schoch, dass die Sphinx viel älter sein muss, als bisher angenommen. Diese Schlussfolgerung stellt die etablierte ägyptologische Chronologie auf den Kopf.

Der Historiker John Anthony West und andere Forscher haben zudem darauf hingewiesen, dass der Kopf der Sphinx im Verhältnis zu ihrem Körper ungewöhnlich klein ist. Dies deutet darauf hin, dass der Kopf möglicherweise später umgeformt wurde, um ein Pharaonenporträt darzustellen. Ursprünglich könnte die Sphinx einen Löwenkopf gehabt haben, der besser zu den Proportionen des Körpers passen würde.

Einige Forscher, darunter Graham Hancock und Robert Bauval, haben daher vorgeschlagen, dass die Sphinx ursprünglich auf das Sternbild des Löwen ausgerichtet war, wie es im Jahr **10.500 v. Chr.** am Himmel erschien. Dies würde bedeuten, dass die Sphinx viel älter ist als die offiziell angegebene Bauzeit und möglicherweise von einer älteren Zivilisation errichtet wurde, die über fortgeschrittene astronomische Kenntnisse verfügte.

Die Verschwörungstheorien rund um die Pyramiden von Gizeh und die Sphinx bieten eine alternative Sichtweise auf die Geschichte Ägyptens und stellen die offizielle Darstellung in Frage. Während viele dieser Theorien von der Mainstream-Wissenschaft abgelehnt werden, bleiben sie ein faszinierendes Gedankenspiel und eine Herausforderung für unser Verständnis der antiken Welt.

Die Möglichkeit, dass eine hochentwickelte Zivilisation lange vor den alten Ägyptern existierte und monumentale Bauwerke hinterließ, regt die Fantasie an und fordert uns auf, die Geschichte mit einem offenen Geist und kritischem Blick zu betrachten. Die Geheimnisse der Pyramiden und der Sphinx sind noch lange nicht vollständig gelüftet, und jede neue Entdeckung könnte unser Verständnis der menschlichen Geschichte grundlegend verändern.

Überall auf der Welt finden wir immer wieder beeindruckende Bauwerke aus der Vergangenheit, die einen erstaunlichen Grad an Perfektion und kreativer Raffinesse erreicht haben. Diese Hinterlassenschaften versetzen jeden Menschen mit halbwegs wachem Geist stets aufs Neue in Staunen und Fassungslosigkeit.

> **"Wie zur Hölle haben die das damals bloß hinbekommen...?"**

...ist sicherlich einer der ersten Gedanken, der einem in solch einem Moment reflexartig durch den Kopf geht. Ich denke nicht, dass es sich dabei um einen grundsätzlichen Zweifel an den Fähigkeiten der Menschheit handelt, was uns zu dieser Frage veranlasst.

Vielmehr liegt es meiner Meinung nach daran, dass die Menschen der Vergangenheit durch die Erkenntnisse der "modernen Wissenschaft" allzu häufig fälschlicherweise als weniger fortschrittlich dargestellt werden.

> **„Entweder waren die Menschen früherer Epochen deutlich weiter entwickelt, als von den sogenannten Fachleuten postuliert wird, oder die entdeckten Funde sind älter als bisher angenommen und stammen von einer bereits vorher existierenden Hochkultur."**

Das weltweit nachweisbare Wissen im Bereich der Astronomie und höheren Mathematik, das in den geometrischen Formen alter perfekter Baukunst verewigt ist, lässt sich kaum anders erklären, außer man möchte die Unterstützung von **Außerirdischen** in die Theorie miteinbeziehen.

Für mich persönlich scheint offensichtlich zu sein, dass die Urheber der etablierten Erklärungsmodelle und deren Anhänger es sich oft zu leicht machen, wenn es darum geht, die von ihnen festgelegten Daten und Fakten einer erneuten kritischen Analyse zu unterziehen. Um die Ecke zu denken oder "über den Tellerrand hinauszuschauen" scheint in ihren Kreisen nicht besonders beliebt zu sein. Schon die Möglichkeit, dass der geschichtliche Verlauf der Menschheit deutlich anders gewesen sein könnte, stellt für einige von ihnen bereits eine Art Blasphemie dar.

Dabei müssen wir uns nur die heutigen Verhältnisse der Menschheit vor Augen halten, um erste Indizien zu gewinnen, die sicherlich auch vor Tausenden von Jahren im Wesentlichen nicht anders waren...

...Der Homo sapiens tendiert aufgrund der naturgegebenen Umstände dazu, sich zivilisatorisch äußerst ungleichmäßig auf der Erde weiterzuentwickeln!

Genauso wie es heute noch Regionen auf der Welt gibt, die entwicklungstechnisch anderen weit hinterherhängen oder voraus sind, war dieser Umstand sicherlich auch in früheren Zeiten gegeben.

Aufgrund meiner persönlichen Studien gehe ich davon aus, dass es noch bis vor etwa **12.500 Jahren (10.500 v. Chr.)** eine weltweit dominierende Hochkultur gab, in der Menschen unterschiedlicher Hautfarben freundschaftlich miteinander koexistierten.

Wie lange diese unbekannte Kultur jedoch bereits vor ihrem Untergang existierte, lässt sich nur erahnen…

…Es erscheint jedoch realistisch, dass sie bereits 15.000 v. Chr. existierte!

Weltweit bedeutsame Funde

Ägypten

Das Tal der Könige

- *Ein Gräberkomplex in der Nähe von Luxor.*

Die Pyramiden von Gizeh

- *Drei große Pyramiden, die Cheops-, Chephren- und Mykerinos-Pyramiden.*

Große Sphinx von Gizeh

- *Eine monumentale Statue mit dem Körper eines Löwen und dem Kopf eines Pharaos, die vor den Pyramiden von Gizeh liegt.*

Die Kolossalstatue von Ramses II.

- *Eine riesige Statue des Pharaos Ramses II., ursprünglich im Tempel von Ptah in Memphis aufgestellt, jetzt im Grand Egyptian Museum.*

Die Kolossalstatue von Psammetich I.

- *Eine monumentale Statue von Pharao Psammetich I., die in der Nähe von Gizeh entdeckt wurde.*

Die Memnonkolosse

- *Zwei massive Steinstatuen von Pharao Amenhotep III., die westlich von Luxor stehen und ursprünglich Teil seines Totentempels waren.*

Die Alabaster-Sphinx von Memphis

- *Eine große Sphinx aus Alabaster, die vermutlich Amenhotep II. darstellt und in der antiken Stadt Memphis entdeckt wurde.*

Der Unvollendete Obelisk von Assuan

- *Ein riesiger Obelisk, der während der Herrschaft von Hatschepsut in einem Steinbruch in Assuan unvollendet zurückgelassen wurde.*

Der Totentempel der Hatschepsut

- *Ein terrassenförmiger Tempel in Deir el-Bahari, eine der architektonischen Meisterleistungen des Neuen Reiches.*

Der Tempel von Edfu

- *Ein gut erhaltener ptolemäischer Tempel der sich in der Stadt Edfu am Nil befindet.*

Der Tempel von Abu Simbel

- *Zwei massive Felsentempel, die in den 1960er Jahren versetzt wurden, um sie vor den Fluten des Nasser-Sees zu schützen.*

Der Tempel des Amun-Re

- *Teil des Karnak-Tempelkomplexes, welcher eines der größten religiösen Bauten der Welt darstellt.*

Der Luxor-Tempel

- *Ein großer antiker Tempelkomplex am Ostufer des Nils in Luxor.*

Das Osireion

- *Das Osireion (auch Osirion oder Osiron) ist ein Tempelkomplex im ägyptischen Abydos mit Mauern aus unregelmäßig geformten Felsblöcken. Die unförmigen Steine fügen sich ohne jeglichen Mörtel dennoch perfekt ein.*

Die Karnak-Tempel

- *Ein riesiger Komplex von Tempeln, Kapellen, Pylonen und anderen Gebäuden in Theben.*

Der Mut-Tempel

- *Ein Teil des Karnak-Tempelkomplexes.*

Mexiko (Nordamerika)

Die Ruinenmetropole Teotihuacán
- *Eine antike Stadt mit großen pyramidenförmigen Tempeln, Wohngebieten und einem komplexen Straßennetz, die einst eine der größten Städte der Welt war.*

Die Sonnenpyramide von Teotihuacán
- *Die größte Pyramide in Teotihuacán, die der Sonne gewidmet ist und eine der größten Pyramiden der Welt darstellt.*

Die Mondpyramide von Teotihuacán
- *Eine etwas kleinere Pyramide, die sich am nördlichen Ende der Calzada de los Muertos (Straße der Toten) befindet.*

Pyramide von Cholula
- *Die wahrscheinlich größte Pyramide (nach Volumen) der Welt, die in der antiken Stadt Cholula erbaut wurde.*

Olmekische Kolossalköpfe
- *Monumentale Steinskulpturen, die in der Region Veracruz und Tabasco gefunden wurden.*

Chichén Itzá
- *Eine bedeutende Maya-Stätte auf der Halbinsel Yucatán, bekannt für die Pyramide von Kukulcán (El Castillo), den Kriegertempel und den großen Ballspielplatz.*

Monte Albán
- *Eine große archäologische Stätte im Tal von Oaxaca.*

La Venta
- *Eine bedeutende Olmeken-Stätte in Tabasco, bekannt für ihre Kolossalköpfe, Altäre und die große Pyramide aus Erde.*

Peru (Südamerika)

Machu Picchu
- *Eine ikonische Inka-Stadt in den Anden, die für ihre terrassierten Felder, Tempel und Paläste berühmt ist und als eines der neuen sieben Weltwunder gilt.*

Coricancha
- *Ein wichtiger Tempel in Cusco, der dem Sonnengott Inti gewidmet.*

Calle Hatunrumiyoc
- *Eine berühmte Straße in Cusco, bekannt für ihre Inka-Mauern und den "Stein der zwölf Ecken", ein Beispiel für die präzise Steinmetzkunst der Inka.*

Tambomachay
- *Eine archäologische Stätte nahe Cusco, die für ihre gut erhaltenen Wasserquellen, Kanäle und Terrassen bekannt ist.*

Qenko
- *Ein zeremonielles Zentrum nahe Cusco, das aus einem großen, in den Fels gehauenen Komplex mit labyrinthartigen Gängen besteht.*

Tipón
- *Ein umfangreiches Bewässerungssystem mit Terrassen und Wasserkanälen nahe Cusco.*

Písac
- *Eine Inka-Stätte im Heiligen Tal, bekannt für ihre Terrassen, den Sonnentempel und die königlichen Wohnanlagen.*

Ollantaytambo
- *Eine befestigte Inka-Stadt und Zeremonialzentrum im Heiligen Tal, die für ihre massiven Steinterrassen und den Sonnentempel berühmt ist.*

Chavín de Huántar
- Eine präkolumbische archäologische Stätte in den Anden, welche komplexe unterirdische Gänge und Steinskulpturen aufweist.

Sacsayhuamán
- Eine große Inka-Festung oberhalb von Cusco, bekannt für ihre gigantischen, passgenau gefügten Steinblöcke.

Moray
- Ein archäologisches Gebiet nahe Cusco, das aus terrassierten kreisförmigen Vertiefungen besteht, die möglicherweise als landwirtschaftliches Experimentierfeld dienten.

Die Nazca-Linien
- Eine Gruppe riesiger Geoglyphen in der Nazca-Wüste, deren Zweck und Bedeutung bis heute rätselhaft sind.

Bolivien (Südamerika)

Tiwanaku (Tiahuanaco)
- Entgegen der Annahme, dass die Inkas Tiwanaku errichteten, wurde die Stätte bereits vor 12.000 bis 17.000 Jahren von einer geheimnisvollen Zivilisation namens Annika erbaut.

Kambodscha (Südostasien)

Die Tempelanlage Bayon
- Ein Tempel in Angkor Thom, der für seine vielen Türme bekannt ist, die jeweils mit vier großen, lächelnden Gesichtern geschmückt sind.

Angkor Wat
- Der größte religiöse Monumentalkomplex der Welt.

Angkor Thom

- *Die letzte und größte Hauptstadt des Khmer-Reiches, welche zahlreiche Tempel und Strukturen umfasst, darunter der Bayon-Tempel.*

Mikronesien

Nan Madol

- *Eine alte, künstliche Stadt auf der Insel Pohnpei, bestehend aus einer Vielzahl von kleinen Inseln und Steinstrukturen.*

Frankreich

Die Steinreihen von Carnac

- *Eine Ansammlung von über 3.000 prähistorischen Steinen, die in parallelen Reihen und Kreisen in der Bretagne angeordnet sind und deren Zweck bis heute nicht vollständig verstanden ist.*

Libanon

Der Tempel von Baalbek

- *Eine der größten römischen Tempelanlagen der Welt, bekannt für ihre massiven, gut erhaltenen Tempel und die beeindruckenden Baalbek-Stelen.*

Afrika

Groß-Simbabwe

- *Eine bedeutende mittelalterliche Stadt in Simbabwe, bekannt für ihre hohen Steinmauern und Türme, die ohne Mörtel errichtet wurden.*

Polynesien

Die Moai (Osterinsel)

- *Gigantische Steinskulpturen auf der Osterinsel, die menschliche Figuren mit übergroßen Köpfen darstellen.*

Japan

Der Ishi no Hōden Megalith (Heirloom)

- *Ein großer, quaderförmiger Megalith in der Nähe von Takasago, der aus einem einzigen Steinblock besteht und eine geheimnisvolle und rätselhafte Struktur darstellt.*

Die Megalithen im Asuka Park

- *Eine Sammlung von antiken Steinskulpturen und - strukturen im Asuka Park, die aus der Asuka-Zeit stammen und deren Zweck und Bedeutung nicht vollständig geklärt sind.*

Das Yonaguni-Monument

- *Eine umstrittene Unterwasserstruktur vor der Küste von Yonaguni, die möglicherweise von Menschenhand geschaffen wurde.*

China

Sanxingdui-Ruinenstätte

- *Eine archäologische Stätte in der Provinz Sichuan, die bedeutende Artefakte aus der Bronzezeit enthielt, darunter einzigartige Bronze- und Goldmasken sowie Figuren einer unbekannten alten Kultur.*

Die Pyramiden von China

- *Eine Gruppe von Grabhügeln und Pyramiden, hauptsächlich in der Provinz Shaanxi.*

England

Die Anlagen von Callanish (Die Insel Lewis)

- *Eine Ansammlung prähistorischer Steinkreise auf der Isle of Lewis in Schottland, die in der Jungsteinzeit errichtet wurden und vermutlich astronomische oder religiöse Bedeutung hatten.*

Stonehenge
- *Ein prähistorisches Monument in Wiltshire, England, bestehend aus einem Kreis massiver Steine, dessen Bau und Zweck bis heute nicht vollständig verstanden sind.*

Türkei

Göbekli Tepe
- *Eine archäologische Stätte in der Nähe von Şanlıurfa, die etwa 11.000 Jahre alt ist.*

Der Obelisk des Theodosius
- *Ein antiker ägyptischer Obelisk, der von Theodosius I. im Hippodrom von Konstantinopel (heute Istanbul) aufgestellt wurde. Ursprünglich stammt er aus dem Tempel von Karnak in Luxor.*

Indien

Die Eiserne Säule in Delhi
- *Eine antike eiserne Säule im Qutb-Komplex in Delhi, die für ihre einzigartige Korrosionsbeständigkeit bekannt ist.*

Bosnien und Herzegowina

Die Bosnischen Pyramiden
- *Eine Gruppe von Hügeln in der Nähe von Visoko, die von einigen Forschern als prähistorische Pyramiden betrachtet werden.*

Laos

Die Ebene der Steinkrüge (Plain of Jars)
- *Eine archäologische Landschaft in der Provinz Xieng Khouang, die aus Tausenden von großen Steinkrügen besteht, deren Ursprung und Zweck noch unklar sind.*

Alaska

Die schwarze Pyramide von Alaska

- *Eine unterirdische Struktur in Alaska, deren Existenz und Ursprung umstritten ist.*

Deutschland

Die Kreisgrabenanlage von Goseck

- *Eine prähistorische Anlage in Sachsen-Anhalt, die aus dem 5. Jahrtausend v. Chr. stammt und als eine der ältesten bekannten Sonnenobservatorien Europas gilt.*

Die Antarktis-Verschwörung

Die Antarktis, ein abgelegener und weitgehend unerforschter Kontinent, hat seit Jahrzehnten die Fantasie von Kritikern beflügelt. Mit ihrer unwirklichen Landschaft und extremen klimatischen Bedingungen ist sie ein geheimnisvoller Ort, an dem zahlreiche Verschwörungstheorien Wurzeln geschlagen haben. Diese Theorien reichen von geheimen Militärbasen und außerirdischen Artefakten bis hin zu verborgenen uralten Zivilisationen. Hier sind einige der prominentesten und detailliertesten Aspekte dieser Theorien.

Verborgene Militärbasen und Operation Highjump

Eine der bekanntesten Verschwörungstheorien in Bezug auf die Antarktis dreht sich um die Operation Highjump, eine groß angelegte US-Militärmission, die 1946-1947 unter der Leitung von Admiral Richard E. Byrd durchgeführt wurde. Offiziell handelte es sich um eine Forschungs- und Trainingsmission, doch viele Kritiker glauben, dass es ein geheimer Versuch war, versteckte Nazi-Basen in der Antarktis zu entdecken und zu zerstören.

Geheimberichte von Admiral Byrd

Admiral Byrd selbst sorgte für Spekulationen, als er nach seiner Rückkehr von "Flugmaschinen, die von Pol zu Pol fliegen können" sprach. Diese Aussage wurde von Kritikern als Hinweis auf fortschrittliche Technologie gedeutet, die in geheimen Basen versteckt sein könnte.

Geheime Nazi-Basen

Es wird behauptet, dass die Nazis während des Zweiten Weltkriegs eine geheime Basis in der Antarktis, bekannt als Neuschwabenland, errichteten. Diese Basis soll hochmoderne Technologien und möglicherweise sogar fliegende Untertassen beherbergt haben. Unterstützer dieser Theorie verweisen auf die zahlreichen U-Boot-Missionen der Nazis in die Antarktis und die mysteriösen Aktivitäten der U-Boote nach Kriegsende.

UFOs und außerirdische Artefakte

Ein weiteres weit verbreitetes Element der Antarktis-Verschwörungstheorien ist die Vorstellung, dass unter dem Eis außerirdische Artefakte oder sogar abgestürzte UFOs verborgen sind. Diese Theorien wurden durch verschiedene Berichte und "Lecks" von Regierungsdokumenten genährt.

In den durchgesickerten Dokumenten von Wikileaks gibt es Hinweise auf Anomalien und ungewöhnliche Aktivitäten in der Antarktis. Einige dieser Dokumente erwähnen unidentifizierte Flugobjekte und mysteriöse Energiequellen, die unter dem Eis entdeckt wurden.

Kritiker haben auf Google Earth seltsame Strukturen und Anomalien in der Antarktis entdeckt, die sie als Beweise für außerirdische Basen oder antike Zivilisationen interpretieren. Diese Anomalien umfassen symmetrische Formen, die wie Pyramiden aussehen, und ungewöhnliche Strukturen, die aus dem Eis herausragen.

Alte Zivilisationen und verlorenes Wissen

Eine der faszinierendsten Theorien besagt, dass die
Antarktis einst die Heimat einer fortschrittlichen alten
Zivilisation war, die durch eine Katastrophe unter dem
Eis begraben wurde. Diese Theorie wurde durch
verschiedene archäologische Funde und historische
Berichte unterstützt.

**Im Jahre 1513 erstellte der Admiral Piri Reis
eine osmanische Seekarte des Zentralatlantiks,**
die Teile der Erde zeigt, welche zu jener Zeit laut
etablierter Lehrmeinung noch niemand gesehen haben
dürfte. Die Karte zeigt unter anderem die Umrisse
von Königin-Maud-Land, einem Teil des Kontinents
Antarktika, der heute unter einer kilometerdicken
Eisschicht begraben liegt. Zudem wurde eine akkurate
Darstellung der geografischen Längengrade
vorgenommen, eine Leistung, die Europäer vor
dem 18. Jahrhundert nicht erreichen konnten.

Auf der Karte wurde handschriftlich vermerkt,
dass sie auf der Grundlage zahlreicher älterer Karten
beruht. Piri Reis gab an, rund 20 solcher alter Karten
für die Erstellung seiner eigenen verwendet zu haben.
Mithilfe seismischer Sondierungen und Sonar fanden
Forscher heraus, dass die eingezeichneten Küstenlinien, Gebirgszüge sowie Hochebenen tatsächlich
mit dem Königin-Maud-Land in der Antarktis
übereinstimmen.

**Herr Olhmeyer, Leiter der britisch-schwedischen
Antarktis-Expedition, schrieb diesbezüglich
folgenden Brief an Professor Hapgood:**

„Sehr geehrter Professor Hapgood,

Ihre Bitte um Bewertung bestimmter ungewöhnlicher Merkmale der Antarktis-Karte von Piri Reis aus dem Jahr 1513 durch diese Organisation ist geprüft worden.

Ihre These, dass der untere Teil der Karte sowohl die Prinzessin-Martha-Küste von Königin-Maud-Land (Antarktis) als auch die Palmer-Halbinsel zeigt, ist durchaus vernünftig. Auch wir sind der Meinung, dass dies die logischste und höchstwahrscheinlich auch die richtige Interpretation dieser Karte darstellt.

Die im unteren Teil der Karte gezeigten geografischen Details stimmen in bemerkenswerter Weise mit den Ergebnissen des seismischen Profils überein, welches im Jahre 1949 von der schwedisch-britischen Antarktis-Expedition über der Eiskappe erstellt wurde. Dies deutet darauf hin, dass die Küstenlinie bereits kartiert wurde, bevor sie von der Eiskappe bedeckt war. Wir haben jedoch keine plausible Erklärung dafür, wie die detaillierten Daten auf dieser Karte mit dem angeblichen Stand des geografischen Wissens im Jahr 1513 in Einklang gebracht werden können. "

Harold Z. Olhmeyer
Oberstleutnant, Kommandant der USAF

Arlington H. Mallery formulierte im Jahre 1956 ebenfalls die Theorie, dass die Karte des Piri Reis deutlich die Küste des Königin-Maud-Landes in der Antarktis zeigt.

Auf der Weltkarte des Orontius Finaeus
aus dem Jahre 1531 ist die Antarktis augenscheinlich zu einer Zeit dargestellt worden, als weite Teile des Kontinents noch eisfrei gewesen waren. An den Stellen, wo sich heute die gewaltigen Eismassen der Gletscher ins Meer stürzen, sind klar und deutlich Flussmündungen eingezeichnet worden. In jenen Zeiten, als die Originalkarten oder zumindest die Vorlagen zu dieser Karte angefertigt wurden, müssen demzufolge weite Teile der Antarktis eisfrei gewesen sein.

Die Zeno-Karte, die angeblich um das Jahr 1400 entstand, ist eine Karte, die von den venezianischen Seefahrern und Brüdern Nicolò und Antonio Zeno erstellt wurde. Sie soll auf ihren Erkundungsreisen im Nordatlantik basieren und zeigt detailliert die Küstenlinien von Nordeuropa, einschließlich Island, Grönland und der Färöer-Inseln.

Diese Karte ist bemerkenswert, weil sie Regionen darstellt, die damals weitgehend unbekannt waren oder nur sehr rudimentär kartographiert wurden. Besonders auffällig sind die Inseln Frisland, Estotiland und Icaria, deren Existenz und genaue Lage bis heute umstritten sind. Trotz dieser Zweifel bleibt die Karte ein faszinierendes Artefakt, das möglicherweise Licht auf die Seefahrts- und Entdeckungsfähigkeiten der Venezianer im späten Mittelalter werfen könnte.

Ein weiteres interessantes Merkmal der Zeno-Karte ist die Darstellung von Grönland, die relativ genau ist und auf eine detaillierte Erkundung der Küstenlinie hindeutet. Diese Genauigkeit wirft Fragen auf, da die europäischen Kenntnisse über Grönland zu dieser Zeit sehr begrenzt waren. Einige Theorien schlagen vor, dass die Zeno-Brüder Zugang zu älteren, verloren gegangenen Karten hatten, die genaue geografische Informationen enthielten.

Die Karte wird oft in Diskussionen über präkolumbische Entdeckungen Amerikas und die Möglichkeit früher europäischer Reisen in den Nordatlantik vor Kolumbus erwähnt. Wie bei den Karten von Piri Reis und Orontius Finaeus bleibt die Zeno-Karte ein Mysterium, das sowohl Historiker als auch Kartographen fasziniert und herausfordert.

Wir haben bis dato kein Wissen darüber, wie diese Karten ursprünglich entstanden sind. Die für mich wahrscheinlichste Antwort darauf ist, dass es einst eine weit entwickelte Hochkultur gegeben haben muss, die bereits über ausgezeichnete navigatorische sowie kartographische Fähigkeiten verfügte, die wir erst in jüngerer Zeit wieder neu erfinden mussten.

„Diese Karten werfen Fragen auf über
das wahre Alter und die Herkunft
der menschlichen Zivilisation."

Es erscheint daher durchaus plausibel, dass es einst eine weit entwickelte Hochkultur gab, die über ausgezeichnete navigatorische und kartographische Fähigkeiten verfügte. Die Anfänge der menschlichen Zivilisation liegen somit deutlich weiter zurück als bisher allgemein angenommen.

Diese Hochkultur könnte die Grundlage für viele der erstaunlichen Bauwerke und technologischen Errungenschaften gewesen sein, die wir heute noch bewundern.

- **Berichte von Edgar Cayce:** Der berühmte amerikanische Hellseher Edgar Cayce sagte voraus, dass Beweise für die Existenz von Atlantis in der Antarktis gefunden werden würden. Seine Prophezeiungen haben viele Forscher inspiriert, in der Antarktis nach Überresten dieser legendären Zivilisation zu suchen.

- **Unterirdische Strukturen:** Einige Forscher behaupten, dass es in der Antarktis unterirdische Städte und Tunnel gibt, die von einer alten Zivilisation erbaut wurden. Diese Strukturen sollen durch Satellitenaufnahmen und seismische Untersuchungen entdeckt worden sein, aber die Beweise wurden angeblich von Regierungen und wissenschaftlichen Institutionen unterdrückt.

Die Theorie der Erdkrustenverschiebung

Mitte des 20. Jahrhunderts stellte der US-amerikanische Wissenschaftler Charles Hapgood eine äußerst spannende These vor:

Nach Meinung von Hapgood könnten in der Vergangenheit mehrere Verlagerungen der geografischen Erdpole aufgrund plötzlich auftretender Verschiebungen der gesamten Erdkruste stattgefunden haben. Prominente Unterstützung erhielt Hapgood unter anderem von Albert Einstein, der das Vorwort für sein Buch "The Earth's Shifting Crust" verfasste, sowie durch den damaligen Lehrstuhlinhaber für Erdgeschichtsforschung an der Harvard University, Kirtley F. Mather.

Die Erdkruste ist die äußere Schale der Erde und ruht aufgrund ihrer deutlich geringeren Dichte oberhalb des sogenannten Erdmantels aus schwerem, zähflüssigem Gestein. Sie entspricht somit lediglich einem kleinen prozentualen Anteil ihrer tatsächlichen Gesamtmasse und ist dadurch folglich durchaus beweglich, vergleichbar mit der äußeren Schale einer Orange, die sich ebenfalls bewegen ließe, wenn sie vom Fruchtfleisch gelöst wäre.

Eine plötzliche Erdkrustenverschiebung führte dazu, dass sich Land- und Wassermassen über den Pol hinweg verlagerten. Diese dramatische Veränderung am Ende der Eiszeit bewegte den amerikanischen Kontinent vermutlich aus der Polarzone heraus.

Dies führte zur schnellen Schmelze der bis zu zwei Kilometer dicken Eisschicht über Nordamerika innerhalb weniger Jahre.
Die Schmelzwasser verursachten massive Überschwemmungen und führten zu einem drastischen Anstieg des Meeresspiegels, was wiederum extreme klimatische Veränderungen nach sich zog.

Einer der vermuteten Faktoren für dieses Phänomen könnten die gewaltigen Eismassen am Nordpol während der letzten Eiszeit gewesen sein.
Durch das schier unvorstellbare Gewicht dieses Eises in Verbindung mit der Erdrotation wäre es vorstellbar, dass die dadurch resultierende Unwucht die Erdkruste ruckartig als Ganzes verschoben hat.

Anstatt die Eiszeiten als globale Klimaereignisse zu betrachten, glaubte Hapgood vielmehr, dass die für ihn klar erkennbaren Muster des Klimawandels wahrscheinlich am ehesten durch die Veränderung der geografischen Lage des Nordpols erklärt werden könnten.

Seine Forschung führte zu dem Ergebnis, dass in den letzten **100.000 Jahren** mehrere solcher Polverschiebungen bzw. Erdkrustenverschiebungen stattgefunden haben müssen. Zuvor warme Regionen wurden durch dieses gewaltige Naturschauspiel entweder schlagartig schockgefrostet **(was beispielsweise auch die tiefgefrorenen Mammuts in Sibirien erklären würde)** oder aufgetaut, was wiederum für gewaltige Sintfluten und eine signifikante Erhöhung des Meeresspiegels sorgte.

Hapgoods Daten:

- *Vor rund 55.000 Jahren sprang der Nordpol, der sich bis dahin nahe Europa befand, plötzlich in Richtung Hudson Bay (Kanada).*

- *Im Jahr 12.500 v. Chr. verlagerte er sich dann abermals um weitere 3.000 Kilometer zu dem Punkt, an dem er sich noch heute befindet.*

- *Aufgrund dieser Verschiebung der Erdkruste haben sich die Land- und Wassermassen ebenfalls über den Pol hinweg verlagert.*

Aktuelle Daten:

Neuere Studien ergaben, dass der Nordpol noch vor 125.000 Jahren, während der illinoischen Eiszeit, im Beringmeer nördlich der Aleuten lag.

- *Zu Beginn der sogenannten Sangamon-Zwischeneiszeit verlagerte er sich an einen Ort in der Norwegischen See. Während dieser Zeit wurde das Klima in Nordamerika wärmer und in Europa kälter.*

- *Irgendwann vor 75.000 bis 125.000 Jahren verschob sich der Pol in Richtung Grönland.*

- *Vor etwa 75.000 Jahren zog der Pol an einen Ort in der Hudson Bay, zu welcher Zeit das Klima in Nordamerika kälter wurde.*

- *Schließlich, vor 12.000 bis 17.000 Jahren, nachdem sich der Pol an seinen heutigen Standort verschoben hatte, wurden sowohl Nordamerika als auch Europa wärmer.*

Wenn sich der Nordpol tatsächlich verschoben haben sollte, dann verschob sich zwangsläufig auch der Südpol. Somit lagen noch vor ungefähr 12.500 Jahren Teile des Südpolarkontinents (Antarktis) in gemäßigten Klimazonen. Folglich hätte dort auch eine weit entwickelte Hochkultur ansässig sein können, die schließlich ihren Untergang fand, als ihr gesamter Kontinent in die erbarmungslos eisige Umklammerung des Pols geriet.

Innerhalb von Mythen und Legenden sowie der vedischen Literatur existiert eine Überlieferung einer gigantischen Insel, die nicht nur von einer gewaltigen Flutkatastrophe heimgesucht wurde, sondern letztlich auch völlig unter Schnee und Eis begraben wurde.

Der Mythos von Atlantis, der von Plato überliefert wurde, beschreibt eine hochentwickelte Zivilisation, die durch eine gewaltige Naturkatastrophe unterging. Laut Plato war Atlantis ein riesiger Inselkontinent mit Tälern und Bergen, der in der Mitte des Ozeans lag. Diese Beschreibung passt erstaunlich gut auf die Antarktis, bevor sie von Eis bedeckt wurde. Es ist also möglich, dass Atlantis tatsächlich die Antarktis war und dass die Zivilisation dort durch eine plötzliche Verschiebung der Erdkruste unterging.

Obwohl Atlantis nicht zwangsweise als die Wiege der Menschheit betrachtet werden kann, galt es wahrscheinlich dennoch als „das spirituelle Zentrum" der damaligen Welt und als der Ursprung der Zivilisation. Die hochentwickelte Kultur von Atlantis beeinflusste sicherlich zu jener Zeit alle Völker, die über sämtliche Kontinente verteilt waren.

Es wird berichtet, dass das Wissen und die Weisheit der Atlanter in Form von Architektur, Wissenschaft und spirituellen Praktiken weit über die Grenzen ihrer Insel hinaus verbreitet wurde und die Entwicklung der frühen Zivilisationen maßgeblich prägte. Die Herrscher von Atlantis standen somit im direkten Austausch mit anderen Kulturen und verbreiteten ihre fortschrittlichen Errungenschaften, wodurch Atlantis zu einem unverzichtbaren Knotenpunkt der antiken Welt wurde.

> **„Die Überlebenden dieser antiken Hochkultur**
> **siedelten sich schlussendlich in Regionen**
> **wie Ägypten, Mexiko, Südamerika**
> **den Osterinseln, Angkor und Gizeh an!"**

In Ägypten bauten sie monumentale Strukturen wie die Große Pyramide von Gizeh und die Sphinx, die als Zeugnisse ihrer fortgeschrittenen Technologie und ihres Wissens gelten. Später wurde Ägypten durch eine Naturkatastrophe, möglicherweise eine Sintflut, unbewohnbar, woraufhin die Überlebenden ihr Wissen und ihre Bauweise an die einheimische Bevölkerung weitergaben.

Diese prähistorischen Seefahrer verfügten über umfangreiches geografisches Wissen, das nach den Katastrophen an Menschen auf verschiedenen Kontinenten weitergegeben wurde. Die Verbindungen zwischen diesen weit entfernten Kulturen zeigen sich in ähnlichen Bauweisen und religiösen Symbolen, was auf einen Wissensaustausch hindeutet.

Dr. Mark Carlotto stellte die Hypothese auf, dass die ursprünglichen Stätten, wie die Pyramiden von Gizeh, zuerst von einer technologisch fortgeschrittenen Zivilisation errichtet wurden, die vor Zehntausenden von Jahren existierte.

Diese Zivilisation entwickelte sich möglicherweise aus einer frühen Migration moderner Menschen aus Afrika, die später mit primitiven Jäger-Sammler-Gesellschaften koexistierten. Begegnungen mit dieser älteren Zivilisation könnten die Quelle für viele antike Mythen und Legenden über mächtige Götter, verlorene Kontinente und das sagenumwobene Atlantis sein.

Die alten Bauwerke, wie die Pyramiden von Gizeh, dienten möglicherweise zur Überwachung der Zeit und als Frühwarnsystem für zyklisch auftretende Katastrophen!

Ein weiterer Aspekt der Antarktis-Verschwörung ist die Vorstellung, dass geheime wissenschaftliche Experimente und Technologien in der Antarktis entwickelt und getestet werden.

- **HAARP und Wetterkontrolle:** Einige Theorien besagen, dass die Antarktis ein Testgebiet für Wetterkontrolltechnologien ist, die vom HAARP-Projekt (High-Frequency Active Auroral Research Program) entwickelt wurden. Diese Technologien könnten angeblich das Wetter manipulieren und sogar Erdbeben auslösen. Befürworter dieser Theorie verweisen auf ungewöhnliche Wetterphänomene und seismische Aktivitäten in der Region.

- **Geheime genetische Experimente:** Es gibt Spekulationen, dass in der Antarktis geheime genetische Experimente durchgeführt werden, um neue Lebensformen zu erschaffen oder alte Arten wiederzubeleben. Diese Theorien basieren auf Berichten über seltsame Kreaturen, die in der Region gesichtet wurden, und auf der Annahme, dass die Isolation der Antarktis ideale Bedingungen für solche Experimente bietet.

- **Tesla-Technologie:** Einige Verschwörungs-theoretiker glauben, dass die Antarktis ein geheimer Ort für die Entwicklung von Nikola Teslas fortschrittlichen Energietechnologien ist. Diese Technologien könnten freie Energiequellen und drahtlose Energieübertragung umfassen, die von Regierungen und Konzernen unterdrückt werden, um die Kontrolle über konventionelle Energiequellen zu behalten.

Politische und wirtschaftliche Interessen

Die Antarktis ist nicht nur ein wissenschaftliches und technologisches Mysterium, sondern auch ein Ort von großem geopolitischem und wirtschaftlichem Interesse.

- **Ressourcenreichtum:** Die Antarktis ist reich an natürlichen Ressourcen wie Öl, Gas und Mineralien. Einige Theorien besagen, dass die wahren Motive hinter den internationalen Verträgen und Forschungsmissionen in der Region die Erschließung und Kontrolle dieser Ressourcen sind. Diese Theorien argumentieren, dass die öffentliche Aufmerksamkeit auf wissenschaftliche Forschung und Umweltschutz abgelenkt wird, während im Verborgenen wirtschaftliche Interessen verfolgt werden.

- **Geopolitische Machtspiele:** Die Antarktis ist ein strategischer Punkt im globalen Machtspiel. Einige Verschwörungstheorien besagen, dass die großen Nationen geheime Abkommen und Militärbasen in der Region haben, um ihre geopolitischen Interessen zu sichern. Diese Theorien werden durch Berichte über militärische Aktivitäten und geheime Expeditionen gestützt.

Die Antarktis bleibt ein faszinierender und geheimnisvoller Ort, der eine Vielzahl von Verschwörungstheorien inspiriert hat. Während viele dieser Theorien von der Mainstream-Wissenschaft abgelehnt werden, bieten sie eine spannende alternative Perspektive auf die Geschichte und die Zukunft des Kontinents.

Ob es sich um geheime Militärbasen, außerirdische Artefakte, alte Zivilisationen oder verborgene Technologien handelt, die Antarktis ist ein Ort, der weiterhin Rätsel aufgibt und Forscher und Abenteurer gleichermaßen anzieht.

Die Wahrheit über die Antarktis könnte eines Tages enthüllt werden, und jede neue Entdeckung könnte unser Verständnis der menschlichen Geschichte und der natürlichen Welt revolutionieren. Bis dahin bleibt die Antarktis ein Kontinent der Geheimnisse, der die Fantasie beflügelt und uns dazu anregt, über die Grenzen des Bekannten hinauszublicken.

Die Alte Welt /
Schlammflut-Verschwörung

Die Theorie der Alten Welt und der Schlammflut, auch bekannt als **"Mud Flood"**, ist eine faszinierende und komplexe Verschwörungstheorie, die in den letzten Jahren an Popularität gewonnen hat. Diese Theorie stellt die traditionelle Geschichtsschreibung infrage und behauptet, dass eine fortschrittliche Zivilisation, die sogenannte **"Alte Welt"**, durch eine katastrophale Schlammflut zerstört wurde. Befürworter dieser Theorie glauben, dass diese Ereignisse absichtlich vertuscht wurden, um die wahre Geschichte der Menschheit zu verbergen. Diese Theorie umfasst eine Vielzahl von Indizien und Beweisen, welche die Existenz einer fortschrittlichen, längst vergessenen Zivilisation und deren plötzlichen Untergang belegen sollen.

Die Theorie der Schlammflut hat ihre Wurzeln in verschiedenen historischen Anomalien und architektonischen Merkwürdigkeiten, die weltweit beobachtet werden können. Kritiker argumentieren, dass diese Anomalien Beweise für eine vergangene Zivilisation sind, die weitaus fortschrittlicher war, als die moderne Wissenschaft anerkennt. Diese Theorie stützt sich auf historische Fotografien, archäologische Funde, architektonische Merkmale und alte Karten, die alle Hinweise auf eine große Katastrophe und eine fortschrittliche Zivilisation liefern sollen.

Noch vor etwa 500 Jahren existierte eine technisch hochentwickelte, weltweit vereinte Hochkultur. Diese Gesellschaften waren in kleinen, gesunden Gemeinschaften organisiert, die ohne autoritäre Hierarchien, Befehlsketten oder parasitäre Kräfte auskamen. Die Menschen lebten nach dem Prinzip, dass man nichts verliert, wenn man anderen etwas gibt. Diese Philosophie des Miteinanders schuf ein System, das vollständig auf friedlicher Kooperation basierte und in dem Wohlstand und Wissen großzügig geteilt wurden.

Autoritäten entwickelten sich auf natürliche Weise durch Weisheit, Erfahrung und die Fähigkeit, der Gemeinschaft zu dienen. Menschen, die in Machtpositionen aufstiegen, taten dies durch Vertrauen und Respekt, nicht durch Gewalt oder Zwang. Ein Missbrauch dieser Macht hätte ihren sofortigen Ausschluss aus der Gemeinschaft zur Folge gehabt. Diese harmonische Gesellschaft erlebte jedoch einen dramatischen Bruch.

„Zwischen 1700 und 1850 könnte ein weltweiter Kataklysmus die Einheitskultur zerstört haben."

Dieser Kataklysmus, eine katastrophale Naturgewalt, könnte die alte Welt ausgelöscht haben. Der Mythos der Sintflut, der in vielen Kulturen überliefert ist, könnte die letzte Erinnerung an dieses Ereignis sein. Diese Naturkatastrophe führte möglicherweise zu einem Zusammenbruch der hochentwickelten Gesellschaften und hinterließ viele zerstörte und entvölkerte Städte, wie sie auf Gemälden des 17. und 18. Jahrhunderts zu sehen sind.

Städte mussten von einer hohen Erdschicht befreit werden – ein Phänomen, das als "Schlammflut" bezeichnet wird, bei dem Erdgeschosse plötzlich zu Kellern wurden.

- *Mit dem Beginn des 19. Jahrhunderts setzte eine tiefgreifende Veränderung ein.*

- *Der sogenannte „Reset" im 18. und 19. Jahrhundert könnte große Teile unserer Vergangenheit und unseres Wissens über die alte Zeit ausgelöscht haben.*

- *An die Stelle der früheren Kooperation trat das Konkurrenzdenken, das sich nur in einer hierarchisch organisierten Gesellschaft entwickeln konnte.*

- *Die Industrialisierung des 19. Jahrhunderts, begleitet von der Errichtung von Zentralbanken und dem Schuldgeldsystem, schuf die materielle Grundlage der modernen Welt.*

- *Gleichzeitig führte diese Entwicklung zu einer neuen Art von Abhängigkeit und Kontrolle, die das politische System der Scheindemokratie festigte und die Macht in den Händen einer kleinen Elite konzentrierte.*

Die Industrialisierung brachte massive
technologische Umwälzungen mit sich,
deren Ursachen bis heute rätselhaft sind.

Die bahnbrechenden Erfindungen und Entdeckungen
dieser Zeit scheinen in ihrem Umfang nahezu aus dem
Nichts gekommen zu sein. Es stellt sich die Frage, ob
dieser Fortschritt wirklich so neu war, oder ob es sich
um die Wiederentdeckung von bereits bekanntem
Wissen handelte.

Die einheitliche Architektur vor dem 20. Jahrhundert,
die weltweit den gleichen Prinzipien der römisch-
griechischen Bauweise folgte, deutet zumindest
darauf hin, dass es einst eine globale Hochkultur gab.
Doch mit dem Einbruch des 20. Jahrhunderts
verschwand diese Einheit, und die moderne,
fragmentierte Weltordnung trat an ihre Stelle.

Zwischen 1830 und 1900 erlebte die Welt einen
beispiellosen technologischen Fortschritt, der uns
heute als industrielle Revolution bekannt ist.
Doch die historische Darstellung dieser Ereignisse
wirft Fragen auf. Es gibt Hinweise darauf, dass der
geschichtliche Verlauf der Industriellen Revolution
nachträglich **rückdatiert** wurde, um ihre plötzliche
und schlagartige Natur plausibler erscheinen zu
lassen…

Möglicherweise fand die tatsächliche Revolution
erst zwei Jahrzehnte vor der sogenannten zweiten
Industriellen Revolution um 1870 statt, als die
Hochindustrialisierung begann.

Während dieses kurzen Zeitraums von etwa fünf Jahrzehnten (1850-1900) wurden viele Technologien, die ursprünglich aus der alten Welt stammten, in abgewandelter Form als Weltneuheiten präsentiert. Die erste bedeutsame Weltausstellung, die **1851** in London stattfand, markierte den Startschuss für eine Reihe von Veranstaltungen, die diese Technologien der Weltöffentlichkeit vorstellten.

Was uns als neuartige Erfindungen verkauft wurde, könnte in Wahrheit eine kontrollierte Freigabe technologischer Errungenschaften der alten Welt gewesen sein, die einst mit freier Energie betrieben wurden!

Diese Technologien wurden jedoch so modifiziert, dass ihre Nutzung an fossile Brennstoffe gebunden war. Dadurch konnte die herrschende Elite ein Monopol auf die Erzeugung von Waren erlangen und die Gesellschaft in eine Abhängigkeit führen, die sie bis heute kontrolliert. Seit der Industriellen Revolution wird die weltweite Erzeugung von gesellschaftlichem Wohlstand von einer kleinen Machtelite gesteuert, die durch die künstliche Verknappung der Energiequellen eines der wichtigsten Instrumente zur Kontrolle der Massen in ihren Händen hält – **die Energiemonopole.**

Im 19. Jahrhundert begann man systematisch, psychiatrische Kliniken zu errichten, deren Gebäude oft architektonische Merkmale der alten Zeit aufwiesen. Diese Psychiatrien, ebenso wie die Weltausstellungen, die in dieser Zeit entstanden, scheinen für ihren definierten Zweck völlig ungeeignet gewesen zu sein.

**Möglicherweise wurden sie umfunktioniert,
um fortan der neuen Ordnung zu dienen.**

Mit dem Beginn des 20. Jahrhunderts
und insbesondere durch den Ersten und Zweiten
Weltkrieg setzte ein zivilisatorischer, seelenloser
Abstieg ein, der bis zur heutigen Moderne andauert.
Der Mensch wurde seiner Wurzeln beraubt und zu
einem Rädchen in einem großen Getriebe degradiert,
in dem das Leben durch bloßes Funktionieren ersetzt
wurde. Durch die Kriege verschwand die klassische
Architektur und die allgemeine Innovation aus der
Welt, und der Menschheit wurde eine neue, entseelte
Lebensweise aufgezwungen. Diese Entwicklungen
werfen ein neues Licht auf unsere Geschichte und
stellen vieles von dem, was wir als selbstverständlich
angenommen haben, infrage.

**Die Frage bleibt:
Wie viel von dem, was uns über die Vergangenheit
erzählt wurde, entspricht wirklich der Wahrheit?**

Ein zentrales Argument der Schlammflut-Theorie sind
die zahlreichen Berichte über versunkene Städte und
Gebäude, die weltweit gefunden wurden. Befürworter
der Theorie weisen auf architektonische Strukturen
hin, die teilweise unter der Erdoberfläche begraben
sind. Diese Strukturen, die oft als **"versunkene
Stockwerke"** bezeichnet werden, sind in vielen
Städten zu finden, darunter Rom, Paris, St. Petersburg
und viele andere.

Diese unterirdischen Stockwerke, die häufig erst bei
Bauarbeiten oder durch archäologische Ausgrabungen

entdeckt werden, werden als Beweise dafür angesehen, dass diese Städte von einer gewaltigen Schlammflut heimgesucht wurden, die sie teilweise begrub.

Historische Fotografien aus dem 19. und frühen 20. Jahrhundert zeigen oft Gebäude, die teilweise unter der Erde begraben sind. Befürworter der Schlammflut-Theorie argumentieren, dass diese Bilder Beweise für eine massive Schlammflut sind, die diese Städte in der Vergangenheit heimgesucht hat. Diese Fotografien zeigen häufig Straßen und Eingänge, die in den Boden eingesenkt sind, was auf eine bedeutende Schicht von Sedimenten hindeutet. Viele dieser Bilder zeigen auch Gebäude, die offenbar um mehrere Stockwerke in den Boden eingesunken sind, was darauf hindeutet, dass sie einst auf einer höheren Ebene standen.

Viele alte Gebäude und Monumente weisen architektonische Merkmale auf, die schwer zu erklären sind.

Dazu gehören riesige Steinblöcke, die präzise geschnitten und platziert wurden, oft ohne erkennbare Technologie oder Werkzeuge, die zu der Zeit verfügbar gewesen wären. Kritiker argumentieren, dass diese Merkmale auf eine fortschrittliche Zivilisation hindeuten, die Zugang zu fortschrittlicher Technologie hatte. Einige dieser Gebäude haben auch Anzeichen von Schäden, die durch eine massive Flut verursacht worden sein könnten, wie z. B. Wassererosion und Schlammablagerungen.

Archäologische Ausgrabungen haben in verschiedenen Teilen der Welt Artefakte und Strukturen zutage gefördert, die nicht in die etablierte Zeitleiste der Geschichte passen.

Dazu gehören Werkzeuge und Maschinen, welche eine fortschrittliche Technologie nahelegen. Diese Funde werden als Beweise dafür angesehen, dass die etablierte Geschichtsschreibung wichtige Details über die menschliche Zivilisation auslässt oder absichtlich ignoriert. Beispielsweise wurden an einigen Ausgrabungsstätten Metallwerkzeuge gefunden, welche auf eine fortschrittliche Metallverarbeitungstechnologie hinweisen, die jedoch angeblich erst viel später entwickelt wurde.

Historische Karten, insbesondere aus dem Mittelalter und der Renaissance, zeigen oft Landmassen und Städte, die in der heutigen Zeit nicht existieren. Anhänger der Theorie glauben, dass diese Karten Beweise für die Existenz einer alten Zivilisation sind, die durch die Schlammflut zerstört wurde.

Diese Karten enthalten oft detaillierte Darstellungen von Gebieten, die heute unter Wasser oder unter dicken Schlammschichten begraben sind. Einige dieser Karten zeigen auch topografische Merkmale, die heute nicht mehr existieren, was darauf hindeutet, dass das Gelände durch eine große Katastrophe verändert wurde.

Viele Kulturen auf der ganzen Welt haben Mythen und Legenden, die von einer großen Flut berichten. Diese Geschichten ähneln sich oft in bemerkenswerter Weise, obwohl sie aus verschiedenen Teilen der Welt stammen. Befürworter der Schlammflut-Theorie argumentieren, dass diese Geschichten auf ein reales Ereignis hinweisen, dass die gesamte Menschheit betroffen hat. Diese Mythen und Legenden erzählen häufig von einer großen Katastrophe, die das Land überflutete und große Zerstörung anrichtete, und sie werden als Beweise dafür angesehen, dass eine solche Katastrophe tatsächlich stattgefunden hat.

Einige wissenschaftliche Anomalien, wie plötzliche Klimaveränderungen und unerklärliche geologische Formationen, werden als Beweise für die Schlamm-flut - Theorie angesehen. Befürworter argumentieren, dass diese Phänomene nicht durch natürliche Prozesse erklärt werden können und stattdessen auf eine große Katastrophe hindeuten, die die Erde vor einigen Jahrhunderten heimsuchte. Zum Beispiel gibt es Hinweise auf plötzliche Klimaveränderungen, die auf eine große Katastrophe hinweisen, die die globale Temperatur und das Wettergeschehen drastisch veränderte.

Befürworter der Theorie glauben, dass die wahre Geschichte der Menschheit absichtlich vertuscht wird. Sie argumentieren, dass Regierungen und wissenschaftliche Institutionen daran arbeiten, Informationen zu unterdrücken, die die Existenz einer fortschrittlichen Zivilisation und eine katastrophale Schlammflut beweisen könnten.

Diese Vertuschung soll angeblich dazu dienen, die Machtstrukturen und das etablierte Wissen aufrechtzuerhalten.

Ein zentrales Argument der Theorie ist, dass die Geschichtsschreibung absichtlich verändert wurde, um die Existenz der Alten Welt zu verbergen. Dies schließt die Manipulation von historischen Dokumenten und archäologischen Funden ein, um ein falsches Bild der Geschichte zu präsentieren. Befürworter behaupten, dass viele historische Ereignisse und Personen erfunden oder verzerrt wurden, um die wahre Geschichte zu verschleiern. Diese manipulative Geschichtsschreibung soll dazu dienen, die Macht und Kontrolle bestimmter Eliten zu sichern.

Es wird behauptet, dass wichtige archäologische Entdeckungen und wissenschaftliche Forschungen unterdrückt werden, um die Schlammflut-Theorie zu diskreditieren. Forscher, die Beweise für diese Theorie präsentieren, sollen oft zensiert oder diskreditiert werden. Diese Unterdrückung von Informationen wird als Teil eines größeren Plans gesehen, die wahre Geschichte der Menschheit geheim zu halten.

Zudem wird behauptet, dass Wissenschaftler, welche sich mit der Schlammflut-Theorie beschäftigen, oft ihre Finanzierung verlieren oder berufliche Nachteile erleiden.

Ein weiterer Aspekt der Vertuschungstheorie ist die Existenz von geheimen Archiven und Dokumenten, die Beweise für die Alte Welt und die Schlammflut enthalten. Diese Dokumente sollen in den Archiven von Regierungen und geheimen Organisationen verborgen sein, die ein Interesse daran haben, diese Informationen geheim zu halten.

Einige Theoretiker behaupten, dass sie Zugang zu solchen Dokumenten hatten oder von Insidern darüber informiert wurden. Diese geheimen Archive sollen detaillierte Aufzeichnungen über die Alte Welt und die katastrophalen Ereignisse enthalten, die zu ihrem Untergang führten.

**Mehrere Forscher und Autoren haben
vergleichbare Theorien untersucht und Bücher
sowie Artikel veröffentlicht, die diese Idee
unterstützen.**

Zu den bekanntesten gehören:

- **David Icke:** Ein britischer Autor und Kritiker,
  der über die Vertuschung der wahren Geschichte
  der Menschheit geschrieben hat. Icke hat
  zahlreiche Bücher veröffentlicht, in denen er
  behauptet, dass eine geheime Elite die Geschichte
  manipuliert hat, um ihre Macht zu sichern.

- **Graham Hancock:** Ein britischer Schriftsteller
  und Journalist, der in seinen Büchern die
  Existenz einer verlorenen Zivilisation und deren
  Zerstörung durch eine Katastrophe untersucht
  hat. Hancock argumentiert, dass diese Zivilisation
  über ein tiefes Wissen über Astronomie und
  Architektur verfügte und dass ihre Überreste
  absichtlich verborgen werden.

- **Michael Cremo:** Ein Forscher, der sich mit der
  sogenannten verbotenen Archäologie beschäftigt
  und behauptet, dass viele archäologische Funde
  absichtlich ignoriert oder unterdrückt werden, um
  das etablierte Bild der menschlichen Geschichte
  aufrechtzuerhalten. Cremo argumentiert, dass
  diese Funde auf eine viel ältere und
  fortschrittlichere Zivilisation hindeuten, als die
  Mainstream-Wissenschaft anerkennt.

- **Charles Hapgood:** Hapgood glaubte, dass plötzliche Verschiebungen der Erdkruste katastrophale Auswirkungen auf das Klima und die Landschaft hatten, was die Zerstörung fortschrittlicher Zivilisationen zur Folge hatte. Seine Arbeiten werden oft von Befürwortern der Schlammflut-Theorie zitiert, um die Möglichkeit plötzlicher und verheerender Veränderungen auf der Erde zu untermauern.

- **Immanuel Velikovsky:** Ein russisch-amerikanischer Autor, der in seinem Buch "Welten im Zusammenstoß" behauptet, dass die Geschichte der Erde von katastrophalen Ereignissen geprägt ist, die nicht mit den konventionellen wissenschaftlichen Theorien übereinstimmen. Velikovsky argumentierte, dass Mythen und Legenden weltweit tatsächliche historische Ereignisse widerspiegeln, die auf solche Katastrophen hinweisen.

Geologische Beweise spielen eine wichtige Rolle in der Schlammflut-Theorie. Einige Geologen und Forscher haben Hinweise auf plötzliche und massive Erdbewegungen gefunden, die mit den Auswirkungen einer Schlammflut übereinstimmen könnten. Dazu gehören Sedimentablagerungen, die auf eine schnelle Überflutung hindeuten, und Anzeichen von Erdrutschen, die durch eine große Menge an Schlamm und Wasser verursacht worden sein könnten.

Einige Befürworter der Schlammflut-Theorie glauben, dass die Antarktis wichtige Hinweise auf die Existenz einer alten Zivilisation enthält, die durch eine Katastrophe zerstört wurde. Es wird vermutet, dass unter dem Eis der Antarktis Überreste von Gebäuden und Strukturen verborgen sind, die auf eine fortschrittliche Zivilisation hindeuten. Satellitenbilder und geologische Untersuchungen sollen Anomalien im Eis zeigen, die auf menschliche Bauwerke hinweisen könnten.

Befürworter der Theorie argumentieren, dass alte Zivilisationen ein tiefes Wissen über Astronomie hatten und dass ihre Bauwerke oft in Übereinstimmung mit bestimmten Sternkonstellationen und astronomischen Ereignissen ausgerichtet waren. Diese präzise Ausrichtung von Monumenten wie den Pyramiden von Gizeh und den Tempeln von Angkor Wat wird als Beweis dafür angesehen, dass diese Zivilisationen über fortschrittliche Technologien und Kenntnisse verfügten, die in der modernen Geschichte nicht anerkannt werden.

Weltweit gibt es viele Legenden und Mythen, welche von einer großen Flut und dem Untergang einer fortschrittlichen Zivilisation berichten:

Diese Geschichten ähneln sich oft in bemerkenswerter Weise, obwohl sie aus verschiedenen Kulturen stammen. Befürworter der Schlammflut-Theorie argumentieren, dass diese Geschichten auf ein reales historisches Ereignis hinweisen, das tief in der kollektiven Erinnerung der Menschheit verwurzelt ist. Beispiele dafür sind die biblische Geschichte der Sintflut und ähnliche Geschichten in den Mythen der Sumerer, Inder und anderer alter Kulturen.

Einige Forscher haben Hinweise auf antike Technologien gefunden, die weit fortschrittlicher sind, als es dem allgemeinen Verständnis der damaligen Zeit entspricht:

Patente und Beschreibungen von Maschinen und Geräten, die in alten Texten erwähnt werden, deuten auf ein hohes technologisches Niveau hin. Diese Technologien könnten in der Lage gewesen sein, die monumentalen Bauwerke zu errichten, die wir heute bewundern, und könnten durch die katastrophale Schlammflut verloren gegangen sein.

Es gibt Berichte und Aufzeichnungen von Zeitzeugen, die auf unerklärliche Ereignisse und Phänomene hinweisen, die mit der Schlammflut-Theorie übereinstimmen.

Historische Texte und Aufzeichnungen sprechen von plötzlichen Überschwemmungen, Veränderungen im Gelände und anderen Anomalien, die nicht durch die konventionelle Geschichtsschreibung erklärt werden können. Diese Berichte werden als wertvolle Hinweise auf die Realität der Schlammflut und die Existenz einer alten, fortschrittlichen Zivilisation angesehen.

Die Weltausstellungen

„Fast alle klassizistischen Gebäude der Weltausstellungen wurden nach der Ausstellung umgehend wieder abgerissen!"

Wurden diese Gebäude in Wahrheit überhaupt nicht in kürzester Zeit neu erbaut, wie behauptet, sondern stammten sie aus der "alten Welt"?

Bot sich somit ein geeigneter Vorwand, sie nach der Expo verdachtslos aus der Geschichte tilgen zu können?

Vieles spricht dafür, dass die imposanten architektonischen Meisterwerke, die vermeintlich für die Weltausstellungen in kürzester Zeit extra neu errichtet wurden, bereits lange vorher existierten. Einige wenige dieser Gebäude existieren heute noch und machen keineswegs den Eindruck, als bestünden sie lediglich aus Gips, Hanf- und Leinenfasern oder vergleichbaren empfindlichen Materialien, mit denen sie angeblich einst erbaut worden waren.

„Im Gegenteil, sie erscheinen so massiv, dass ihnen selbst die Zeit nichts anhaben kann!"

Ist es überhaupt realistisch, dass diese aufwendig gestalteten Bauwerke und Areale mit den damaligen technologischen Möglichkeiten in kürzester Zeit allein zum Zwecke der Weltausstellungen erbaut wurden, nur um sie danach sofort wieder abzureißen?

Zeigte man uns auf diese verschleierte Weise
in Wahrheit die weltweiten Überreste einer
vorangegangenen Hochkultur, nur um sie
anschließend für immer von der Weltbühne zu tilgen?

- *Es gibt kaum nennenswerte Aufzeichnungen oder Fotos von der Konstruktionsphase.*

- *Einige der wenigen vorhandenen Aufzeichnungen scheinen manipuliert worden zu sein.*

- *Bilder von Restaurierungen oder Abrissprozessen werden oft als Bilder vom Bau selbst dargestellt.*

- *Aufnahmen von plötzlich leer stehenden Geländen nach dem Abriss der Ausstellung werden als Bilder vor dem Bau ausgegeben.*

- *Es wird behauptet, dass die heute noch existierenden "temporären" Gebäude irgendwann abgerissen und dann mühsam an gleicher Stelle 1:1 neu aufgebaut wurden.*

Die World's Columbian Exposition 1893, auch
bekannt als The Chicago World's Fair, war eine vom
1. Mai bis 30. Oktober 1893 in Chicago veranstaltete
Weltausstellung, die neunzehnte ihrer Art. Der eigens
für die Ausstellung temporär errichtete Hauptbahnhof
umfasste ein Schienennetz von beeindruckenden 35
Gleisen. Aufzeichnungen vom Bauprozess sind jedoch
nicht vorhanden. <u>Nach der Ausstellung brannte der
Bahnhof zusammen mit einigen anderen Gebäuden,
angeblich infolge einer Brandstiftung, restlos nieder.</u>

81

Die größte und bekannteste Berliner Gewerbeausstellung fand vom 1. Mai bis 15. Oktober 1896 vor den Toren Berlins in der Landgemeinde Treptow im Treptower Park statt. Das 900.000 m² große Gelände übertraf sogar die bisherigen Weltausstellungen in Amerika und anderswo.

Ein Highlight war der Bereich **Alt-Berlin,** der als detailgetreuer Nachbau des spätmittelalterlichen Berlins gestaltet war. Er bestand aus 120 aufwendig gestalteten, massiv und alt erscheinenden Steinbauten, darunter zwei Stadttore, ein Zwinger, ein Marktplatz, ein Rathaus, ein Spital und ein beeindruckend großes Theater.

Erstaunlicherweise existiert vom Theater „Alt-Berlin", das 1897 abgerissen wurde, kein einziges Foto – weder vom Bau noch vom fertigen Gebäude oder vom Abriss. Dabei soll es zu dieser Zeit das größte Theater Berlins gewesen sein. Noch während der Ausstellung wurde es geschlossen und der Abriss begann.

Auch der angeblich aus temporären Materialien errichtete Marktplatz in Alt-Berlin sah keineswegs wie ein billiger Neubau aus. Die Dachziegel wirkten verwittert, die Steine massiv und uralt, und an den Hauswänden waren Alterserscheinungen zu erkennen.

Es scheint offensichtlich, dass ein historischer Stadtteil sowie sämtliche Gebäude der Gewerbe- und Industrieausstellung von 1896 einfach dem

82

**Erdboden gleichgemacht und alle Aufzeichnungen
über ihre Existenz vernichtet wurden!**

Die Liège International – 1905 (fr: Exposition Universelle
et Internationale de Liège) war eine Weltausstellung,
die vom 27. April bis 6. November 1905 in Lüttich
stattfand. Die Ausstellungsfläche betrug 21,08
Hektar und zog rund 7 Millionen Besucher an.
Von allen Ausstellungsgebäuden blieb einzig der
Palast der Schönen Künste erhalten, der bis heute
in seiner vollen Pracht bewundert werden kann.
Die anderen Gebäude der Ausstellung unterschieden
sich kaum vom Palast der Schönen Künste und waren
ähnlich massiv gebaut, was darauf hindeutet, dass sie
möglicherweise nicht hätten abgerissen werden
müssen.

Die Panama-Pacific International Exposition
fand vom 20. Februar bis zum 4. Dezember 1915
in San Francisco, Kalifornien, statt. Im Mittelpunkt
stand die Feier zur Fertigstellung des Panamakanals
im Jahr zuvor und die Demonstration, dass San
Francisco sich von dem schweren Erdbeben erholt
hatte. Das Ausstellungsgelände umfasste 254 Hektar
und zog 18,9 Millionen Besucher an.

Theodore Roosevelt, der 26. Präsident der
Vereinigten Staaten, setzte sich dafür ein, dass
einige Gebäude dieser Ausstellung aufgrund ihrer
unbeschreiblichen Schönheit dauerhaft erhalten
bleiben sollten. Diese Gebäude sollen daraufhin
noch mindestens fünf weitere Jahrzehnte aktiv
genutzt worden sein.

**Nach der Ausstellung wurde ein Hauptteil
der Gebäude dennoch wieder abgerissen!**

Obwohl diese angeblich aus günstigen Materialien wie
Holz, Gips und Leinenfasern bestanden, wirkten sie
auf Fotos der damaligen Zeit augenscheinlich sehr alt
und massiv!

- *Ein weiteres temporäres Gebäude, das
  „Electrical Building", brannte 1978 angeblich
  durch Brandstiftung zweier Jugendlicher ab.*

- *Auch das Old Globe Theater, ursprünglich für
  die Weltausstellung 1935 erbaut, brannte 1978
  infolge von Brandstiftung ab.*

Der Große Brand von Chicago 1871

Der Große Brand von Chicago war ein verheerendes
Feuer, das vom 8. bis 10. Oktober 1871 in Chicago,
Illinois, wütete. Es zerstörte viele einzigartige
architektonische Besonderheiten auf einer Fläche
von über acht Quadratkilometern, darunter 120 km
Straßen, 190 km Gehwege, 2.000 Laternenmasten,
17.000 Gebäude und Besitz im Wert von 200
Millionen Dollar – ein Drittel des Stadtwerts.
Am selben Tag brannten auch Peshtigo, Wisconsin,
und Holland, Michigan, nieder.

Diese Ereignisse werfen die Frage auf, ob die
Überreste der alten Welt in Chicago durch das Feuer
und den anschließenden Abriss des Ausstellungs-
geländes vernichtet wurden.

**Alte Karten bezeichnen das heutige Chicago als
"Chilaga", was auf eine alte Weltstadt hinweisen
könnte. Die "Weiße Stadt" der Ausstellung könnte
somit das Herzstück "Chilagas" gewesen sein.**

All diese Indizien deuten darauf hin, dass auch nach
dem weltweiten, einschneidenden Ereignis, das als
Reset oder Schlammflut bezeichnet wird, immer
noch unzählige vollständige und schöne Städte übrig
blieben, die von einer neuen Machtelite erobert und
dann unter anderem als „Expos" umfunktioniert und
anschließend größtenteils vernichtet worden sind.

Wir sehen auf den Fotos der Expos immer zwei
grundlegend verschiedene Architekturstile – einerseits
die massiven, klassizistischen Bauten mit einheitlichen

und harmonischen Proportionen des Goldenen Schnittes, die sich in nichts von den echten europäischen Renaissance-Bauten unterscheiden und tatsächlich der gleichen Epoche entstammen. Andererseits sehen wir billig aussehende, temporäre Bauten aus Gips und anderen günstigen Materialien, die keiner bekannten historischen Epoche entstammen und offensichtlich mit der Absicht gebaut wurden, sie möglichst schnell wieder abzureißen.

Um die alten Gebäude herum wurden viele temporäre Strukturen errichtet, wie billige Pavillons, Mauern aus Gips und Imitationen berühmter Gebäude. Nach den Expos wurden jedoch nicht nur die temporären, sondern auch die alten Gebäude abgerissen. Sollte sich bestätigen, dass viele Gebäude der Weltausstellungen bereits vorher existierten und nur renoviert wurden, könnte dies eine der größten Vertuschungsaktionen der jüngeren Geschichte darstellen.

Jedes Mal, wenn ein Gebäude einer Weltausstellung zerstört wurde, ging nicht nur ein faszinierendes Bauwerk verloren, sondern auch ein Stück Menschheitsgeschichte.

Diese Gebäude waren nicht einfach nur Konstruktionen;

sie waren **Meisterwerke,** die das kreative und technische Können der Menschheit verkörperten!

Jedes Mal, wenn eines dieser **architektonischen Wunder** abgerissen wurde, verschwand damit auch ein einzigartiger Ausdruck unseres kulturellen Erbes!

Das Fundament der heutigen Welt wurde während der Zeit der Weltausstellungen gelegt.

Das technologische Wissen der Alten Welt wurde selektiert: Ein Teil wurde geheim gehalten, ein anderer Teil der Öffentlichkeit präsentiert. Eines der wichtigsten Kriterien bei diesem Entscheidungsprozess dürfte die Frage gewesen sein, ob eine Technologie von einer zentralen Instanz kontrolliert werden konnte.

„Jede Form von unabhängiger oder gar kostenloser Energie musste für die Kräfte, welche die Räuberbarone des Industriezeitalters aus dem Schatten heraus kontrollierten, sehr gefährlich gewesen sein!"

Die Wiederentdeckung alten Wissens

Ein weiteres faszinierendes Thema ist die Wiederentdeckung alten Wissens in der modernen Zeit. Die industrielle Revolution, die Mitte des 18. Jahrhunderts begann, brachte eine Welle technologischer Innovationen mit sich, die das Leben der Menschen grundlegend veränderten. Viele dieser Innovationen, wie die Dampfmaschine, die Eisenbahn und die Elektrizität, könnten jedoch auf älterem Wissen basieren, das in der Antike verloren ging und erst in der Neuzeit wiederentdeckt wurde.

Es gibt Hinweise darauf, dass einige der technologischen Errungenschaften der industriellen Revolution auf alten Prinzipien basieren, die bereits in früheren Hochkulturen bekannt waren. Zum Beispiel zeigen archäologische Funde, dass die alten Ägypter über erstaunliche Kenntnisse in der Geometrie und Mechanik verfügten, die sie beim Bau ihrer Pyramiden und Tempel einsetzten. Diese Kenntnisse könnten die Grundlage für viele der technologischen Entwicklungen der Neuzeit gebildet haben.

Der Einfluss der alten Welt auf die Moderne ist in vielen Bereichen sichtbar. Die Architektur, die wir in vielen historischen Gebäuden sehen, basiert oft auf Prinzipien, die in der Antike entwickelt wurden. Die Verwendung von Säulen, Bögen und Kuppeln in der Architektur hat ihren Ursprung in den alten Hochkulturen von Griechenland und Rom.

Diese Prinzipien wurden in der Renaissance wiederentdeckt und beeinflussten die Architektur der Neuzeit.

Auch in der Kunst und Literatur finden sich zahlreiche Einflüsse der alten Welt. Die Mythen und Legenden der alten Griechen und Römer haben die Literatur und Kunst der westlichen Welt tief geprägt. Diese Geschichten und Motive wurden über die Jahrhunderte hinweg immer wieder aufgegriffen und neu interpretiert, was zeigt, wie stark der Einfluss der alten Welt auf die moderne Kultur ist.

Die Geschichte der Menschheit ist möglicherweise komplexer und faszinierender, als wir bisher angenommen haben.

Die Hinweise auf alte Hochkulturen, die durch Katastrophen untergingen, die Wiederentdeckung alten Wissens in der Neuzeit und der Einfluss der alten Welt auf die Moderne sind nur einige der Aspekte, die darauf hindeuten, dass die Menschheitsgeschichte noch viele Geheimnisse birgt.

Indem wir diese Hinweise weiter erforschen und offen für neue Theorien sind, können wir unser Verständnis der Vergangenheit erweitern und möglicherweise ein klareres Bild davon bekommen, wie sich die Menschheit im Laufe der Jahrtausende entwickelt hat. Die faszinierenden Bauwerke und Karten aus der Vergangenheit, die Mythen und Legenden von Atlantis und die technologischen Errungenschaften

der alten Welt bieten uns spannende Einblicke in eine
Vergangenheit, die möglicherweise ganz anders war,
als wir bisher dachten.

**Während die Schlammflut-Theorie faszinierend
und umfangreich ist, bleibt sie dennoch umstritten
und wird von der Mainstream-Wissenschaft
weitgehend abgelehnt.**

Die mögliche Enthüllung einer alten, fortschrittlichen
Zivilisation und die Bestätigung der Schlammflut-
Theorie könnten jedoch tiefgreifende Auswirkungen
auf unser Verständnis der menschlichen Geschichte
haben. Es würde bedeuten, dass die Menschheit in
der Vergangenheit technologisch fortschrittlicher war,
als bisher angenommen, und dass unsere Zivilisation
möglicherweise auf den Überresten einer verlorenen
Kultur aufgebaut ist.

Die Theorie regt dazu an, die Geschichte der
Menschheit mit einem offenen Geist und einer
kritischen Perspektive zu betrachten. Sie fordert
uns auf, die Anomalien und ungeklärten Phänomene
unserer Vergangenheit nicht einfach zu ignorieren,
sondern sie zu untersuchen und zu hinterfragen.

Die Theorie der Alten Welt und der Schlammflut
ist somit eine der faszinierendsten und komplexesten
Verschwörungstheorien der heutigen Zeit.
Sie verbindet eine Vielzahl von Indizien und Beweisen
aus unterschiedlichen Disziplinen und fordert die
etablierte Geschichtsschreibung heraus.

Obwohl die Theorie von der Mainstream-Wissenschaft weitgehend abgelehnt wird, bietet sie eine alternative Perspektive auf die Geschichte der Menschheit und regt dazu an, die Vergangenheit mit einem kritischen und offenen Geist zu betrachten.

Die Theorie der Alten Welt und der Schlammflut bleibt ein faszinierendes Rätsel und ein herausforderndes Thema für Forscher, Historiker und Interessierte gleichermaßen.

Die verschiedenen Theorien zur Chronologiekritik und Geschichtsfälschung fordern uns auf, unsere bisherigen Annahmen über die Geschichte zu überdenken.

Von der Existenz früher, hochentwickelter Zivilisationen bis hin zu umfassenden Fälschungen und Fehlinterpretationen bieten diese Ansätze neue Perspektiven auf die menschliche Vergangenheit. Das Einbeziehen der Arbeiten von Forschern wie **Charles Hapgood und Graham Hancock** erweitert diese Diskussion und unterstreicht die Notwendigkeit, den etablierten historischen Narrative stets kritisch zu hinterfragen.

Durch die Einbeziehung der Erkenntnisse von Hapgood und Hancock wird die Diskussion über dunkle Jahrhunderte und Chronologiekritik um wichtige Perspektiven erweitert, die darauf hinweisen, dass unsere Geschichte möglicherweise weit komplexer und tiefgreifender ist, als bisher angenommen.

»Der erste Schritt, ein Volk zu liquidieren, besteht darin, seine Geschichte auszulöschen. Zerstöre seine Bücher, seine Kultur, seine Geschichte. Danach lasse jemand anderes neue Bücher schreiben, schaffe eine neue Kultur, erfinde eine neue Geschichte. Binnen Kurzem wird die Nation anfangen zu vergessen, was sie ist und was sie war.«

- Milan Kundera

„Jede Aufzeichnung wurde vernichtet oder verfälscht, jedes Buch überholt, jedes Bild übermalt, jedes Denkmal, jede Straße und jedes Gebäude umbenannt, jedes Datum geändert. Und dieses Verfahren geht von Tag zu Tag und von Minute zu Minute weiter.“). Jeder Beweis einer Änderung der Geschichte ist entweder vernichtet oder im Besitz der Partei. Vergangene Geschehnisse leben nur in Aufzeichnungen und der Erinnerung der Menschen weiter. Da die Partei beides kontrolliert, muss jeder Mensch, ob Parteimitglied oder Proletarier, die Geschichte so als richtig erachten, wie die Partei es ihm überliefert (Textbeleg: „Und da die Partei alle Aufzeichnungen vollkommen unter ihrer Kontrolle hat, so wie sie auch die Denkweise ihrer Mitglieder unter ihrer ausschließlichen Kontrolle hat, folgt daraus, dass die Vergangenheit so aussieht, wie die Partei sie darzustellen beliebt.“).

-George Orwell

Besonderer Dank gilt:

•Platon

•Diodorus Siculus

•Ignatius Donnelly

•Charles Hutchins Hapgood

•John Anthony West

•Graham Hancock & Santha Faiia

•Randall Carlson

•Colin Wilson

•Robert M. Schoch

•Robert Bauval

•Dieter Bremer

•Anatoli Timofejewitsch Fomenko

•JonLevi

•Chnopfloch

•die Zuversicht

•Kai Brenner

u. v. m.

Bonusabschnitt

Die Abenteuer des US-Admirals Richard Evelyn Byrd

Admiral Richard Evelyn Byrd's erste Antarktisexpedition 1928 bis 1930

Admiral Richard Evelyn Byrd, welcher stets in engem Kontakt zu John D. Rockefeller Jr., sowie Edsel Ford und seinem Vater Henry Ford stand, gelang es mit einer kleinen Flotte bestehend aus zwei Schiffen (der City of New York sowie der Eleanor Bolling) und drei Flugzeugen, während einer Antarktisexpedition (1928 bis 1930) die Antarktis in einer dreimotorigen Passagiermaschine erstmalig zu überfliegen sowie zu umrunden. Er und seine Mannschaft ließen sich letztlich im Dezember 1928 am Rande des "Ross-Schelfeises" nieder und gründeten somit den ersten sich in der Antarktis befindlichen US-amerikanischen Außenposten **"Little America".**

- Weitere Posten dieser Art entstanden bei Byrds zweiter Expedition (1933 bis 1935),
- als Westbasis der United States Antarctic Service Expedition (1939 bis 1941),
- bei der Operation Highjump (1946 bis 1947)
- und bei der ersten Operation Deep Freeze (1955 bis 1956).

Ausgehend von Little America wurden jegliche aufklärerischen Erkundungen innerhalb der folgenden zwei Jahre mithilfe der mitgebrachten Flugzeuge, zahlreichen Hundeschlitten sowie Schneemobilen und Schneeschuhen unter größtmöglicher Anstrengung sorgfältig geplant und ausgeführt, um dem in Eis liegenden Kontinent Antarktika bestmöglich seine Geheimnisse zu entlocken.

Am 27. Januar 1929 entdeckten sie eine Gebirgskette in der Antarktis. Admiral Byrd benannte sie nach seinem Freund und Unterstützer John D. Rockefeller Jr. (1874–1960). Die Rockefeller Mountains sind eine Gruppe niedriger und verstreuter granitischer Berge und Gebirgskämme in der antarktischen Ross Dependency. Auf der Edward-VII-Halbinsel ragen sie rund 50 km südsüdwestlich der Alexandra Mountains auf.

Im Februar 1930 brach die Expedition aus der Antarktis auf und kehrte zunächst bis zum Jahre 1933 in die USA zurück. Finanziert wurde diese erste Expedition maßgeblich von John D. Rockefeller, Edsel Ford, der American Geographical Society, der National Geographic Society sowie der New York Times.

Admiral Richard Evelyn Byrd's zweite Antarktisexpedition 1933 bis 1935

Im Laufe seiner zweiten Expedition im Jahre 1934 verbrachte Admiral Byrd unter anderem fünf lange Wintermonate damit, eine meteorologische Station zu betreiben. Aufgrund eines unbekannten Defekts innerhalb der Anlage erlitt er jedoch eine erhebliche Kohlenmonoxid-Vergiftung und konnte nur knapp mit seinem Leben entkommen.

Ebenfalls im Jahre 1934 entdeckten er und seine Kameraden eine Hochebene im westantarktischen Marie-Byrd-Land und benannten diese abermals nach John D. Rockefeller Jr. (1874–1960), dem wohl bedeutsamsten aller Geldgeber seiner Forschungsreisen. Das Rockefeller-Plateau ist eine zwischen 1000 und 1500 m hoch liegende Hochebene im westantarktischen Marie-Byrd-Land. Sie liegt östlich der Shirase- und der Siple-Küste sowie südlich der Ford Ranges, der Flood Range und der Executive Committee Range.

United States Antarctic Service Expedition (1939 bis 1941)

Die "United States Antarctic Service Expedition" 1939 bis 1941 war die dritte Antarktis-Expedition von Admiral Richard Evelyn Byrd und zugleich auch die erste, welche seit der "United States Exploring Expedition" (1838 bis 1842) selbst von der US-Regierung mitfinanziert wurde. Ziele dieser Forschungsreise waren die Errichtung weiterer dauerhaft betriebener Forschungsstationen, die Kartierung der Küstenlinie zwischen dem 72. und 148. Grad westlicher Länge sowie des Weddell-Meers (Ellsworthland und Queen Elizabeth Land) und die Durchführung luftunterstützter Forschungsarbeiten in spezifischen Zielgebieten.

Im März 1940 wurde Admiral Byrd jedoch plötzlich zum Büro des Chefs der Marineoperationen zurückberufen. Die Expedition musste nun ohne ihn in der Antarktis fortgesetzt werden, bis auch die letzten

der Teilnehmer am 22. März 1941 die Antarktis
ebenfalls fürs Erste wieder verließen.

Operation Highjump (1946 bis 1947)

Im Jahre 1946 ernannte der Marineminister James
Forrestal Admiral Byrd zum Hauptverantwortlichen
des sogenannten "Antarctic Developments Project".
Admiral Byrds nun bereits vierte Antarktisexpedition
trug den Codenamen "Operation Highjump".
Highjump war mit einem äußerst umfangreichen
Einsatz der United States Navy in der Antarktis
verbunden, welcher am 3. Dezember 1946 im US-
Marinestützpunkt Norfolk begann und in dessen
späteren Verlauf am 27. Januar 1947 der Stützpunkt
"Little America IV" beim Rossmeer errichtet wurde.

Die gesamte Expedition wurde von der Task Force 68,
einer gewaltigen Seestreitmacht, unterstützt, die von
Konteradmiral Richard H. Cruzen kommandiert
wurde. Sage und schreibe dreizehn US-Navy-
Unterstützungsschiffe (neben dem Flaggschiff USS
Mount Olympus und dem Flugzeugträger USS
Philippine Sea), sechs Hubschraubern, sechs
Flugbooten, zwei Wasserflugzeug-Tendern und
fünfzehn weiteren Flugzeugen kamen hierbei zum
Einsatz. Die Gesamtzahl aller beteiligten Mitarbeiter
betrug in etwa 4.700 Mann.

Am 31. Dezember 1946 gelang ihnen die Luft-
erkundung eines Gebiets, welches bereits so groß wie
die Hälfte der Vereinigten Staaten war und erfasste
zehn neue Gebirgszüge. Das größte abgedeckte Gebiet
war die Ostküste der Antarktis von 150°E bis zum

Greenwich-Meridian. Wichtigstes Ergebnis der Operation war die Erstellung von zehntausenden Luftbildern des Landesinneren sowie der antarktischen Küste zur Erstellung von Landkarten.

Am 3. März 1947 wurde die Expedition durch ihren Leiter, Admiral Byrd, aufgrund zahlreicher Verluste für beendet erklärt. Das U-Boot USS Sennet (SS-408) wurde schwer am Turm beschädigt und musste unverzüglich nach Neuseeland zurückkehren.

Das Flugboot George 1 war auf einem Patrouillenflug über einem bis dato noch völlig unerforschten Teil der Antarktis plötzlich abgestürzt. Nach fast zwei Wochen wurden die Überlebenden zwar geborgen, doch von der ursprünglich neunköpfigen Besatzung waren drei Männer tot. Insgesamt mussten bei dieser Mission zehn nicht mehr funktionsfähige Flugzeuge zurückgelassen werden. Es war die größte militärische Operation in diesem Teil der Antarktis und eine der größten Expeditionen zur Erforschung der Antarktis.

Admiral Byrd wurde später von Lee van Atta vom International News Service an Bord des Expeditionskommandoschiffs "USS Mount Olympus" interviewt, in dem er die Schlussfolgerung aus der Operation erörterte. Das Interview erschien in der Mittwochsausgabe der chilenischen Zeitung El Mercurio am 5. März 1947.

Byrd warnte, dass die Vereinigten Staaten Maßnahmen zum Schutz gegen die Möglichkeit einer Invasion des Landes durch feindliche Flugzeuge aus den Polargebieten ergreifen sollten.

Er erklärte, dass die USA im Falle eines neuen Krieges von Flugzeugen angegriffen werden könnten, die über einen oder beide Pole fliegen. Byrd betonte die Bedeutung der potenziellen Auswirkungen seiner Beobachtungen und Entdeckungen auf die Sicherheit der Vereinigten Staaten.

Operation Windmill (1947/48)

Die Operation Windmill war eine weitere Forschungsmission der United States Navy in der Antarktis, die von 1947 bis 1948 stattfand. Die Expedition folgte auf das First Antarctic Developments Project, das unter dem Namen Operation Highjump bekannt ist. Die Expedition Task Force 39 wurde von Commander Gerald L. Ketchum geleitet, und das Expeditionsflaggschiff war die USS Burton Island, begleitet von der USS Edisto.

Operation Highjump II (1950)

Im Jahre 1950 wurde die Operation Highjump II vorbereitet, wiederum unter Admiral Byrd und als Leiter der Operation George J. Dufek, der bei der Highjump-Südpolarexpedition von 1946 bis 1947 die Arbeitsgruppe Ost mit dem Seeflugzeugträger Pine Island als Führungsschiff, dem Zerstörer Brownson und dem Tanker Canisteo geleitet hatte. Dufek sollte nun die gesamte Expedition unter Byrd führen. Alles war fertig geplant, Ausrüstung, Schiffe und Mannschaften standen bereit, als sechs Wochen vor dem Auslauftermin die Operation abgebrochen wurde, angeblich aus Kostengründen.

Operation Deep Freeze I (1955 bis 1956)

Als Teil der multinationalen Zusammenarbeit
zum Internationalen Geophysikalischen Jahr (IGY)
1957-58 wurde Admiral Byrd 1955 bis 1956
zum hauptverantwortlichen Offizier der US Navy
Operation Deep Freeze I ernannt, um weitere
amerikanische Antarktis-Stützpunkte zu errichten.
Dies sollte für Byrd seine letzte Reise in die Antarktis
werden und vervollständigte so die permanente
US-Militärpräsenz in der Antarktis. Byrd selbst
verbrachte jedoch nur noch eine Woche in der
Antarktis und begann seine Heimkehr in die
Vereinigten Staaten am 3. Februar 1956.

Aus dem Tagebuch des
Admiral Richard Evelyn Byrd

*Dieses Tagebuch werde ich im Geheimen und
Verborgenen schreiben. Es enthält meine persönlichen
Aufzeichnungen über meinen Antarktisflug vom 19.
Februar 1947. Ich bin sicher, es kommt die Zeit, wo
alle Mutmaßungen und Überlegungen des Menschen
zur Bedeutungslosigkeit verkümmern und er die
Unumstößlichkeit der offensichtlichen Wahrheit
anerkennen muss.*

*Mir ist die Freiheit versagt, diese Aufzeichnungen zu
veröffentlichen, und vielleicht werden sie niemals ans
Licht der Öffentlichkeit gelangen. Aber ich habe meine
Aufgabe zu erfüllen und das, was ich erlebt habe,
werde ich hier niederschreiben. Ich bin zuversichtlich,
dass dies alles gelesen werden kann, und dass eine
Zeit kommen wird, wo die Gier und die Macht einer*

*Gruppe von Menschen die Wahrheit nicht mehr
aufhalten kann.*

*Wir haben erhebliche Luftturbulenzen. Wir steigen
auf eine Höhe von 2.900 Fuß (ca. 900 Meter).
Die Flugbedingungen sind wieder gut. Es sind
riesige Schnee- und Eismassen unter uns zu sehen.
Wir bemerken eine gelbliche Verfärbung des Schnees
unter uns. Die Verfärbung hat ein gerades Muster.
Wir gehen tiefer, um das Phänomen besser in
Augenschein zu nehmen.*

*Nun können wir verschiedene Farben erkennen.
Wir sehen auch rote und lila Muster. Wir überfliegen
das Gebiet noch zweimal, um dann wieder auf unseren
bisherigen Kurs zurückzukommen. Beide, der Kreisel-
wie auch der Magnetkompass drehen sich und
vibrieren. Wir können Standort und Richtung mit
unseren Instrumenten nicht mehr überprüfen.
Uns bleibt nur noch der Sonnenkompass. Mit ihm
können wir die Richtung halten. Alle Instrumente
funktionieren nur noch zögerlich und überaus
langsam.*

*Wir können vor uns Berge erkennen. Wir gehen
wieder auf 2.900 Fuß. Kommen erneut in kräftige
Turbulenzen. Vor 29 Minuten haben wir die Berge
zum ersten Mal gesehen. Wir haben uns nicht geirrt.
Es ist ein ganzer Gebirgszug. Er ist nicht sonderlich
groß. Ich habe ihn noch niemals vorher gesehen.
Inzwischen sind wir direkt über dem Gebirgszug.
Wir fliegen geradeaus weiter, immer in Richtung
Norden.*

Hinter dem Gebirgszug liegt wahrhaftig ein kleines
Tal. Durch das Tal windet sich ein Fluss. Wir sind
perplex. Hier kann doch kein grünes Tal sein!
Hier stimmt doch einiges nicht mehr. Unter uns
müssten Eis- und Schneemassen sein. Backbord
sind die Berghänge mit großen Bäumen bewaldet.
Unsere komplette Navigation ist ausgefallen.
Der Kreiselkompass pendelt ununterbrochen hin
und her.

Ich gehe jetzt auf 1.550 Fuß (ca. 479 Meter) herunter
und ziehe das Flugzeug scharf nach links. Nun kann
ich das Tal unter uns besser sehen. Ja, es ist grün.
Es ist mit Bäumen, Moosen und Flechten bedeckt.
Es herrschen hier andere Lichtverhältnisse.
Ich kann die Sonne nicht mehr sehen.

Wir machen erneut eine Linkskurve. Jetzt erblicken
wir unter uns ein großgewachsenes Tier. Es könnte ein
Elefant sein. Nein! Es ist unglaublich, es sieht aus wie
ein Mammut. Es ist die Wahrheit! Wir haben unter uns
ein ausgewachsenes Mammut. Ich gehe jetzt noch
tiefer. Wir sind jetzt bei einer Höhe von 1.000 Fuß
(ca. 305 Meter). Wir schauen uns das Tier mit dem
Fernglas an. Nun ist es sicher, es ist ein Mammut
oder ein Tier, das dem Mammut sehr ähnlich ist.
Wir funken die Beobachtung an die Basis.

Währenddessen überfliegen wir weitere kleinere,
bewachsene Berge. Ich bin inzwischen völlig ratlos.
Hier stimmt einiges nicht mehr. Alle Instrumente
funktionieren wieder. Es ist warm geworden.
Wir haben 74 Grad Fahrenheit (ca. 23 Grad Celsius)
auf der Anzeige. Wir halten unseren Kurs.

*Wir können unsere Basis nicht mehr erreichen, da jetzt
der Funk ausgefallen ist. Das Gelände unter uns wird
immer flacher.*

*Ich weiß nicht, ob ich mich richtig ausdrücke, aber
es wirkt alles völlig normal, und vor uns liegt ganz
deutlich eine Stadt!!! Das ist nun wirklich unmöglich.*

*Alle Instrumente fallen aus. Das ganze Flugzeug
kommt leicht ins Taumeln! Mein Gott! Backbord
und Steuerbord tauchen auf beiden Seiten eigenartige
Flugobjekte auf. Sie sind sehr schnell und kommen
längs.*

*Ich habe keine Ahnung mehr, wo wir sind.
Was ist mit uns geschehen? Ich weiß es nicht.
Ich bearbeite meine Instrumente. Die aber sind immer
noch völlig ausgefallen. Wir sind inzwischen von den
tellerförmigen Flugscheiben eingekreist.
Wir scheinen gefangen zu sein.*

*Die Flugobjekte strahlen ein eigenes Leuchten aus.
Es knattert in unserem Funk. Eine Stimme spricht
uns in englischer Sprache an. „WILLKOMMEN IN
UNSEREM GEBIET, ADMIRAL! In exakt sieben
Minuten werden wir sie landen lassen. Bitte
entspannen Sie sich, Admiral, Sie sind gut
aufgehoben."*

*Nunmehr sind auch unsere Motoren komplett
ausgefallen. Die Kontrolle des gesamten Flugzeugs
ist in fremden Händen. Alle meine Instrumente
reagieren nicht mehr.*

Wir erhalten soeben einen weiteren Funkspruch,
der uns auf die Landung vorbereitet. Wir beginnen
daraufhin unverzüglich mit der Landung.

Durch das ganze Flugzeug geht ein kaum merkliches,
leichtes Beben. Das Flugzeug sinkt zu Boden wie in
einem gewaltigen, durchsichtigen Fahrstuhl.
Wir schweben völlig sanft dahin. Das Berühren des
Bodens ist kaum zu spüren. Es gibt lediglich einen
kurzen, leichten Stoß. Ich mache meine letzten
Bordeinträge in aller Eile.

Es kommt eine kleine Gruppe von Männern zu
unserem Flugzeug. Sie sind alle sehr groß und haben
blonde Haare. Weiter hinten sehe ich eine beleuchtete
Stadt. Sie scheint in den Regenbogenfarben zu
strahlen. Die Männer sind anscheinend unbewaffnet.
Ich weiß nicht, was uns nun erwartet. Deutlich nennt
mich eine Stimme bei meinem Namen und erteilt mir
den Befehl, zu öffnen. Ich gehorche und öffne die
Ladeluke.

Hier enden die Einträge aus dem Bordbuch.
Alles was nun folgt, schreibe ich aus meiner
Erinnerung. Es ist unbeschreiblich, fantastischer
als alle Fantasie, und wenn ich es nicht selber erlebt
hätte, würde ich es als völlige Verrücktheit
bezeichnen. Wir beide, mein Funker und ich, werden
aus dem Flugzeug geführt und überaus freundlich
empfangen.

Dann führt man uns zu einer gleitenden Scheibe, die
sie hier als Fortbewegungsmittel benutzen. Sie hat
keinerlei Räder. Mit enormer Schnelligkeit nähern wir

uns der schimmernden Stadt. Die Farbenpracht der
Stadt scheint von dem kristallähnlichen Material,
aus welchem sie gebaut worden ist, zu kommen.
Bald halten wir vor einem imposanten Gebäude.
Solch eine Architektur habe ich bisher nirgends
gesehen. Sie ist mit nichts vergleichbar.

Es sind zirka zehn Minuten verflossen, als zwei dieser
eigenartigen Männer, die unsere Gastgeber sind, zu
uns kommen. Sie sprechen mich an und teilen mir
unmissverständlich mit, dass ich ihnen folgen soll.
Ich scheine keine andere Wahl zu haben, als ihrer
Aufforderung Folge zu leisten. Wir trennen uns also.
Ich lasse meinen Funker zurück und folge den beiden.
Bald darauf erreichen wir einen Fahrstuhl, den wir
betreten. Wir gleiten abwärts. Als wir halt machen,
gleitet die Tür leise nach oben!

Wir gehen durch einen langen, tunnelartigen Gang,
der durch ein hellrotes Licht beleuchtet wird. Das
hellrote Licht scheint durch die Wände zu strahlen.
Wir kommen vor eine große Tür. Vor dieser großen
Tür halten wir an und bleiben stehen. Über der großen
Tür befindet sich eine Inschrift, über die ich nichts
sagen kann. Ganz ohne Geräusche gleitet die Tür zur
Seite. Eine Stimme fordert mich auf, einzutreten.

„Seien Sie ganz ohne Sorge, Admiral", beruhigt mich
die Stimme von einem meiner beiden Begleiter.
„Sie werden vom Meister empfangen werden!"

Also trete ich ein. Ich bin wie geblendet. Die Vielzahl
der Farben, das Licht, das den Raum füllt. Meine
Augen wissen nicht wohin und müssen sich erst einmal

an den Zustand gewöhnen. Es dauert eine Weile bis
ich etwas erkennen kann, von dem, was mich umgibt.
Das, was ich nun sehe, ist das Allerschönste, was ich
jemals zu sehen bekam. Es ist herrlicher, schöner und
prachtvoller, als dass ich in der Lage wäre, es zu
beschreiben. Ich glaube, keine Sprache ist in der Lage,
das in Worte zu fassen, was ich hier sehen darf.
Ich glaube, es fehlen der Menschheit Worte hierfür.

12. März 1947

Ich war in einer Sitzung im Pentagon. Ich habe
ausführlich über meine Entdeckungen und über die
Botschaft des Meisters berichtet. Es wurde alles
festgehalten und aufgeschrieben. Der Präsident
(Truman) wurde auch benachrichtigt. Ich wurde
mehrere Stunden hier festgehalten (genauer gesagt
waren es sechs Stunden und neununddreißig Minuten),
wobei ich von einem Sicherheits- [Geheimdienst] und
einem Ärzteteam ausführlich befragt wurde. Es war
die Hölle! Ich wurde unter die strikte Aufsicht der
Nationalen Sicherheitsvorsorge der Vereinigten
Staaten von Amerika gestellt und bekam den Befehl,
über alles, was ich erlebt hatte, Stillschweigen zu
bewahren. Zum Wohle der Menschheit. Unglaublich!
Ich wurde daran erinnert, dass ich Offizier bin und
somit den Befehlen gehorchen muss.

30. Dezember 1956

Die Jahre nach 1947 waren nicht sehr angenehm
für mich. Ich mache nun den letzten Eintrag in diesem
besonderen Tagebuch. Ich möchte noch erwähnen,
dass ich die Entdeckungen, die ich gemacht habe,

für mich behalten habe, genauso wie mir befohlen wurde. Das ist aber nicht in meinem Sinne!
Ich merke, dass mich bald die lange Nacht holen wird. Doch wird dieses Geheimnis nicht mit mir sterben, sondern gelüftet werden, wie alle Wahrheit. Und so wird es sein. Nur darin kann die einzige Hoffnung für die Menschheit bestehen. Ich habe die Wahrheit gesehen. Sie hat mich aufwachen lassen und mich befreit. Ich habe meine Pflicht für den riesigen Militär- und Wirtschaftskomplex abgeleistet. Meine lange Nacht nähert sich, aber sie wird ein Ende haben.
So wie die lange Nacht der Arktis ein Ende hat, so wird die Wahrheit wie ein strahlender Sonnenschein zurückkommen und die dunklen Mächte werden nicht durch das Licht der Wahrheit kommen.

Militärische Auszeichnungen:

Admiral Richard Evelyn Byrd war einer der höchstdekorierten Offiziere in der Geschichte der United States Navy und wahrscheinlich die einzige Person, welche

- **die "Medal of Honor",**
- **das "Navy Cross",**
- **das "Distinguished Flying Cross"**
- **und die "Silver Life Saving Medal" erhalten hat.**

Orden und Medaillen

Admiral Byrd war einer von nur vier amerikanischen
Offizieren in der Geschichte, die berechtigt waren,
eine Medaille mit seinem eigenen Bild darauf zu
tragen. Da Byrds Bild sowohl auf der ersten als auch
auf der zweiten Byrd Antarctic Expedition Medals zu
sehen ist, war er der einzige Amerikaner, der
berechtigt war, zwei Medaillen mit seinem eigenen
Bild darauf zu tragen.

- 1929 erhielt Byrd den "Silver Buffalo Award" der
  Boy Scouts of America.

- Ebenfalls 1929 erhielt er die "Langley Gold
  Medal" von der Smithsonian Institution für
  herausragende Leistungen in der Luftfahrt.

- Er war der siebte Empfänger der renommierten
  "Hubbard-Medaille", die von der National
  Geographic Society für seinen Flug zum Nordpol
  verliehen wurde.

- Byrd erhielt zahlreiche Medaillen von
  Nichtregierungsorganisationen zu Ehren seiner
  Leistungen. Dazu gehörten die "David
  Livingstone Centenary Medal" der American
  Geographical Society, die "Loczy Medal" der
  Hungarian Geographical Society, die "Vega
  Medal" der Swedish Geographical Society und
  die "Elisha Kent Kane Medal" der Philadelphia
  Geographical Society.

- Er gehörte zu dem kleinen Kreis von Menschen,
  die alle "Antarktis-Expeditionsmedaillen"
  erhalten hatten.

Mitgliedschaften

- Admiral Byrd war ein aktiver Freimaurer und wurde am 19. März 1921 in der Federal Lodge No. 1, Washington, DC, als Master Mason aufgenommen und am 18. September 1928 der Kane Lodge No. 454, New York City, angegliedert.

- Er war Mitglied der National Sojourners Kapitel Nr. 3 in Washington. 1930 wurde Byrd von der Kane Lodge eine Goldmedaille verliehen.

- 1931 wurde Byrd Mitglied der Tennessee Society of the Sons of the American Revolution. Er erhielt die staatliche Mitgliedsnummer 605 und die nationale Mitgliedsnummer 50430. Für seine Verdienste im Ersten Weltkrieg erhielt er außerdem die Kriegsdienstmedaille der Gesellschaft.

- Er wurde als Ehrenmitglied der University of Virginia in Phi Beta Kappa aufgenommen.

- Er war zudem Mitglied des Explorers Club, der American Legion sowie der National Geographic Society.

Sonstiges

- Admiral Byrd wurde posthum für die 1960 gegründete Antarctic Service Medal für seine Teilnahme an den Antarktisexpeditionen Operation Highjump (1946 bis 1947) und Operation Deep Freeze (1955 bis 1956) qualifiziert.

- Der Mondkrater Byrd ist nach ihm benannt, ebenso wie der Trockenfrachter USNS Richard E. Byrd (T-AKE-4) der United States Navy und der inzwischen außer Dienst gestellte Lenkwaffenzerstörer der Charles F. Adams-Klasse USS Richard E. Byrd (DDG-23).

- Im Jahr 1927 machten die Boy Scouts of America Byrd zu einem Honorary Scout, einer neuen Kategorie von Pfadfindern, die im selben Jahr gegründet wurde. Diese Auszeichnung wurde "Amerikanischen Staatsbürgern verliehen, deren Leistungen in Outdoor-Aktivitäten, Erkundungen und lohnenden Abenteuern von so außergewöhnlichem Charakter sind, dass sie die Fantasie von Jungen anregen."

- Admiral Byrd erhielt zudem zahlreiche andere Auszeichnungen von staatlichen sowie privaten Einrichtungen in den Vereinigten Staaten.

- Admiral Byrd ist die einzige Person, zu deren Ehren insgesamt drei Ticker-Tape-Paraden in New York City veranstaltet wurden (1926, 1927 und 1930).

- In Glen Rock, New Jersey, wurde 1931 die Richard E. Byrd School eingeweiht.

- Am 31. März 1934 wurde Admiral Byrd während einer regelmäßig stattfindenden Sendung die CBS-Medaille für den Distinguished Contribution to Radio verliehen.

- Die Richard E. Byrd Elementary School, eine Schule des Verteidigungsministeriums in Negishi (Yokohama, Japan), wurde am 20. September 1948 eröffnet.

- Denkmäler für Byrd finden sich in zwei Städten in Neuseeland (Wellington und Dunedin). Byrd nutzte Neuseeland als Ausgangspunkt für mehrere seiner Antarktisexpeditionen.

- Admiral Byrd wurde 1968 in die International Air and Space Hall of Fame des San Diego Air and Space Museum aufgenommen.

- Der 50. Jahrestag von Byrds erstem Flug über den Südpol wurde 1979 vom australischen Antarktis-Territorium in einem Satz von zwei Briefmarken gewürdigt und eine Gedenkflagge entworfen.

- Die Admiral Richard E. Byrd Middle School in Frederick County, Virginia, wurde 2005 eröffnet und ist mit Bildern und Briefen aus Byrds Leben und Karriere geschmückt.

- Die Richard E. Byrd Middle School in Sun Valley, Kalifornien, ist nach Admiral Byrd benannt.

- Es existiert noch heute eine Büste von Admiral Byrd an der McMurdo-Station in der Antarktis.

Admiral Richard Evelyn Byrd

war ein bemerkenswerter Entdecker und ein Held der Antarktisforschung. Seine zahlreichen Expeditionen in die Antarktis brachten wichtige geographische und wissenschaftliche Erkenntnisse und trugen wesentlich zur Kartierung und zum Verständnis dieses eisigen Kontinents bei. Trotz der Herausforderungen und Gefahren, denen er und seine Mannschaften ausgesetzt waren, zeigte Byrd unermüdliche Entschlossenheit und Führungsstärke. Sein Vermächtnis lebt weiter durch die zahlreichen Ehrungen, Auszeichnungen und Denkmäler, die ihm zu Ehren errichtet wurden, sowie durch die unzähligen Geschichten und Legenden, die seine Abenteuer umgeben. Byrd bleibt ein Symbol für Mut, Entschlossenheit und den unermüdlichen menschlichen Drang, das Unbekannte zu erforschen.

2. Abschnitt

Die Nikola Tesla Verschwörung

„An Talent und Forschergeist fehlte es Nikola Tesla sicherlich nicht; er war wohl einer der brillantesten Erfinder aller Zeiten. Dennoch ließ er sich immer wieder um die kostbarsten Früchte seiner Arbeit bringen. Er verstand es einfach nicht, sich als Erfinder richtig zu vermarkten!"

Für die meisten Menschen jener Zeit war Strom noch etwas völlig Neues und Magisches. Tesla wollte die Natur dieser Magie vollständig begreifen, da er die Zukunft der Menschheit in einem damals noch nicht wirklich praxistauglichen System sah:

dem Wechselstrom.

Der Strom sollte nicht mehr umständlich mithilfe von Funken sprühenden Schleifkontakten an einer rotierenden Spule abgenommen werden, sondern stattdessen im äußeren statischen Teil des Generators.

Sämtliche elektrisch betriebenen Geräte jener Zeit bezogen ihre Kraft über den permanent in eine Richtung fließenden Gleichstrom. Tesla jedoch vertraute seiner Intuition.

„Es dauerte jedoch rund sieben Jahre,
bis er tatsächlich den Durchbruch schaffte!"

Tesla entwickelte neuartige Dynamos und Transformatoren, die entweder Wechselstrom benötigten oder erzeugten. Er erschuf einen gänzlich neuartigen Motor, bei dem außen angebrachte Spulen, die von Wechselströmen durchflossen werden, ein rotierendes Magnetfeld erzeugen. Dadurch wirken Kräfte auf den Rotor im Inneren, die ihn schließlich antreiben.

Tesla erkannte zudem, dass der Wechselstrom einen entscheidenden Vorteil gegenüber dem Gleichstrom besitzt: Aufgrund seiner physikalischen Natur konnte er nahezu verlustfrei über Hunderte von Kilometern übertragen werden, während der Gleichstrom sich nur über kurze Strecken transportieren ließ.

„Er entwickelte die Energieerzeugungs- und Verteilertechnologie für Wechselstrom, die die gesamte westliche Welt heutzutage mit Strom versorgt!"

Im Jahr 1884 bemühte er sich bei dem gerissenen Geschäftsmann Thomas Alva Edison um eine Anstellung und wollte ihn für seine bahnbrechende Erfindung begeistern. Doch bereits die erste Begegnung mit Edison verlief für ihn mehr als nur ernüchternd.

Edison bemisst den Wert einer Erfindung daran, wie viele Dollar sie seinem Unternehmen einbringt. Für den Amerikaner ist Tesla nicht mehr als ein Theoretiker und glückloser Tüftler, dessen Ideen zwar „großartig, aber zeitgleich auch ausgesprochen unbrauchbar" sind.

„Die Leute mögen den Gleichstrom, und er ist alles, womit ich mich je abgeben werde..." soll Edison verärgert geäußert haben, nachdem Tesla ihm die zahlreichen Vorzüge seines eigenen Stromsystems dargelegt hatte. Allerdings erkannte Edison das Genie des jungen Mannes und versprach Tesla eine Prämie von **50.000 Dollar**, falls es ihm gelänge, die Leistung der Gleichstrom-Dynamos merklich zu verbessern.

Mitten in Manhattan hat der Glühbirnen-Magnat das weltweit erste öffentliche Kraftwerk errichtet. Allerdings vermag der dort produzierte Gleichstrom nur die elektrischen Straßenlaternen im Umkreis weniger Hundert Meter zum Leuchten zu bringen. Deshalb plant Edison, die Stadt mit einem Netz von Generatoren zu überziehen.

Tesla ging es jedoch nicht nur ums Geld. Der Zweck seiner Erfindung, sagte er, bestünde vor allem in der Nutzbarmachung der Naturkräfte für die menschliche Gesellschaft.

Tesla konnte seinem Chef nach fast einem Jahr harter Arbeit den Erfolg melden, dass die Umbauten an Edisons Dynamos abgeschlossen seien und die Effizienz nun wesentlich gesteigert sei.

„Doch Edison weigerte sich, die 50.000 Dollar Prämie zu zahlen!"

Seine herausragende Arbeit bei der Edison Electric Light Company machte Tesla jedoch in Fachkreisen bekannt. So nahm der inzwischen 29-Jährige kurz nach seiner Kündigung das Angebot einer Gruppe von Investoren an und gründete eine eigene Firma, die „Tesla Electric Light and Manufacturing Company". Doch statt Wechselstromsysteme zur Marktreife zu bringen, ließen die Geldgeber ihn lieber Straßen- und Fabrikleuchten konstruieren. Nach erfolgreicher Erfüllung seiner Aufgabe wurde er jedoch von den Investoren aus der Firma gedrängt und erneut um seine wohlverdiente Entlohnung betrogen.

Ein Jahr lang musste er sich als einfacher Tagelöhner im Straßenbau durchschlagen, bis sein Schicksal im Frühjahr 1887 eine unerwartete Wende nahm:
Der Vorarbeiter seiner Baukolonne erfuhr von Teslas angeblichem Wundermotor und vermittelte ihm den Kontakt zu Alfred K. Brown, dem Direktor der Western Union Telegraph Company.

„Telegraphenfirmen brauchen Strom, also interessierte sich Brown für den Wechselstrom, der sich auch über weite Strecken ohne Verluste übertragen ließ!"

Unweit der Edison Company in Manhattan mieteten sie ein geräumiges Labor, in dem Tesla endlich die praktische Umsetzung seines Wechselstromsystems vorantreiben konnte. Der Krieg um den Strom begann!

Tesla brachte ein Patent nach dem anderen für Komponenten seiner neuartigen Motoren heraus, hielt Vorträge, setzte sich vor begeistertem Publikum in Szene und gewann bald die Aufmerksamkeit des Industriellen George Westinghouse.

**„Anders als Edison glaubte dieser an die
Wirtschaftlichkeit der neuen Technik!"**

Aufgrund der geringen Energieverluste konnte
Westinghouse seine Kraftwerke außerhalb der Städte
errichten. Zudem genügten dünnere Kupferkabel als
bei Gleichstrom, sodass die Kosten für die Leitungen
geringer waren als die des Konkurrenten. Deshalb
konnte Westinghouse den Strom günstiger verkaufen
und hatte bald mehr Kunden als Edison.

**„Binnen zwei Jahren baute Westinghouse mehr als
30 Kraftwerke und versorgte 130 amerikanische
Städte mit Teslas Wechselstrom!"**

Doch Edison ließ Informationen über Unfälle mit
Wechselstrom zusammentragen, schrieb Pamphlete
und bedrängte Politiker. Er bezahlte Schuljungen
dafür, dass sie ihm Katzen und Hunde fingen, und
ließ die Tiere in öffentlichen Vorführungen auf
Metallplatten schnallen und ihnen Wechselstrom
durch den Leib jagen.

**„Anschließend fragte er die Zuschauer:
‚Ist das die Erfindung, mit der Ihre lieben
Frauen kochen sollen?'"**

Im Januar 1889 trat in New York ein Gesetz in
Kraft, nach dem Mörder zum Tode durch Stromschlag
verurteilt werden. Prompt plädierte Edison dafür,
hierfür Wechselstrom zu verwenden.

„Im August 1890 starb erstmals ein Mensch
Auf dem elektrischen Stuhl durch Wechselstrom.

**Zweimal musste der Schalter umgelegt werden,
bis der Verurteilte endlich aufhörte zu zucken!"**

Ab 1890 spekulierte Tesla über Möglichkeiten zur
Nutzung der im Weltraum vorhandenen Energie.

Im März 1901 meldete er ein Patent für einen
Apparat zum Gebrauch von Strahlungsenergie an,
der **„Raumenergie"** auffangen und in elektrische
Energie umwandeln sollte.

**„Durch diese Maschine sollte die
elektromagnetische Strahlung der Sonne
durch eine Photozelle in elektrischen Strom
umgewandelt und damit ein Kondensator
geladen werden!"**

1893 wurde der Auftrag für die Beleuchtung
der Weltausstellung in Chicago ausgeschrieben:
Westinghouse unterbot Edison um fast eine
Million Dollar.

Ab November 1896 installierten weltweit Städte
fast nur noch Wechselstromanlagen. Nikola Tesla
stand kurz davor, einer der reichsten Männer der
Welt zu werden! Laut Lizenzvertrag sollte er für
jeden verkauften Elektromotor und alle Anwendungen
der Wechselstrompatente Gewinn kassieren.

**„Doch Geldgeber drängten Westinghouse
dazu, den Vertrag zu ändern."**

Der Unternehmer machte Tesla deutlich, dass dessen
Entschluss über das Schicksal der Firma entscheide.

Tesla, der in Westinghouse einen Freund sah, zerriss seinen Vertrag und tauschte die Tantiemen für seine Patente gegen eine einmalige Pauschale von lediglich

216.000 Dollar.

„Damit verlor er nicht nur den Anspruch auf vermutlich zwölf Millionen Dollar bereits verdienter Honorare, sondern auch auf Milliarden, die in Zukunft angefallen wären!"

Doch Tesla war das Geld nicht so wichtig wie die Verbreitung seiner neuen Technik. Außerdem hatte sich der Erfinder bereits in neue Aufgaben vertieft.

Er hegte Visionen von einer Welt, in der alle Menschen unbegrenzt und kostenlos mit Energie versorgt werden. Stromnetze begriff Tesla nur als Zwischenstufe auf dem Weg zu einem kabellosen System, das Informationen und Energie über den ganzen Erdball senden sollte.

- **1898** entwickelte er die erste Fernbedienung.

- **Im Jahr darauf** gelang es ihm, aus einem Labor in der Nähe von Colorado Springs Radiowellen über eine Entfernung von 1000 Kilometern zu übertragen.

- **1900** fand Tesla einen Financier für den Bau eines futuristischen Funkturms auf Long Island. Von dort wollte er hochenergetische Wellen in die oberen Atmosphärenschichten schicken und deren Energie rund um den Globus verteilen.

„Doch die erfreuliche Entwicklung fand ihre tragische Wendung, als der Finanzmogul J.P. Morgan Tesla 1901 den Geldhahn zur Förderung eben dieses Energieübertragungssystems zudrehte und damit den finanziell bereits völlig überforderten Tesla endgültig in den Ruin trieb."

Teslas Hintergedanke zu seiner Teslaspule war es, eine drahtlose Energieübertragung über große Entfernungen hinweg zu ermöglichen, indem die Energie durch ionisierte Kanäle in der Luft wie bei einer natürlichen Blitzentladung geleitet wird.

„Tesla hatte offenbar vor, wie in Colorado Springs, elektrische Energie über einen Riesen-Tesla-Transformator in die Ionosphäre abzugeben, um Sie an einem anderen entferten Ort wieder daraus entnehmen zu können!"

„Letztendlich hoffte er sogar, weltweit elektrische Energie auf diese Weise weiterleiten zu können."

Bereits in den 1880er Jahren, also lange vor Teslas Vorhaben, waren derartige Überlegungen in den USA bereits angestellt worden.

„Doch: ... Wenn Jedermann weltweit unkontrolliert die Energie aus Long Island anzapfen kann, **womit würde sich dann noch Geld verdienen lassen?"**

Schon das Wissen über freie Energie wird durch die „Energiewirtschaft und andere interessierte Kreise" gnadenlos unterdrückt, da sie aus kommerziellem Interesse die Nutzung dieser umweltfreundlichen und

unbegrenzt verfügbaren Energieform gezielt
vertuschen und zu verhindern versuchen.

**„Tesla erlitt daraufhin einen Nerven-
zusammenbruch, von dem er sich nur
sehr langsam erholte."**

Wollten wir all das, was aus Teslas Werk bisher
entstanden ist, wieder aus der Industrie entfernen,
würden ihre Räder nicht weiterlaufen, unsere
elektrischen Wagen und Züge stillstehen, unsere
Städte wären dunkel und unsere Mühlen tot und
nutzlos!

- **Tesla** gilt als der Erfinder des ersten
  technisch ausgereiften Mehrphasen-
  Wechselstrom-Generators und Mehrphasen-
  Motors. Auch erfand er eine Scheibenläufer-
  Turbine und forschte über Weiter-
  entwicklungen der Leuchtstoffröhre.

- **Tesla** soll zudem „die Radiowellen", sowie
  das Radio selbst, den Rundfunk, das Radar
  und den Mobilfunk erfunden haben.

**„Insgesamt meldete Tesla
mindestens 117 Patente an!"**

Der Untergang der RMS Titanic

Der britische Luxusliner "RMS Titanic" soll in der Nacht zum 15. April 1912 auf seiner Jungfernfahrt mit einem Eisberg kollidiert und daraufhin im Nordatlantik gesunken sein. Von den ursprünglich 2207 Menschen an Bord konnten lediglich 712 gerettet werden, was diese Katastrophe zu einer der tragischsten in der Geschichte der Seefahrt macht. Doch gibt es auch alternative Theorien zu diesem Ereignis.

> **„Theorien besagen, dass am 10. April 1912 nicht tatsächlich die RMS Titanic in See stach, sondern ihr fast identisches Schwesterschiff, die RMS Olympic!"**

Diese Theorie behauptet, dass die Katastrophe und der angebliche Tausch der beiden Schiffe in Wahrheit ein Versicherungsbetrug der in finanziellen Schwierigkeiten steckenden Reederei White Star Line und deren Besitzer John Pierpont Morgan war.

Hintergrund zur White Star Line und J.P. Morgan:

Die White Star Line befand sich Anfang des 20. Jahrhunderts in ernsthaften finanziellen Schwierigkeiten. J.P. Morgan, ein amerikanischer Finanzmogul, hatte die Reederei übernommen und in seinen Schifffahrtskonzern integriert. Der Verlust der RMS Olympic aufgrund eines Unfalls und der anschließende Streit um Versicherungszahlungen verschärften die finanzielle Lage der Reederei erheblich.

Die RMS Olympic schien ein vom Unglück verfolgtes Schiff zu sein. Unter anderem kollidierte sie 1911 mit dem Kriegsschiff HMS Hawke und wurde dabei an der Steuerbordseite des Rumpfes so schwer beschädigt, dass sie zur umfangreichen Reparatur zurück in die Werft Harland & Wolff in Belfast gebracht werden musste.

„Die RMS Titanic lag rein zufällig direkt neben der RMS Olympic, genau in derselben Werft, und befand sich zu jener Zeit noch in ihrer Fertigstellung."

Technische Details:

Beide Schiffe, Titanic und Olympic, waren nahezu identisch im Design und in der Bauweise. Es gibt jedoch Berichte, dass die Namen der Schiffe unterschiedlich angebracht wurden. Während die Namen der meisten White Star Line-Schiffe in die Rümpfe eingraviert waren, wurde der Name Titanic angeblich mit Oberflächennieten angebracht, was später zu einem Austausch hätte führen können.

Als die Reederei White Star Line schließlich auch noch die Klage gegen das Verteidigungsministerium verlor, wollte keine Versicherung mehr für den hohen Schaden der RMS Olympic aufkommen – ein finanzielles Desaster für die Reederei und John Pierpont Morgan!

Der teuflische Plan soll gewesen sein, die beschädigte Olympic unter dem falschen Namen der Titanic auf ihre Jungfernreise zu schicken, mit dem kalkulierten Risiko, dass sie mit einem Eisberg kollidiert, um anschließend die Versicherungssumme zu kassieren.

Im März 1912 soll es daher, so die Theorie, bei Arbeiten an beiden Schiffen in Belfast zu einem Tausch der Identitäten gekommen sein.

Konkrete Hinweise:

Berichte von Werftarbeitern und technischen Inspektoren deuten darauf hin, dass die Olympic während der Reparaturen in Belfast teilweise mit Teilen der Titanic ausgestattet wurde. Es gibt auch Augenzeugenberichte, die bestätigen, dass das Schiff, das als Titanic bekannt wurde, gewisse Merkmale der Olympic aufwies.

Im April 1912 begab sich die Olympic unter falschem Namen und notdürftig repariert von Southampton in Richtung New York, mit der bewussten Absicht, dass sie die Fahrt nicht überstehen sollte.

Die Reederei wollte lediglich die Versicherungssumme für die Titanic kassieren; der Tod von über tausend Menschen war nicht vorgesehen. Zur Rettung sollte das Schiff „**Californian**" in der Nähe positioniert sein, das zum selben Schifffahrtskonzern gehörte.

Kapitän Edward J. Smith kollidierte laut der Theorie jedoch viel zu früh mit einem Eisberg, sodass die Californian zu weit entfernt war.

„Es handelte sich somit nicht um ein tragisches Unglück, sondern um einen skrupellosen Versicherungsbetrug!"

Nach dem erfolgreichen Austausch diente „die echte RMS Titanic" weitere 25 Jahre unerkannt als RMS Olympic, bis sie Mitte der 1930er Jahre außer Dienst gestellt wurde.

Versicherungsdetails:

Die Titanic war erheblich höher versichert als die Olympic, was die Motivation für den Betrug erklären könnte. Die Versicherungspolice der Titanic war speziell für eine solche Katastrophe ausgelegt, wodurch die Auszahlung enorm gewesen wäre. Diese Theorie wird unterstützt durch die Tatsache, dass der Reedereibesitzer John Pierpont Morgan seltsamerweise nicht zur Jungfernfahrt erschien – „er sei plötzlich erkrankt". Doch wenige Tage später wurde er offenbar gesund in Frankreich mit seiner Geliebten gesichtet.

Weitere 55 Passagiere sagten kurzfristig ab, darunter Henry Frick, Stahlmagnat und US-Botschafter in Paris, sowie George Vanderbilt, Mitglied der Industrie- und Eisenbahndynastie. Als die Titanic Southampton verließ, war sie nur etwas mehr als halb belegt.

Auch die Kunstsammlung Morgans,
heute Bestandteil des New Yorker Museums
of Modern Art, kam <u>nicht</u> wie geplant mit an Bord!

Eine andere Version der Theorie besagt, dass die
Titanic trotz eines unkontrollierbaren Kohlebrands im
Innern des Schiffs auf Jungfernfahrt geschickt wurde.

**„Als die feuchte Kohle beim Zusammenstoß mit
dem Eisberg schlagartig mit eiskaltem Wasser in
Kontakt kam, führte dies zu zwei gewaltigen
Explosionen."**

Diese Theorie könnte das große Loch am Bug der
Titanic erklären, obwohl der Eisberg nur die Seite des
Schiffes aufgerissen haben soll.

**„Einige Kritiker weisen darauf hin, dass unter den
Opfern auch zahlreiche Konkurrenten und
Kritiker von J. P. Morgan waren."**

John Jacob Astor IV, der reichste Passagier auf
dem Schiff, starb beim Untergang der Titanic, ebenso
wie Benjamin Guggenheim und Isidor Straus, beide
prominente Gegner Morgans. Auch Charles Hays und
William Stead, ein Sozialreformer, der sich für höhere
Löhne und kürzere Arbeitszeiten einsetzte und
angeblich Mitglied des „Round Tables" war, starben.

Von den 3600 geborgenen Teilen beweist keines
eindeutig, dass es sich um die Titanic handelt.
Dies verwundert nicht, denn die Titanic und ihr
Schwesterschiff waren nahezu identisch.

„Allerdings trägt eine Antriebsschraube die Nummer 401 – die Baunummer der Titanic."

Es ist bekannt, dass die Olympic (Baunummer 400) bei einer Reparatur den Propeller der Schwester erhielt.

Überlebende beschreiben, dass sie auf Decks entlanggingen, wo es auf der Titanic Kabinen hätte geben müssen. Weitere Überlebende berichteten, dass sie gesehen hätten, wie die Rettungsboote von oben herabgelassen wurden – **etwas, das auf der Titanic nicht möglich war, auf der Olympic jedoch schon.**

Angesichts der Ähnlichkeiten zwischen diesen beiden Schwesterschiffen hat diese Theorie ihre Berechtigung.

Der Angriff auf Pearl Harbor war absichtlich provoziert

Am Morgen des **7. Dezember 1941** griffen japanische Streitkräfte überraschend den amerikanischen Marine- und Luftwaffenstützpunkt Pearl Harbor auf Hawaii an. Der Angriff führte zu erheblichen Verlusten: 2.403 Amerikaner starben, 1.178 wurden verwundet, und eine Vielzahl von Schiffen und Flugzeugen wurde zerstört oder schwer beschädigt. Am folgenden Tag erklärte die USA Japan den Krieg und trat damit offiziell in den Zweiten Weltkrieg ein.

Doch trotz der schockierenden und tragischen Ereignisse glauben einige Kritiker, dass die US-Regierung von dem bevorstehenden Angriff wusste und absichtlich nichts unternahm, um ihn zu verhindern. Diese Theorie geht davon aus, dass Präsident Franklin D. Roosevelt und seine engsten Berater den Angriff als willkommenen Vorwand sahen, um die amerikanische Öffentlichkeit für einen Kriegseintritt zu mobilisieren.

Die Theorie des provozierten Angriffs

Die Theorie basiert auf mehreren Kernelementen:

1. Geheimdienstinformationen

Kritiker behaupten, dass die USA im Vorfeld des Angriffs zahlreiche Hinweise und Warnungen über einen möglichen japanischen Angriff erhalten haben.

Geheimdienstberichte und abgefangene japanische Nachrichten sollen auf einen bevorstehenden Angriff hingewiesen haben, doch diese Informationen seien entweder ignoriert oder absichtlich nicht weitergeleitet worden. Insbesondere wird auf die sogenannten **"Magic"-Abhörprotokolle** verwiesen, die angeblich klare Hinweise auf den Angriff gegeben haben sollen.

Die „Magic"-Abhörprotokolle waren Ergebnisse der Entschlüsselung japanischer diplomatischer und militärischer Kommunikation. Diese Protokolle sollen unter anderem Hinweise auf den bevorstehenden Angriff enthalten haben. Kritiker bemängeln, dass trotz dieser Informationen keine angemessenen Maßnahmen zur Abwehr des Angriffs getroffen wurden.

2. Verschiebung der Pazifikflotte

Ein weiteres oft zitiertes Argument ist die Verlegung der US-Pazifikflotte von San Diego nach Pearl Harbor im Jahr 1940. Kritiker argumentieren, dass diese Verlegung die Flotte anfälliger für einen Angriff machte und dass dies bewusst in Kauf genommen wurde, um die Wahrscheinlichkeit eines japanischen Angriffs zu erhöhen. Diese Entscheidung wird als strategischer Schritt gesehen, um Japan zu einer aggressiven Reaktion zu provozieren.

3. Fehlende Warnung

Trotz der angespannten Lage in den pazifischen Gewässern und der zunehmenden Aggression Japans erhielten die Kommandeure in Pearl Harbor keine spezifischen Warnungen über einen bevorstehenden Angriff. Kritiker sehen dies als Indiz dafür, dass die US-Führung den Angriff geschehen ließ, um die öffentliche Meinung zu beeinflussen. Es wird argumentiert, dass entscheidende Warnungen entweder nicht weitergeleitet oder absichtlich heruntergespielt wurden.

Die Rolle von Präsident Roosevelt

Im Zentrum der Theorie steht Präsident Roosevelt, der angeblich den Kriegseintritt der USA als unvermeidlich ansah, um die Bedrohung durch die Achsenmächte abzuwehren und die amerikanische Wirtschaft aus der Depression zu holen. Befürworter der Theorie behaupten, Roosevelt habe bewusst auf einen Vorfall wie Pearl Harbor gewartet, um die Isolationisten im Land zu überwinden und die USA in den Krieg zu führen.

Roosevelt hatte bereits vor dem Angriff erhebliche Unterstützung für Großbritannien und die Alliierten geleistet, was viele Isolationisten in den USA kritisch sahen. Kritiker argumentieren, dass Roosevelt die politische Notwendigkeit eines Kriegseintritts erkannte und daher bereit war, den Angriff zuzulassen, um die notwendige öffentliche und politische Unterstützung zu gewinnen.

Argumente der Kritiker

1. Strategische Erwägungen

Roosevelt und seine Berater hätten erkannt, dass ein direkter Angriff auf amerikanischen Boden die einzige Möglichkeit sei, die amerikanische Öffentlichkeit von der Notwendigkeit eines Kriegseintritts zu überzeugen. Japanische Aggressionen in Asien und gegen amerikanische Interessen in der Region wurden als unzureichend angesehen, um den notwendigen Rückhalt für einen Kriegseintritt zu schaffen.

2. Die Rolle der Militärführung

Kritiker behaupten, dass hochrangige Militärführer in die Verschwörung eingeweiht waren und bewusst Maßnahmen unterließen, die den Angriff hätten verhindern können. Admiral Husband E. Kimmel und General Walter C. Short, die Kommandeure in Pearl Harbor, wurden nach dem Angriff scharf kritisiert und ihrer Posten enthoben. Einige glauben, dass sie zu Sündenböcken gemacht wurden, um die wahren Verantwortlichen zu schützen.

3. Wirtschaftliche und politische Motive

Der Kriegseintritt bot Roosevelt die Möglichkeit, die Wirtschaft anzukurbeln und die Arbeitslosigkeit zu bekämpfen. Der Wechsel zur Kriegswirtschaft schuf Millionen von Arbeitsplätzen und beendete die Great Depression. Politisch ermöglichte der Kriegseintritt Roosevelt, seine Führung zu festigen und seine außenpolitischen Ziele durchzusetzen.

Indizien für eine bewusste Provokation

1. Aufgezeichnete Funksprüche

Es gibt Berichte über abgefangene Funksprüche, die auf eine bevorstehende Aggression Japans hinwiesen. Diese Funksprüche sollen von hoher Stelle ignoriert worden sein. Kritiker argumentieren, dass die US-Regierung diese Informationen bewusst ignorierte, um den Angriff zu ermöglichen.

Details zu den Funksprüchen

Ein wichtiger Aspekt dieser Behauptung sind die zahlreichen Berichte über abgefangene Funksprüche, die auf eine bevorstehende Aggression Japans hinwiesen. Diese Funksprüche, die von US-Geheimdiensten abgefangen und entschlüsselt wurden, sollen Hinweise auf die Vorbereitungen Japans für den Angriff auf Pearl Harbor enthalten haben. Kritiker argumentieren, dass diese Funksprüche entweder ignoriert oder absichtlich nicht weitergeleitet wurden, um den Überraschungseffekt zu maximieren.

Kritische Analyse der Funksprüche

Eine kritische Analyse der Funksprüche zeigt, dass viele dieser Nachrichten tatsächlich Hinweise auf eine bevorstehende Aggression Japans enthielten. So sollen Berichte über ungewöhnliche Truppenbewegungen, erhöhte Kommunikationsaktivitäten und spezifische Anweisungen für japanische Agenten in den USA vorhanden gewesen sein. Die mangelnde Reaktion auf diese Funksprüche wird als weiteres Indiz für die bewusste Provokation des Angriffs gesehen.

2. Ungewöhnliche Truppenbewegungen

Vor dem Angriff wurden ungewöhnliche Truppenbewegungen und Manöver der japanischen Flotte beobachtet. Trotz dieser Hinweise wurden keine erhöhten Sicherheitsmaßnahmen in Pearl Harbor getroffen. Die mangelnde Reaktion auf diese Bewegungen wird als weiteres Indiz für die bewusste Provokation des Angriffs gesehen.

Beobachtungen der Truppenbewegungen

Ein weiterer wichtiger Aspekt der Theorie sind die Berichte über ungewöhnliche Truppenbewegungen und Manöver der japanischen Flotte vor dem Angriff. Diese Bewegungen, die von US-Geheimdiensten und Militärs beobachtet wurden, hätten laut Kritikern klare Hinweise auf einen bevorstehenden Angriff gegeben. Die Tatsache, dass trotz dieser Beobachtungen keine erhöhten Sicherheitsmaßnahmen in Pearl Harbor getroffen wurden, wird als weiteres Indiz für die bewusste Provokation des Angriffs gesehen.

Fehlende Reaktion auf die Bewegungen

Die fehlende Reaktion auf die Bewegungen der japanischen Flotte wird als weiterer Beweis für die bewusste Provokation des Angriffs angesehen. Kritiker argumentieren, dass die US-Regierung bewusst keine Maßnahmen ergriff, um die japanische Flotte abzufangen oder den Angriff zu verhindern, da

sie den Angriff als willkommenen Vorwand für einen
Kriegseintritt sahen.

3. Rückzug wichtiger Schiffe

Es wird behauptet, dass einige der wichtigsten und
modernsten Schiffe der US-Pazifikflotte kurz vor
dem Angriff aus Pearl Harbor abgezogen wurden.
Diese Schiffe wären somit vor dem Angriff geschützt
gewesen. Kritiker sehen dies als bewusst geplante
Maßnahme, um den Schaden des Angriffs zu
begrenzen und gleichzeitig eine Rechtfertigung
für den Kriegseintritt zu schaffen.

Verlegung der Schiffe

Die Verlegung wichtiger Schiffe der US-Pazifikflotte
kurz vor dem Angriff auf Pearl Harbor wird als
weiteres Indiz für die bewusste Provokation des
Angriffs angesehen. Kritiker argumentieren, dass
die US-Regierung bewusst die modernsten und
wertvollsten Schiffe der Flotte aus Pearl Harbor
abzog, um den Schaden des Angriffs zu begrenzen
und gleichzeitig eine Rechtfertigung für den
Kriegseintritt zu schaffen.

Auswirkungen des Rückzugs

Die Auswirkungen des Rückzugs dieser Schiffe
waren erheblich. Durch den Abzug der modernsten
und wertvollsten Schiffe der Flotte konnte der
Schaden des Angriffs begrenzt werden, was die
US-Regierung in die Lage versetzte, nach dem Angriff
schnell und effektiv zu reagieren.

Kritiker sehen dies als Beweis dafür, dass die US-Regierung den Angriff auf Pearl Harbor absichtlich provozierte, um einen Vorwand für den Kriegseintritt zu schaffen.

Wirtschaftliche und politische Motive

Ein wesentlicher Bestandteil der Theorie ist die Annahme, dass wirtschaftliche und politische Motive eine entscheidende Rolle bei der Provokation des Angriffs auf Pearl Harbor spielten.

Der Kriegseintritt bot Roosevelt die Möglichkeit, die Wirtschaft anzukurbeln und die Arbeitslosigkeit zu bekämpfen. Der Wechsel zur Kriegswirtschaft schuf Millionen von Arbeitsplätzen und beendete die Great Depression. Durch den Übergang zur Kriegswirtschaft konnte die US-Regierung massive staatliche Investitionen in die Industrie tätigen, was zu einem enormen wirtschaftlichen Aufschwung führte. Die Rüstungsindustrie boomte, und die Arbeitslosigkeit sank dramatisch.

„Dieser wirtschaftliche Aufschwung trug dazu bei, die Great Depression endgültig zu überwinden!"

Politisch ermöglichte der Kriegseintritt Roosevelt, seine Führung zu festigen und seine außenpolitischen Ziele durchzusetzen. Vor dem Angriff auf Pearl Harbor war die amerikanische Öffentlichkeit überwiegend isolationistisch eingestellt und lehnte einen Kriegseintritt ab. Durch den Angriff konnte Roosevelt die öffentliche Meinung radikal ändern und die Unterstützung für den Kriegseintritt sichern.

Der Angriff bot Roosevelt auch die Möglichkeit, die USA als führende Weltmacht zu etablieren und die amerikanischen Werte von Freiheit und Demokratie global zu verbreiten. Der Kriegseintritt ermöglichte es den USA, eine entscheidende Rolle im Verlauf des Zweiten Weltkriegs zu spielen und nach dem Krieg die internationale Ordnung maßgeblich mitzugestalten.

Hinweise auf gezielte Provokation

1. Die Hull-Note

Ein weiterer Aspekt, der oft als Beweis für die bewusste Provokation des Angriffs auf Pearl Harbor herangezogen wird, ist die sogenannte Hull-Note. Diese Note, benannt nach dem US-Außenminister Cordell Hull, wurde am 26. November 1941 an die japanische Regierung übergeben und enthielt eine Reihe von Forderungen, die von Japan als ultimative Provokation angesehen wurden.

Die Hull-Note forderte unter anderem den vollständigen Rückzug Japans aus China und Indochina sowie das Ende des Dreimächtepakts mit Deutschland und Italien. Kritiker argumentieren, dass die USA wussten, dass Japan diese Forderungen niemals akzeptieren würde, und dass die Hull-Note somit eine bewusste Provokation war, um Japan zum Angriff zu bewegen.

2. Der Grew-Telegramm

Der US-Botschafter in Japan, Joseph Grew, hatte
bereits im Januar 1941 ein Telegramm an Washington
geschickt, in dem er vor einem möglichen
Überraschungsangriff auf Pearl Harbor warnte. Grew
hatte von einer zuverlässigen Quelle in der
japanischen Regierung erfahren, dass ein solcher
Angriff geplant sei. Dieses Telegramm wurde jedoch
von der US-Regierung ignoriert oder nicht ernst
genommen, was Kritiker als weiteres Indiz für die
bewusste Provokation des Angriffs sehen.

Die Rolle von Roosevelt

1. Roosevelt's Kenntnisse

Kritiker behaupten, dass Roosevelt und seine engsten
Berater von den bevorstehenden Angriffen wussten
und bewusst keine Maßnahmen ergriffen, um sie zu
verhindern. Diese Theorie basiert auf der Annahme,
dass Roosevelt die politische Notwendigkeit eines
Kriegseintritts erkannte und daher bereit war, den
Angriff zuzulassen.

2. Die Auswirkungen auf Roosevelt's Politik

Durch den Angriff auf Pearl Harbor konnte Roosevelt
die öffentliche Meinung radikal ändern und die
Unterstützung für den Kriegseintritt sichern. Dies
ermöglichte es ihm, seine außenpolitischen Ziele
durchzusetzen und die USA als führende Weltmacht
zu etablieren. Der Angriff bot ihm auch die
Möglichkeit, die amerikanische Wirtschaft

anzukurbeln und die Great Depression endgültig zu überwinden.

Die Theorie, dass der Angriff auf Pearl Harbor absichtlich provoziert wurde, basiert auf einer Vielzahl von Indizien und Argumenten. Kritiker führen zahlreiche Geheimdienstberichte, politische Entscheidungen und wirtschaftliche Motive an, die darauf hindeuten, dass die US-Regierung den Angriff als willkommenen Vorwand für einen Kriegseintritt sah.

Obwohl es keine endgültigen Beweise gibt, die diese Theorie zweifelsfrei bestätigen, bleibt sie ein faszinierendes Beispiel dafür, wie historische Ereignisse und Entscheidungen von den Mächtigen manipuliert und genutzt werden können, um politische Ziele zu erreichen. Die Debatte über die wahren Hintergründe des Angriffs auf Pearl Harbor zeigt, wie komplex und vielschichtig die Geschichte sein kann und wie wichtig es ist, kritisch zu hinterfragen und nach der Wahrheit zu suchen.

Die Mondlandung

Am 20. Juli 1969 saß die Welt gebannt vor Radios und Fernsehgeräten, um mitzuerleben, wie ein amerikanischer Astronaut seinen Fuß auf den Mond setzte.

"Das ist ein kleiner Schritt für einen Menschen, aber ein großer Sprung für die Menschheit", sagte Neil Armstrong.

Die Mondlandung gilt bis heute als unfassbare Leistung, erst recht, wenn man die im Vergleich zu heute geringen technischen Mittel der damaligen Zeit berücksichtigt. Gerade einmal 50 Jahre zuvor waren die Briten John Alcock und Arthur Whitten Brown als erste Menschen mit einer Durchschnittsgeschwindigkeit von etwa 150 Stundenkilometern nonstop über den Atlantik geflogen.

Die alternative Theorie bezüglich der Mondlandung geht nun davon aus, dass die Mondlandungen in den Jahren 1969 bis 1972 nicht stattgefunden haben, sondern von der NASA und der US-amerikanischen Regierung vorgetäuscht wurden.

„Die US-Raumfahrt sei technisch noch meilenweit davon entfernt gewesen, Menschen tatsächlich zum Mond hin und wieder sicher zurück zu fliegen."

Noch in den späten 1950er Jahren habe sie dieses gewaltige Unterfangen mithilfe einer umfangreichen

Analyse als völlig hoffnungslos mit einer Erfolgschance von lediglich **0,0017 %** eingestuft.

Doch nur rund zehn Jahre später soll plötzlich alles ohne jeden Zwischenfall wie am Schnürchen geklappt haben? Allein statistisch gesehen bereits ausgesprochen seltsam.

„Stattdessen sei ein '30 Milliarden Dollar-Schwindel' inszeniert worden!"

Mitte der 1960er Jahre lagen die USA im Weltraum-Wettrennen mit den Sowjets noch weit zurück. Zudem standen sie wegen Kennedys Mondlandungs-Versprechen aus dem Jahr 1961 unter enormem Druck.

Bis kurz vor dem Mond-Coup hatte die NASA jedoch immer wieder gravierende Rückschläge erlitten, **beispielsweise den Brand in der Apollo-1-Kapsel mitsamt drei toten Astronauten im Jahr 1967.**

„Ein Erfolg musste her!"

Immer angespannter wegen der zahlreichen sowjetischen Erfolge im Weltraum und aus Der Furcht heraus, diese könnten auch die ersten Menschen auf dem Mond sein, wandte sich Nixon schließlich an seine NASA-Experten sowie die beiden Präsidenten-Berater Alexander Haig und Donald Rumsfeld.

So soll schließlich der gemeinsame Gedanke
entstanden sein: **"Und wenn wir die ersten Schritte
auf dem Mond in einem Studio filmen?"**

So hält sich seit den 1970er Jahren eisern die Theorie,
die Bilder der ersten Mondlandung am 20. Juli 1969
seien gestellt und die Astronauten der Apollo 11-
Mission in Wahrheit nur im Filmstudio herumgehüpft.

> **„Ein paar Fotos und Behauptungen von Leuten,
> die ihr ganzes Leben unter dem Einfluss des
> Militärs standen, beweist schließlich gar nichts."**

Der Wettlauf zum Mond gegen die sowjetische
Raumfahrt sei so dringlich gewesen, dass die NASA
mit der CIA gemeinsame Sache machte und sich
gegen ein Scheitern der Mission absicherte.

> **Sämtliche Apollo-Missionen, inklusive der
> Beinahe-Katastrophe von Apollo 13, seien
> somit erfunden worden.**

**Die Mondlandung sei ein gigantisches von „NASA,
CIA und Regierung" in Washington errichtetes
Lügengebäude,** dessen Konstrukteure nicht einmal
davor zurückschreckten, Unfälle wie die Challenger-
Katastrophe zu inszenieren, um Zweifler für immer
zum Schweigen zu bringen.

Gegen eine Mondlandung sprächen zudem nicht nur
die vielseitigen technischen Probleme der NASA
sowie die Gefahren durch solare und kosmische
Strahlung, sondern auch die Berichte von Neil
Armstrong und Co.:

143

„Kein einziges Mal hat einer von ihnen beispielsweise gesagt, wie überwältigend doch der Anblick der Sterne war."

Gedreht habe man im Auftrag des damaligen Präsidenten Richard Nixon und zwar auf der Norton Air Force Base in San Bernardino.

Wer hätte für eine solche „Filmaufführung" besser in Frage kommen können als **Stanley Kubrick,** der nur ein Jahr zuvor mit dem Science-Fiction-Epos **„2001 – Odyssee im Weltraum"** eine tricktechnisch perfekte Darstellung des Weltraums lieferte. "Eine Fingerübung für den Ernstfall."

So sei auch die Idee aufgekommen, das noch vorhandene Mond-Set von „2001: Odyssee im Weltraum" zu nutzen.

Kubrick soll sehr überrascht gewesen sein, fand die grundsätzliche Idee jedoch gleichermaßen amüsant wie interessant, reagierte aber zunächst dennoch abweisend.

Doch Stanley Kubrick war ein perfektionistisches Genie: Angesichts der vermuteten mangelnden Professionalität des CIA-Teams und dem persönlichen Drang, sich selbst zu beweisen, erklärte er sich widerstrebend bereit, die Dreharbeiten dann doch höchstpersönlich zu betreuen.

Die NASA war ein offener Bewunderer des Filmemachers. Es wird offen dokumentiert, dass die NASA und Kubrick eine Beziehung hatten. Dies beantwortet unter anderem die Frage, warum sich die NASA-Verantwortlichen einst bereit erklärten, Kubrick für dessen Film „Barry Lyndon" eine Kamera mit einer speziellen Zeiss-Linse zur Verfügung zu stellen, um die schwache Beleuchtung zu kompensieren. Mit einer solchen Kamera konnte der Regisseur Aufnahmen bei ausschließlich Kerzenschein machen.

„Die NASA war Kubrick schließlich noch etwas schuldig gewesen."

Zudem finden sich in Kubricks allseits bekanntem Meisterwerk **"The Shining"** (1980) viele Hinweise auf die inszenierte Mondmission, angefangen bei der Szene, in der Danny einen Pullover mit Apollo 11 auf der Vorderseite trägt.

Der mysteriöse Raum 237, ursprünglich Raum 217 in Stephen Kings Roman, wurde jedoch geändert, um angeblich auf die Entfernung zwischen Mond und Erde (237.000 Meilen) Bezug zu nehmen.

Und dem Teppichmuster auf dem Hotelflur, das verblüffende Ähnlichkeit mit dem Muster der Apollo-Startrampe aufweist.

„Kubrick war bekanntermaßen so detailversessen und perfektionistisch, dass ihm derlei versteckte Hinweise zuzutrauen seien."

Kaum war Apollo 11 außer Sichtweite, hätten die
Astronauten schlagartig den Kurs geändert. Während
alle Welt dachte, die Raumfähre sei auf dem Weg zum
Mond, flog sie in dieser Version Richtung Antarktis.
Folgt man weiter den "alternativen Fakten",
verbrachten die Astronauten dort einige Tage, ehe sie
von einem Militärflugzeug im Pazifik abgeworfen
wurden, wo man sie wenig später vor laufenden
Kameras an Bord eines Flugzeugträgers hievte.

„Einem Reporter des US-Magazins 'Wired' erzählte
Kaysing noch Mitte der Neunzigerjahre von einem
Piloten, der ganz genau gesehen habe, wie das
Kommandomodul der Apollo-15-Mission aus einem
identifizierten Frachtflugzeug geglitten sei!"

**Die fehlende Atmosphäre auf dem Mond
ist ein Grund für extreme Temperatur-
schwankungen:**
Die Mond-Kamera war eine Hasselblad 500,
hervorragender Ausführung und Qualität, aber
ohne spezielle Änderungen oder Schutzmantel.
Doch in zwei Stunden sank die Temperatur von
130 Grad plus auf 150 Grad minus. „Es ist absolut
bekannt, dass Hitze von über 50 Grad chemische
Veränderungen der Fotoemulsion bewirkt, die
mechanischen Teile der Kamera ausdehnt und die
Linse zerstört."

Extreme Kälte vernichtet Batterien und Belichtungs-
messer und reißt den Film, der bei -80 Grad wie Glas
zerspringt.

Die Strahlen der Sonne würden den Film trüben und UV-Strahlen die Farben zerstören. Die Farben sind aber perfekt.

- *Die Flagge scheint im Wind zu wehen, obwohl es ja auf dem Mond keine Atmosphäre gibt.*

- *Die Fußabdrücke im Mondstaub sind für die geringe Schwerkraft zu tief und mangels Feuchtigkeit zu scharf umrissen.*

- *Außerdem scheint ein Astronaut auf einer Aufnahme auch von vorne angeleuchtet zu sein, obwohl er von der Sonne von hinten angestrahlt wird und bei den Fotos kein Blitz benutzt wurde (der sich im Helmvisier spiegeln müsste).*

Auch heute wäre dies nicht möglich:

Die Radioaktivität auf dem Weg zum Mond ist tödlich, ebenso auf der Mondoberfläche. **„Kein Schutzschild könnte diese tödlichen Strahlen abwehren."**

Die riesigen Temperaturdifferenzen auf dem Mond hält kein Material aus, schon gar nicht der menschliche Körper. Jede Elektronik würde durch die starke Radioaktivität und die gewaltigen Temperaturunterschiede sofort unbrauchbar.

Wer wollte bei diesen Temperaturdifferenzen und dieser radioaktiven Strahlung auf dem Mond fotografieren oder filmen?

**„Jede Kamera und jeder Film würden
unweigerlich kaputt gehen."**

Die klapprige "Mondlandefähre"

war höchstens als Attrappe für einen Science-Fiction-
Film zu gebrauchen, trotz den mit Goldfolie
verkleideten Füßen.

Und wo auf der "Mondlandefähre" finden sich die
riesigen Treibstoffmengen, die nötig wären, um
aus der Mondanziehung herauszukommen?

- *Die Düsen einer Rakete oder eben einer
  Landefähre würden auf der Mondoberfläche
  enorm viel Staub aufwirbeln und einen
  Krater schaffen. Davon ist aber auf den
  Aufnahmen nichts dergleichen zu erkennen.*

- *Die sogenannte Landefähre wurde im
  Gegenlicht fotografiert, solches Licht
  produziert Silhouetten, die Fähre wurde also
  auch von hinten angeleuchtet, eventuell von
  Studio-Lichttechnikern.*

- *Der Funkkontakt der angeblichen
  Astronauten auf dem Mond mit der Zentrale
  in Houston hört sich ohne Zeitverzögerung
  an, als ob die Konversation in einem
  Nebenraum der NASA in Texas
  stattgefunden hätte.*

**Die Bilder von der angeblichen Mondlandung
entpuppen sich bei genauer Analyse als
Studioaufnahmen:** „Man sieht Lampen, Reflexe,

undichte Stellen in den Verkleidungen der Studiohallen nebst den verschiedenen Schattenwürfen und sonderbaren Requisiten."

Auf den ersten Blick scheinen tatsächlich einige der oben genannten "Ungereimtheiten" im Bild- und Tonmaterial der NASA nicht mit der physikalischen Wirklichkeit vereinbar zu sein. Das Bildmaterial ist teilweise von derart hoher Qualität, dass eine professionelle Nachstellung in einem Filmstudio durchaus plausibel erscheint.

„Der Regierung um Präsident Richard Nixon wäre eine groß angelegte Täuschungsaktion durchaus zuzutrauen; 'Watergate' ist bekanntlich tatsächlich passiert."

Die Diskussionen um mögliche alternative Szenarien sind ein schönes Beispiel dafür, wie bedeutende Ereignisse immer wieder neu interpretiert und kritisch hinterfragt werden.

Das JFK-Attentat

„Bei dem Attentat auf John F. Kennedy kam der 35. Präsident der Vereinigten Staaten von Amerika am 22. November 1963 auf einer Wahlkampftour in Dallas durch zwei Gewehrschüsse tragisch ums Leben!"

Als Tatverdächtiger wurde **Lee Harvey Oswald** eine Stunde und 20 Minuten nach dem Attentat in einem Kino verhaftet. Doch bereits zwei Tage später, trotz Polizeigewahrsam, wurde er von dem Nachtclubbesitzer Jack Ruby getötet, der anscheinend ungehindert in das Staatsgefängnis von Dallas eindringen konnte!

„Die von Kennedys Nachfolger Lyndon B. Johnson eingesetzte 'Warren-Kommission' kam zu dem Ergebnis, dass Oswald der alleinige Täter gewesen sein soll!"

Ein später einberufener Untersuchungsausschuss des Repräsentantenhauses (HSCA) stellte jedoch fest, dass es wahrscheinlich mehrere Täter gegeben haben muss!

„Einerseits wegen der Schussrichtung: Aufnahmen zeigen, wie durch den letzten Schuss Kennedys Stirn aufplatzt und er nach hinten geworfen wird. Die Kugel hätte Theorien zufolge von vorne kommen sollen. Oswald aber schoss von hinten!"

Der bekannte Paraffintest spricht zudem gegen den mutmaßlichen Schützen Lee Harvey Oswald.

Der Test zeigt Schmauchspuren, die bei Anwesenheit von Nitrat nachgewiesen werden. Diese müssten vorhanden sein, wenn Oswald tatsächlich eine Waffe abgefeuert hat. Sie fehlen aber an Oswalds Wange! Kritikern zufolge zeigt dies, dass er kein Gewehr abgefeuert haben kann!"

„Ich habe niemanden umgebracht", sagte Oswald kurz nach seiner Verhaftung gegenüber Reportern. Er bestritt bis zu seinem Tod zwei Tage später, dass er an der Ermordung Kennedys beteiligt gewesen sei.

Tonbandaufnahmen sollen belegen, dass neben den drei Schüssen aus Oswalds Gewehr ein vierter Schuss fiel, dieser soll von einer Anhöhe, dem sogenannten Grassy Knoll, in Dallas abgefeuert worden sein.

Vor laufender Kamera erschossen wurde Oswald von Jack Ruby, einem Nachtclubbesitzer mit angeblichen Verbindungen zur Mafia. Er regte mit einem Statement die Gerüchteküche sogar noch selbst weiter an:

"Wenn die Welt die wahren Hintergründe zu den dramatischen Ereignissen wissen wolle, müsse man ihn nach Washington bringen", sagte er bei einer Pressekonferenz.

Er behauptete, geschickt worden zu sein, um zu verhindern, dass der Coup letztlich doch noch ans Licht kommt. **„Hier"** könne er nicht reden und verwies auf **„mächtige Personen"** im Hintergrund, die ihn daran hindern würden.

Aus einem Memo des damaligen FBI-Direktors J. Edgar Hoover geht hervor, dass die Bundespolizei vor der Ermordung des Attentäters Lee Harvey Oswald gewarnt wurde:

"Letzte Nacht bekamen wir einen Anruf in unserem Büro in Dallas von einem Mann, der mit ruhiger Stimme sagte, dass er Mitglied in einem Komitee sei, das organisiert wurde, um Oswald zu töten",

schrieb Hoover an dem Tag, an dem Oswald schließlich erschossen wurde.

„Doch obwohl der Polizeichef informiert wurde und versichert hatte, Oswald werde adäquat geschützt, konnte dessen Ermordung nicht verhindert werden!"

Die Aufklärung des Mordfalls wurde von Anfang an von auffälligen „Pannen, Versäumnissen und Fehlern" der Ermittlungsbehörden, Ärzte und Untersuchungskommissionen beeinträchtigt. **Im Laufe der Zeit sind zudem rund 100 Menschen ums Leben gekommen, die irgendwie in Verbindung mit dem Anschlag standen!**

Durch Lee Harvey Oswalds frühe Ermordung kam es zu keiner eingehenden Vernehmung des Verdächtigen. Für die Polizei war jedoch klar, dass er Kennedys Mörder sein musste, schließlich wurde die Tatwaffe mit seinen Fingerabdrücken gefunden.

Zu den am häufigsten auftauchenden Gegenthesen gehört ein Komplott des US-Geheimdienstes (CIA) oder der Mafia, eine Anordnung zur Ermordung durch den kubanischen Revolutionsführer Fidel Castro oder gar durch Kennedys Nachfolger Lyndon B. Johnson. Auch ein Komplott um die US-Notenbank Federal Reserve wird häufig genannt.

Nur wenige Monate vor seinem Tod hatte Kennedy auf eigenen besonderen Wunsch hin eine Anordnung veranlasst, die dem Finanzminister das Recht verleihen sollte, Silberzertifikate auszustellen, um dem herrschenden Monopol der Federal Reserve entgegenzuwirken. Diese Bank wurde angeblich von einem mächtigen Geheimbund internationaler Banker gesteuert.

Da diese Banker ihren persönlichen Kurs nicht vom Finanzminister bestimmen lassen wollten, nutzten sie ihre Macht und ihren Reichtum, um Kennedy ermorden zu lassen.

Zudem sollen die führenden Mafia-Bosse jener Zeit auf Kennedy wütend gewesen sein, da er das FBI mit Hilfe seines Bruders „Bobby" Kennedy, der als Justizminister und damit als politischer Chef des FBI erstmals in der US-Geschichte einen harten konsequenten Kampf gegen das organisierte Verbrechen der Mafia führte.

„Auch Oswalds Mörder Jack Ruby soll von der Mafia geschickt worden sein, um zu verhindern, dass der Coup letztlich doch noch ans Licht kommt!"

Lyndon B. Johnson diente unter Kennedy als Vizepräsident und übernahm die Amtsgeschäfte nach dessen Tod. Entsprechend nahe liegt die Vermutung, dass „LBJ" seinem Vorgänger das Amt streitig machen wollte und den Mord anstiftete.

„Als Motive kursieren auch Vermutungen, dass Johnson einen Korruptionsskandal vertuschen wollte oder dass Industrie-Tycoons ihn bezahlten, weil sie sich unter seiner Führung besser vertreten sahen als unter Kennedy."

Der damalige KGB-Chef Boris Iwanow sah es als äußerst unwahrscheinlich an, dass Oswald die Tat tatsächlich allein begangen haben soll.

- **Warum** wurde die Autopsie von JFK nicht, wie gesetzlich vorgeschrieben, in Dallas durchgeführt, sondern in Bethesda, Washington?

- **Warum** wurden für die Autopsie – obwohl vorhanden – keine Experten hinzugezogen, sondern nur Ärzte, die keine Erfahrung mit Schusswunden hatten?

Mehrfach widerriefen die in Dallas behandelnden Ärzte ihre Aussagen und äußerten sich angeblich später, dass man sie gezwungen habe, ihre Aussagen zu verändern. Könnte es sein, dass die Post-Mortem-Untersuchung absichtlich Amateuren anvertraut wurde, dass deren handschriftliche Notizen absichtlich

verschwanden und dass die daraus resultierenden
Fotos gefälscht wurden?

**„Nahezu alle US-Amerikaner glauben, dass John
F. Kennedy einer Verschwörung zum Opfer fiel.
Es scheint schwer vorstellbar, dass er einfach
durch die Hand eines Verrückten plus einiger
ungünstiger Umstände starb!"**

Der Tod von Lady Di

In der Nacht zum 31. August 1997 ereignete sich ein Drama, das sich augenblicklich weltweit verbreitete und einen nicht zu unterschätzenden Teil der globalen Menschheit schockierte.

"Lady Diana, so hieß es, sei bei einem schrecklichen Autounfall in Paris ums Leben gekommen!"

Eine weltweit unglaublich beliebte Prinzessin, ein reicher Unternehmersohn, die britische Königsfamilie, ein plötzlicher Autounfall ohne Zeugen – war es tatsächlich nur ein nachvollziehbarer Verkehrsunfall oder steckte vielleicht doch ein düsterer Komplott der Königsfamilie dahinter? Die unzähligen Spekulationen reißen seitdem nicht mehr ab.

Die weltbekannte Königin der Herzen und Ex-Frau von Prinz Charles war an jenem Abend mit ihrem neuen Lebensgefährten, Dodi Al-Fayed, in einem Mercedes-Benz unterwegs. Nach einem romantischen Abendessen im Ritz-Hotel wurden sie, wie bereits schon so oft zuvor, von zahlreichen aufdringlichen Paparazzi erwartet.

Dianas Geliebter soll die Idee gehabt haben, die vor dem Hotel wartenden Fotografen mit einer Täuschung zu verwirren: „Am Vordereingang sollten zwei Autos ohne Diana und Dodi Al-Fayed abfahren, während das Liebespaar heimlich durch den Hintereingang verschwinden wollte, um sich in einem dritten Fahrzeug auf und davon zu machen."

Dafür musste jedoch kurzfristig noch eine weitere Limousine her, da die hauseigenen Wagen des Hotels alle ausgebucht waren. Der Nachtdienst des Hotels organisierte daraufhin den berüchtigten **Mercedes S280.**

Die Princess of Wales und Dodi Al-Fayed verließen das Hotel Ritz, das Dodis Vater Mohamed Al-Fayed gehörte, 20 Minuten nach Mitternacht, um sich in ein Appartement in der Rue Arsène Houssaye zu begeben.

Auf der Flucht vor den Fotografen soll Dianas Chauffeur Henri Paul im Seine-Tunnel am Pont de l'Alma bei hoher Geschwindigkeit die Kontrolle über den Wagen verloren haben und prallte ausgerechnet gegen den 13. Tunnelpfeiler der Unterführung.

Der ägyptische Unternehmer und sein Fahrer, der stellvertretende Sicherheitschef des Ritz, Henri Paul, starben beide noch am Unfallort. Lady Di erlag wenige Stunden später, um vier Uhr nachts, im Hôpital de la Salpêtrière ihren Verletzungen.

Im schwarzen Mercedes S280 saßen in der Unfallnacht folgende Personen:

- Diana, Prinzessin von Wales, †36: gestorben.

- -Dodi Al-Fayed, Dianas Liebhaber/Partner, †42: gestorben.

- -Henri Paul, Chauffeur, †41: gestorben.

- Trevor Rees-Jones, Bodyguard, 49: überlebte, kann sich jedoch nicht an den genauen Unfallhergang erinnern.

Bereits nur wenige Stunden nach Lady Dianas Tod wurden erste Zweifel an der offiziellen Version geäußert. Für viele steht augenblicklich fest, dass es sich nicht nur um einen simplen Unglücksfall handeln konnte und dass vielmehr das britische Königshaus einen Mord in Auftrag gegeben habe, weil das Auftreten der Prinzessin seit der Scheidung von Prinz Charles im Jahr 1996 den Windsors geschadet habe.

„Die Royals" hätten nicht akzeptiert, dass Diana mit einem arabischen Muslim liiert war und diesen bald heiraten wollte. Zudem sei Diana von Dodi schwanger gewesen.

Das hätte bedeutet, dass Dianas Sohn William, der einst König werden soll, einen muslimischen Stiefvater und ein muslimisches Geschwisterchen bekommen hätte. Ein muslimischer Ehemann für „die Prinzessin von Wales"?

„Die Queen war von diesem Umstand sicherlich nicht sonderlich amused."

Auch andere Motive werden gern genannt, zum Beispiel die Pläne von Dianas Ex-Mann Prinz Charles, endlich seine Geliebte Camilla Parker-Bowles zu heiraten. Viele glauben, dass Diana aus diesem Grund sterben musste.

„Der Unfall soll angeblich vom britischen Geheimdienst MI6 initiiert worden sein. Die Bilder des vollkommen zerstörten Unfallautos waren tagelang in den Nachrichten."

Gestützt wird diese Verschwörungstheorie vor allem von Mohamed Al-Fayed, dem Vater des Verstorbenen und Eigentümer des berühmten Londoner Kaufhauses Harrods. Der einflussreiche Unternehmer behauptet bis heute, die Windsors hätten es nicht ertragen, dass sein Sohn Diana heiraten wollte und den Mord deshalb in Auftrag gegeben. Dass Diana angeblich von Dodi schwanger war, soll dem britischen Königshaus ein zusätzliches Motiv für den Tod der Prinzessin geliefert haben.

Augenzeugen wollen am Unfallort gesehen haben, dass der Fahrer von einem mysteriösen hellen Blitz geblendet worden sei. Außerdem wurden fremde, weiße Lackspuren am schwarzen Mercedes gefunden. Auch die Tatsache, dass der Krankenwagen mit Lady Di auf dem Weg ins Krankenhaus seltsamerweise immer wieder anhielt, soll ein Beweis für ein Mordkomplott sein.

Tatsächlich stößt man auf Widersprüche, die auf den ersten Blick Verdacht erregen könnten:

- Bei der Autopsie stellte sich heraus, dass Henri Paul in der Unfallnacht stark alkoholisiert war und unter Medikamenteneinfluss stand.

- „Mit 1,8 Promille hatte er mehr als das Dreifache des in Frankreich gesetzlich erlaubten Alkoholwerts im Blut."

Paul nahm wohl auch kurz vor der Fahrt ein Antidepressivum und ein Mittel zur Behandlung von Alkoholismus ein. Aufnahmen einer Überwachungskamera, etwa 20 Minuten vor dem eigentlichen Unfall, vermitteln jedoch einen deutlich anderen Eindruck. Da verlässt Paul nämlich aufrecht und gerade gehend das Hotel.

Auch Augenzeugen aus dem Hotel berichten, dass der Chauffeur keinen betrunkenen Eindruck gemacht habe. Stammten die Blutproben also von jemand anderem?

Mohamed Al-Fayed, aber auch Henri Pauls Eltern, bestreiten die Echtheit und Genauigkeit der Blutuntersuchungen:

"Die Blutproben seien vertauscht worden!"

Zudem wurde trotz intensiver Suche das Auto nie gefunden, das für die weißen Lackspuren am Unfallwagen verantwortlich gewesen sein soll. **Da am Unfallort jedoch keinerlei Kameras hingen, konnten die genauen Umstände des Unfalls nie tatsächlich vollständig geklärt werden.**

Die französische Polizei konnte, trotz groß angelegter Suchaktion, Fahrer und Wagen nie finden. Später verdichteten sich Hinweise, dass es sich angeblich um den Wagen eines Paparazzo gehandelt haben soll.

Mohamed Al-Fayed sagte 2005 aus, der MI6 habe das Auto benutzt, um den Mercedes mit Diana und Dodi im Alma-Tunnel von der Spur abzubringen. Zudem behauptete Dodis Vater, dass der französische Fotograf James Andason der Besitzer des Autos gewesen sei.

„Seinen weißen Fiat spritzte Andason nach dem Unfall um und verkaufte ihn."

Andason wurde 2000 tot in einem ausgebrannten Auto in einem Wald im Süden Frankreichs aufgefunden. Sein Kopf lag abgehackt mit einer Wunde in der Schläfe zwischen den vorderen Sitzen.

„Aufhorchen lässt zudem eine Aussage Dianas ein Jahr vor ihrem Tod..."

Damals sagte sie zu einer Freundin, dass es sie nicht wundern würde, wenn sie mal durch einen Autounfall ums Leben kommen würde. In einem Anfang der 2000er-Jahre veröffentlichten Buch von Dianas Ex-Butler Paul Burrell („Im Dienste meiner Königin") berichtet dieser von einem Brief der Prinzessin, in dem es heißt:

„Dieser Abschnitt meines Lebens ist einer der gefährlichsten für mich. Mein Ehemann plant einen Unfall mit meinem Wagen!"

Der ehemalige Chef von Scotland Yard, John Stevens, behauptet, er habe mit Prinz Charles über eine Notiz gesprochen, die Prinzessin Diana 1995 geschrieben hatte. Demnach soll Charles zwei Jahre nach Beginn der Ermittlungen im St. James-Palast als Zeuge befragt worden sein, nachdem Dianas Notiz 2003 veröffentlicht worden war.

Stevens soll Prinz Charles die Notiz vorgelesen und ihn gefragt haben: "Warum glauben Sie, hat die Prinzessin diese Notiz geschrieben, Sir?"

Der zukünftige König soll daraufhin geantwortet haben: "Ich wusste nichts über die Notiz, bis sie in den Medien veröffentlicht wurde."

"Sie haben diese Nachricht nicht mit ihr besprochen, Sir?" fragte Stevens, worauf Charles sagte: "Nein, ich wusste nicht, dass sie existiert!"

Auf die Frage: "Wissen Sie, warum die Prinzessin diese Gefühle hatte?" soll Charles geantwortet haben: "Nein, tue ich nicht."

„Am Ende wurden die Untersuchungen gegen Charles jedoch eingestellt…"

Wir haben keine anderen Beweise gefunden, die das in Dianas Notiz vorgeschlagene Szenario unterstützen, stellt John Stevens klar. Uns blieb die Notiz, die allein nicht ausreichte, um Charles zu einem formellen Verdächtigen zu machen", fuhr er fort.

Nach einem Bericht des Boulevard-Blatts „Sunday People" soll ein ehemaliger Soldat damit geprahlt haben, **die Eliteeinheit Special Air Services (SAS)**

sei für „den Tod von Prinzessin Diana verantwortlich".

Dies hätten die früheren Schwiegereltern des Soldaten
in einem Brief an die SAS-Führung geschrieben,
welcher über die britische Militärpolizei an Scotland
Yard weitergeleitet wurde.

Die SAS, deren Aktionen als streng geheim gelten,
ist unter anderem für spektakuläre Einsätze bei
Geiselnahmen bekannt. Der ehemalige MI6-Agent
Richard Tomlinson, 54, sagte 2008 aus, dass der
Geheimdienst Diana überwachte und dass Henri Paul
wohl ein Informant gewesen sei.

Der Unfall soll durch ein Stroboskop oder ein starkes,
helles Blitzlicht ausgelöst worden sein. Im Tunnel
habe man den Fahrer damit geblendet und somit
willentlich einen Unfall verursacht. Solch ein
Mordplan soll laut Tomlinson auch für die Ermordung
des ehemaligen jugoslawischen Präsidenten Slobodan
Milosevic vorgesehen gewesen sein.

**„Weder das Königshaus noch das
Verteidigungsministerium wollten sich zu
diesen Informationen äußern."**

Zusätzliche Unstimmigkeiten und Verschwörungstheorien:

1. **Verzögerungen beim Krankenwagen:**
   Es wurde behauptet, dass der Krankenwagen, der Lady Diana ins Krankenhaus brachte, mehrfach anhielt und dadurch die Ankunft verzögerte. Diese Verzögerungen sollen angeblich dazu beigetragen haben, dass Diana ihre Verletzungen nicht überlebte.

2. **Keine Überwachungskameras im Tunnel:**
   Obwohl der Tunnel, in dem der Unfall passierte, in einem belebten Bereich von Paris liegt, gab es angeblich keine Überwachungskameras, die den Unfall aufgezeichnet haben. Dies nährt die Spekulationen, dass die fehlenden Kameras Teil einer Vertuschung waren.

3. **Zeugenberichte und seltsame Vorkommnisse:**
   Es gab Berichte von Zeugen, die mysteriöse Aktivitäten in der Nacht des Unfalls beobachteten, einschließlich unbekannter Personen, die am Unfallort gesichtet wurden und angeblich Beweise manipulierten.

4. **Untersuchungen und ihre Ergebnisse:**
   Mehrere unabhängige und offizielle Untersuchungen haben die Umstände des Unfalls untersucht, darunter die Operation Paget, eine britische Polizeiuntersuchung, die 2004 begann und 2008 ihren Abschluss fand. Diese Untersuchung kam zu dem Schluss, dass es sich bei dem Unfall um ein tragisches Unglück handelte, ausgelöst durch die hohe

Geschwindigkeit und den Zustand des Fahrers Henri Paul.

5. **Medien und öffentliche Meinung:**
   Trotz der offiziellen Berichte bleibt ein Großteil der Öffentlichkeit misstrauisch gegenüber den offiziellen Erklärungen. Die Medien haben durch die Jahre hinweg zahlreiche Dokumentationen, Bücher und Artikel veröffentlicht, die verschiedene Aspekte des Falls beleuchten und immer wieder neue Spekulationen anheizen.

Die Tragödie um den Tod von Lady Diana bleibt eine der am meisten diskutierten und spekulierten Ereignisse der modernen Geschichte. Während offizielle Berichte den Unfall als tragischen Vorfall ohne Verschwörung darstellen, gibt es zahlreiche Ungereimtheiten und widersprüchliche Aussagen, die weiterhin Raum für Spekulationen bieten.

„Nahezu alle US-Amerikaner glauben, dass John F. Kennedy einer Verschwörung zum Opfer fiel. Es scheint schwer vorstellbar, dass er einfach durch die Hand eines Verrückten plus einiger ungünstiger Umstände starb!

Ein ähnliches Misstrauen und Spekulationen umgeben den Tod von Lady Diana."

11. September 2001

Wohl kaum ein anderes Ereignis hat sich so sehr in unser Bewusstsein eingebrannt wie die Anschläge auf das World Trade Center am 11. September 2001. Die Auswirkungen dieses Terrors sind bis heute noch stark spürbar und haben unsere bis dato bekannte Welt ab diesem Moment maßgeblich verändert.

„Eine Gruppe von 19 Al-Kaida-Terroristen entführte an diesem Tag angeblich vier Passagiermaschinen, um diese nun als Waffen genutzte Geschosse auf mehrere Gebäude zu richten.

Zwei dieser Flugzeuge trafen dabei die sogenannten Zwillingstürme des World Trade Centers in New York, eines das Pentagon und das vierte stürzte ungefähr 100 Kilometer östlich von Pittsburgh ab, als die Passagiere des Flugzeuges gemeinsam versuchten, in das Cockpit zu gelangen."

Nach den Einschlägen in New York kollabierten die beiden Zwillingstürme jeweils wie ein **Kartenhaus**, äußerst ungewöhnlich schnell nacheinander, in sich zusammen. Die allermeisten der tragischen Opfer verloren dort schlagartig ihr Leben.

Es ist der wohl verheerendste Terroranschlag der modernen Geschichte, vermutlich durchgeführt von der damals durch „Osama Bin Laden" angeführten Terrororganisation „Al-Kaida", doch Millionen von Amerikanern glauben, dass nicht die Terrorgruppe

Al-Kaida, sondern **„die eigene Regierung"**
die Attentate in New York und Washington verübt hat.

**„Einige Kritiker bezweifeln, dass Osama Bin
Laden überhaupt etwas mit den Anschlägen
vom 11. September zu tun hatte."**

Am 13. Dezember 2001 veröffentlichte die US-
Regierung zwar ein Video, welches als Beweis für die
Schuld Osama Bin Ladens dienen sollte und angeblich
von US-Soldaten rein zufällig in Afghanistan
gefunden worden war.

- *„Es zeigte zwei Männer, die sich in einem
  Gespräch befanden, wovon einer Bin Laden
  gewesen sein soll, der ausgiebig über die
  Planungen der Anschläge berichtete."*

- *„Das Video ist sehr unscharf, Bin Laden ist
  nicht wirklich eindeutig zu erkennen."*

- *„Zentrale Passagen des Videos, welche die
  Täterschaft Bin Ladens beweisen sollen,
  wurden zudem falsch übersetzt."*

Dass es überhaupt so weit kommen konnte,
dass Terroristen die Passagiermaschinen entführen
konnten, so die Schlussfolgerungen der zuständigen
Kommission, **sei auf eine zahlreiche Reihe an
unglaublichen Fehlern in den US-Sicherheitsbehörden zurückzuführen!**

Laut Abschlussbericht der Kommission zum 11.
September hat eine Reihe an Kommunikationspannen

- (die CIA hatte Warnungen
  nicht ans FBI weitergegeben),
- zu lange Befehlsstrukturen
- und nicht auf derartige Ereignisse
  ausgerichtete Handbücher

dazu geführt, dass die Luftabwehr nicht dazu imstande
war, rechtzeitig Kampfjets in die Luft zu schicken, um
die entführten Maschinen abzufangen.

**„Kritiker weisen zudem darauf hin, dass für diesen
Zeitraum gleich mehrere Anti-Terror-Übungen
verschiedener US-Sicherheitsbehörden
dokumentiert wurden."**

Solche Übungen sollen eigentlich dazu dienen, alle
möglichen potentiellen Szenarien und Risiken zu
simulieren, um sich dadurch für den eventuell
auftretenden Ernstfall besser vorzubereiten.

**„Für sich genommen sind solche Übungen also
prinzipiell überhaupt nichts Ungewöhnliches."**

Diese Anti-Terror-Übungen weisen jedoch eine
erstaunliche inhaltliche und zeitliche Nähe zu den real
stattfindenden Terroranschlägen vom 11. September
2001 auf. Die Simulation unter dem Namen **„RedEx"**
beispielsweise sollte unter anderem ein Szenario
simulieren, in welchem Passagierflugzeuge in
Gebäude fliegen.

**„Das Kommandozentrum dieser Übung befand
sich pikanterweise im Gebäude WTC 7."**

Im 9/11-Bericht heißt es:

"Die Verteidigung des US-Luftraums wurde ausgerechnet am 11. September lediglich von Zivilisten improvisiert verwaltet, die allesamt noch nie mit einem entführten Flugzeug zu tun hatten, und von Soldaten, die überhaupt nicht darauf geschult waren, dass aus einfachen Zivilflugzeugen plötzlich Massenvernichtungswaffen gemacht werden könnten."

Luftwaffengeneral Larry Arnold sagte vor der 9/11-Kommission folgendes aus:

"Zu dieser Zeit sei man bereits praktisch mitten in einer Übung gewesen und die gesamte Belegschaft sei daher beschäftigt und abgelenkt worden."

Er selbst sei gerade aus einer Video-Telefonkonferenz gekommen, als ihm ein Zettel gegeben worden sei, auf dem stand, dass es mehrere Flugzeugentführungen gegeben habe und dass der zuständige Colonel um sofortigen Rückruf bittet.

Arnold sagte, er sei sofort zum Telefon gegangen und habe auf dem Weg dorthin sogar noch zu seinen Leuten gesagt:

„Gehört dies etwa auch noch zu der Übung?"

Bereits wenige Tage nach den Anschlägen begannen unzählige Kritiker, das ungewöhnlich hohe Einsturztempo der Türme zum Anlass für Zweifel zu nennen.

„So schnell würden Gebäude nur bei kontrollierten Sprengungen in sich zusammenstürzen!"

Die Haupttheorie ist bis heute, dass 9/11 in irgendeiner Form ein sogenannter „Inside Job" darstellte und dass in Wahrheit die US-Regierung von den Anschlägen im Vorfeld gewusst und sie nicht verhindert hat oder sogar aktiv in die Anschläge verwickelt war.

Andere gehen mit ihren Vermutungen sogar noch weiter und behaupten, ein kleiner Personenkreis innerhalb der US-Führung habe die Anschläge sogar selbst geplant und lediglich mithilfe Dritter durchgeführt, um eine nachvollziehbare Grundlage zu erschaffen, endlich doch noch wegen des begehrten Öls in Afghanistan und im Irak einmarschieren zu können.

„Es gibt da in der Tat eine Menge ungeklärter Dinge.

- *Wer wusste wann was?*
- *Warum sind bestimmte Dinge gemacht worden nach den Anschlägen?*
- *Was hätte man vielleicht stattdessen anders machen können?"*

„Nach 9/11 stand sehr schnell für viele die Bush-Regierung im Verdacht."

Nach offiziellen Ermittlungen sollen die Stahlträger der Gebäude dem Feuer nicht standgehalten haben, das durch das brennende Kerosin ausgelöst wurde.

„Stahl schmilzt jedoch erst bei 1.500 Grad Celsius, das brennende Kerosin sei aber nur knapp 800 bis 900 Grad heiß gewesen!"

Augenzeugen haben von Explosionen berichtet, die sie angeblich vor dem Einsturz der Türme gehört bzw. beobachtet hatten. **„Könnte es sich hierbei eventuell um Detonationen gehandelt haben, die an der Basis der Türme gezielt ausgelöst wurden?"**

Größere Aufmerksamkeit erzielte etwa die Gruppierung „Architects and Engineers for 9/11 Truth"

„Ein Zusammenschluss von über 3.000 Architekten und Ingenieuren sowie rund 30.000 weiteren Mitgliedern, die die offizielle Darstellung der Ursachen für den Zusammensturz der Türme des World Trade Centers in Zweifel ziehen und die These einer gezielten Sprengung in Erwägung ziehen."

Neben den beiden Türmen steht hier auch das weniger bekannte **"World Trade Center Gebäude 7"** im Fokus. Dieses Nebengebäude stürzte erst einige Stunden nach den beiden Haupttürmen in sich zusammen!

Ein wichtiges Indiz dafür, dass das Gebäude gesprengt wurde, ist der Umstand, dass es mehr oder minder symmetrisch in seinem Grundriss kollabierte und dabei auch für etwas mehr als zwei Sekunden im freien Fall fiel.

In ähnlicher Weise argumentiert auch der deutsche Physiker Ansgar Schneider: Für Schneider ist die offizielle Version des durch Feuer verursachten Einsturzes von WTC 7 **nicht haltbar!**

Er kritisiert, dass das „National Institute of Standards and Technology" (NIST), welches die offizielle Untersuchung des Zusammensturzes durchführte, die Sprengungshypothese pauschal ablehnt, obwohl es sie gar nicht ernsthaft überprüft hätte, etwa durch die Suche nach Sprengstoff-Rückständen im Schutt des Gebäudes.

> **„Diese gab es laut Schneider in Form von kleinen Eisenkügelchen, die man ebenfalls in Proben vom WTC 7-Schutt fand."**

Die Behörden äußerten sich lange nicht zu den Gründen für den Einsturz von **Gebäude 7** des World Trade Centers, im 9/11-Bericht wird es nicht einmal erwähnt. Verdächtig erscheinen auch die Mieter des Gebäudes, zu denen die **CIA** und das **Verteidigungsministerium** gehörten.

> **„Ganz egal, was die beiden Türme des World Trade Centers getroffen hätte, sie hätten von ihrer Struktur her niemals so einstürzen können."**

Kritiker zweifeln vor allem daran, dass tatsächlich eine Maschine das Pentagon traf. Vielmehr soll es sich um eine **Rakete** oder einen **Marschflugkörper** gehandelt haben. Die Schäden seien viel zu gering.

172

Auf den vorhandenen Fotos seien außerdem keinerlei
Trümmerteile von Flugzeugen zu sehen. Befeuert wird
die Idee von der Tatsache, dass es keinerlei Videoaufnahmen der Einschläge am Pentagon gibt, lediglich
Bilder einer Überwachungskamera.

**„Laut offizieller Version der Ereignisse hingegen
wurde das Flugzeug durch die Wucht des Aufpralls
vollkommen zerstört."**

Der pensionierte Professor für Wissenschafts-
philosophie James H. Fetzer ist einer von jenen,
die meinen, dass es nie Flugzeuge gegeben hat.

Obwohl es zahlreiche Videoaufnahmen gibt, die
eindeutig Flieger zeigen, soll es sich der Auffassung
der Kritiker in Wirklichkeit um **ferngesteuerte
Flugkörper** gehandelt haben.

**Bei den entsprechenden Filmaufnahmen, so Fetzer,
handelt es sich um digital bearbeitete Aufnahmen.
Die Umrisse der beiden Boeings 767 sollen dabei an
die Stelle der angeblich eingesetzten Cruise
Missiles eingebaut worden sein.**

Bereits am 14. September 2001 erschien die
erste Täterliste des FBI mit den Namen der 19
mutmaßlichen Flugzeugentführer. Kurze Zeit
später kursierten erste Gerüchte, nach denen einige
der genannten Terroristen noch lebten und nichts
mit den Anschlägen zu tun hätten.

So schreibt etwa der deutsche Journalist und

Buchautor Mathias Bröckers in dem gemeinsam mit
Christian Walter veröffentlichten Buch „11.9.
Zehn Jahre danach. Einsturz eines Lügengebäudes":

**„Dass die Berichte über die DNS-Identifi-
zierung einiger Terroristen allesamt zweifelhaft
seien und diverse Ungereimtheiten in Bezug
auf die Passagierlisten dafür sprachen, dass die
veröffentlichten Listen von Anfang an
manipuliert worden waren!"**

Zu einer ähnlichen Einschätzung kommt auch der
britische Politikwissenschaftler David Hughes. In
einem Artikel mit dem Titel „9/11 Truth and the
Silence of the IR Discipline" führt Hughes aus:

**„Die Liste der 19 Männer, die vom FBI als die
angeblichen Flugzeugentführer genannt wurden,
ist bekanntlich problematisch, nicht zuletzt, weil
zehn dieser Männer nach 9/11 als noch am Leben
bestätigt wurden."**

Als bewiesen wurde, dass zwei der angeblichen
Flugzeugentführer, die am 10. September nach
Portland gefahren sein sollen, überhaupt nicht
An 9/11 beteiligt gewesen sein können, tauschte das
FBI einfach ihre Identitäten mit denen von „Mohamed
Atta" und „Abdul Aziz al-Omari" aus, obwohl es
keine Beweise gibt, dass Atta an diesem Tag
überhaupt in Portland war.

Ging es dem Pächter des World-Trade-Center-Komplexes, Larry Silverstein, in Wahrheit bloß um das Geld?

Demnach nahm Silverstein den Tod von tausenden Menschen billigend in Kauf, um nach dem Anschlag

4,68 Milliarden Dollar Entschädigung

für die eingestürzten Twin Towers zu erhalten, weil er den Komplex nur **wenige Wochen vor 9/11** von der Hafenbehörde von New York gepachtet hatte.

- *„Ungewöhnliches Verhalten" an den Aktienmärkten kurz vor den Anschlägen wird als klares Indiz dafür gesehen. Hierbei geht es beispielsweise um den Verkauf von Anteilen großer US-Fluglinien.*

- *Eine Untersuchungskommission kam zu dem Ergebnis, dass in den Tagen vor den Anschlägen überdurchschnittlich viele Verkaufsoptionen der betroffenen Fluglinien platziert wurden.*

Sicher ist, dass es in den Tagen vor und am 11. September 2001 „Insiderhandel" mit den Aktien der betroffenen Fluggesellschaften American Airlines und United Airlines gegeben hat.

„Nur, von wem und wie ist bis heute unklar."

Hartnäckig halten sich Gerüchte, nach denen Terroristenführer Osama bin Laden selbst auf fallende Kurse gesetzt habe und einen beträchtlichen Gewinn gemacht haben soll. „Nachweisen konnte man es ihm allerdings nie."

Die Folgen der verheerenden Terroranschläge in den USA vom 11. September 2001 waren und sind weitreichend:

- *„Im Bereich der inneren Sicherheit erhielten Polizei und Geheimdienste im Kampf gegen den Terror in den vergangenen 20 Jahren immer neue Befugnisse."*

- *„Auf weitere Anschläge, auch in Europa, folgte regelmäßig der Ruf nach noch schärferen Gesetzen."*

Dabei werde nicht ausreichend überprüft, kritisieren Datenschützer und Bürgerrechtler, ob die vielen Gesetzesverschärfungen überhaupt nötig waren **Und ob die Balance zwischen Freiheits- und Sicherheitsinteressen noch gewahrt sei.**

- *In schneller Abfolge waren kurz nach den Anschlägen mehrere Gesetze erlassen worden, die sogenannten Otto-Kataloge.*

- *„Im Jahr 2004 wurde das deutsche Terrorismusabwehrzentrum gegründet."*

Bundesinnenminister Wolfgang Schäuble (CDU), Thomas de Maizière (CDU), Hans-Peter Friedrich (CSU) und Horst Seehofer (CSU) war es wichtig, den Sicherheitsbehörden Zugriff auf möglichst viele Daten zu ermöglichen!

Eine gemeinsame Anti-Terror-Datei von Polizei und Geheimdiensten wurde eingeführt.

- *Biometrische Daten für Reisepass und Personalausweis.*
- *Wer eine neue SIM-Karte fürs Handy kauft, muss sich per Ausweis registrieren.*
- *Daten zu Flugpassagieren werden gespeichert.*
- *Der Einsatz sogenannter Staatstrojaner für die digitale Überwachung wurde ermöglicht.*

„Um nur einige Beispiele zu nennen von Gesetzen, die seit den Anschlägen vom 11. September verschärft wurden."

Bundesregierung und Bundestag kannten beim Thema Sicherheitsgesetze hingegen seit dem 11. September stets nur eine Richtung: **Während regelmäßig, auch in Folge weiterer Anschläge, Gesetze verschärft wurden, waren Entschärfungen so gut wie nie Thema.**

Ulrich Kelber, Bundesbeauftragter für den Datenschutz und die Informationsfreiheit, kritisiert im Gespräch mit dem ARD-Hauptstadtstudio, dass selbst in Zeiten, in denen nicht „objektiv eine Veränderung der Sicherheitslage nachvollziehbar" gewesen sei, immer neue Eingriffsbefugnisse für die Sicherheitsbehörden hinzugekommen seien.

„Es finden große Datensammlungen statt, auch von unbescholtenen Bürgerinnen und Bürgern, und was fehlt, ist eine Evaluierung, welche dieser Maßnahmen überhaupt Sinn macht", so der SPD-Politiker.

Auch Ulf Buermeyer, Vorsitzender der „Gesellschaft für Freiheitsrechte", fordert zu überprüfen, ob „Sicherheitsgesetze tatsächlich mehr Sicherheit gebracht haben oder eben nur Verluste für die Freiheitsrechte".

Bei den häufigen Gesetzesverschärfungen werde viel zu selten die Frage geklärt, „ob denn überhaupt fehlende rechtliche Befugnisse das Problem sind" oder ob es nicht andere Probleme bei den Sicherheitsbehörden gebe.

3. Abschnitt

Die Rothschild-Verschwörung

Zitat:

*"Gib mir die Kontrolle über das Geld einer Nation und es interessiert mich nicht, wer dessen Gesetze macht." - **Rothschild***

Die unglaublich weit verstrickte, machtvolle Vernetzung der Familie Rothschild ist wohl untrennbar mit ihrem unaufhaltsamen Aufstieg zu Europas wichtigstem Finanzdienstleister verbunden.

Der Historiker Niall Ferguson hatte diesen unvergleichlichen Aufstieg einst als **"eine der bemerkenswertesten Fälle der Sozialgeschichte des 19. Jahrhunderts"** bezeichnet.

Bereits in der ersten Hälfte des 19. Jahrhunderts wurde der Einfluss der Rothschilds schon längst mit dem eines Monarchen verglichen.

1828 schrieb Fürst Pückler-Muskau:
"Ohne die Rothschilds" scheine keine Macht Europas Krieg führen zu können!

Sie gelten als Teil einer "Geldaristokratie", die dank ihrer umfangreichen Wirtschaftsmacht zum Erhalt oder dem Vergehen bestehender Regierungen und ganzer Nationen beitragen können, "sich selbst jedoch keiner Nation gegenüber patriotisch verpflichtet fühlen" und sogar den Sturz des französischen Königs

Karl X., mit welchem sie stets enge Beziehungen gepflegt hatten, schadlos überstanden.

"Geld ist der Gott unserer Zeit und Rothschild ist sein Prophet",

schrieb Heinrich Heine im März des Jahres 1841.

Anders als die Mehrzahl der anderen aufstrebenden Familien verstanden sich die Rothschilds selbst nicht als Teil einer "Neureichen-Gesellschaft", die ihren Wohlstand zu möglichst jeder Zeit mit "Prunk, Glanz und Gloria" zeigen mussten. Vielmehr sahen sie sich "dem alten Adel angehörig", welcher es nicht nötig hatte, mehr als lediglich notwendig über sich selbst preiszugeben.

Dadurch, dass die Familie bereits seit Generationen in dem „Haus zum Rot(h)en Schild" wohnte, etablierte sich schließlich bereits im 17. Jahrhundert der Familienname **„Rothschild".**

Mayer Amschel Rothschild
(* 23. Februar 1744; † 19. September 1812
in Frankfurt am Main)
gilt im Allgemeinen als Begründer der Rothschild-Dynastie. In Hannover hatte er einst den Münz-sammler General von Estorff kennengelernt. Dank dieser Beziehung konnte er immer wieder Münzen an das Münzkabinett des Erbprinzen und späteren Kurfürsten Wilhelm I. von Hessen in Hanau verkaufen.

„Um das Jahr 1764 machte er sich schließlich
bereits im jungen Alter von zwanzig Jahren
in der damals sogenannten Judengasse als
aufstrebender Münz- und Wechselhändler
selbstständig. "

Am 29. August 1770 heiratete Mayer Amschel
Rothschild Gutle Schnapper, die 17-jährige Tochter
von Wolf Salomon Schnapper *(einem der Hoffaktoren*
des Fürstentums Sachsen-Meiningen).

Das Paar bekam in dem Zeitraum zwischen
1771 und 1792 sage und schreibe zwanzig Kinder, von
denen allerdings lediglich fünf Söhne und fünf Töchter
tatsächlich auch das Erwachsenenalter erreichten.

1785 ermöglichte ein bereits kleines angehäuftes
Vermögen und ein gutes regelmäßiges Einkommen
der Familie, eines der damals größten Häuser in
der Judengasse (das Haus zum Grünen Schild) zu
erwerben, welches schließlich zum Stammhaus der
Rothschild-Dynastie auserkoren wurde.

Im Jahr 1789 gelang es Mayer Amschel, mit
dem Landgraf Wilhelm I. von Hessen-Kassel ein
Wechseldiskontgeschäft abzuschließen, und erhielt
dadurch erstmalig die Möglichkeit eines ersten
kleinen Einstiegs innerhalb der Welt der Bankiers.

Seine tatsächlichen Geschäfte fingen jedoch erst
im Jahr 1800 mit der Beteiligung am Verkauf einer
Geldanleihe an den Landgrafen in spektakulärem
Umfang an zu wachsen.

Die Ernennung Mayer Amschel Rothschilds 1801 zum Hoffaktoren von Hessen-Kassel unterstrich schließlich noch seine von nun an stetig steigende Stellung innerhalb der Gesellschaft.

Im Jahre 1804 konnte er bereits vollkommen allein eine Staatsanleihe auflegen und verkaufen. Es handelte sich dabei um eine Anleihe des dänischen Staates, welche er zur Gänze an den 1803 mittlerweile zum Kurfürsten aufgestiegenen Wilhelm I. vermitteln konnte. Maßgeblich entscheidend für den stetig wachsenden Erfolg Mayer Amschel Rothschilds war jedoch **Carl Friedrich Buderus von Carlshausen,** wichtigster Finanzberater und Vermögensverwalter Wilhelms I.

Je weiter Buderus selbst am Hof Wilhelms aufstieg, desto mehr sorgte er aufgrund seiner Freundschaft gegenüber Mayer Amschel gleichzeitig dafür, dass die bis dahin etablierten Bankiers des Kurfürsten zugunsten der Rothschilds Stück für Stück verdrängt wurden.

Ab dem Jahre 1807 nutzte Buderus schließlich ausschließlich nur noch die Dienste Mayer Amschel Rothschilds und seiner fünf herangewachsenen Söhne **Amschel, Salomon, Nathan, Kalman und Jakob Rothschild.**

In seinem Gesellschaftervertrag nahm er 1810 alle seine fünf Söhne als vollwertige Geschäftspartner mit in sein Unternehmen auf. Er selbst stand zwar selbstverständlich noch weiterhin an der Spitze der

Führung des Unternehmens, die alltäglichen Verpflichtungen lagen allerdings nun auf den Schultern seiner Söhne.

Als für alle Außenstehenden klar ersichtliches Symbol dieser Neuerung hieß seine Firma fortan: **„Mayer Amschel Rothschild und Söhne".**

In seinem Testament verfügte Mayer Amschel Rothschild mit Nachdruck, das Familienunternehmen auch zukünftig noch weiterhin als geschlossene Einheit zu erhalten:

1. Alle wichtigen Schlüsselpositionen sollen ausschließlich mit Familienmitgliedern besetzt werden!

2. An Geschäften dürfen stets nur männliche Familienmitglieder teilnehmen!
(Untätig waren die Rothschild-Frauen dennoch nicht, auch ihr Einfluss wuchs beträchtlich.)

3. Nach Möglichkeit sollte der älteste Sohn des ältesten Sohnes (soweit die Mehrheit der Familie nicht anders entscheidet) die Position des Familienoberhauptes innehaben!

4. Es darf weder eine juristische Bestandsaufnahme noch eine öffentliche Veröffentlichung des Rothschild-Vermögens geben!

Die fünf Rothschild-Söhne stiegen binnen weniger Jahrzehnte zu den führenden Bankiers Europas auf. Jeder einzelne von ihnen wurde 1817 geadelt und 1822 in den österreichischen Freiherrnstand erhoben.

Sie finanzierten Kriege, Staaten, Unternehmen, Eisenbahnen und waren beispielsweise auch maßgeblich am Bau des Suezkanals beteiligt.

Ihre fünf Niederlassungen in Paris, London, Wien, Frankfurt und Neapel operierten zwar zumeist unabhängig voneinander, waren jedoch durch einen alle fünf Jahre überarbeiteten und erneuerten Vertrag stets miteinander verwoben.

- **Amschel Mayer Rothschild** (1773–1855) wurde nach dem Tod seines Vaters neues Familienoberhaupt und übernahm die Leitung des Frankfurter Bankhauses „M.A. Rothschild & Söhne". Der als vorsichtigste bekannte der fünf Söhne war stets um die Liquidität der Bank besorgt und ging dementsprechend Risiken möglichst aus dem Weg. Zudem bevorzugte er eher kleinere Geschäfte.

- **Salomon Rothschild** (1774–1855), welchem zu Beginn seiner Karriere noch der Besitz von Grund und Boden verboten war, gilt als der Begründer der österreichischen Linie der Rothschilds. Ab dem Jahre 1820 wuchs er in die Rolle des größten Finanziers des metternichschen Regimes und des Deutschen Bundes hinein. Im Jahre 1822 wurde er schlussendlich zu einem Freiherrn geadelt und entwickelte sich in der Folge zu einem der größten Grundbesitzer des Landes.

- **Kalman Rothschild** (1788–1855),
  der sich später Carl Mayer von Rothschild
  nannte, ging in Salomons Auftrag 1821
  nach Neapel. Dort hatte er die Finanzen
  der österreichischen Truppen zu
  überwachen. Er eröffnete die sizilianische
  Rothschild-Niederlassung, zu deren Kunden
  unter anderem die Päpste, die Könige von
  Sizilien, weitere italienische Fürsten und
  der sardische Ministerpräsident Cavour
  gehörten.

- **Jakob Rothschild** (1792–1868)
  war der jüngste der fünf Brüder.
  Er ging 1812 nach Paris und etablierte
  dort „Rothschild Frères" zu einer der
  ersten Bankadressen und nannte sich
  fortan James de Rothschild. Als Berater
  von zwei französischen Königen wurde
  er der einflussreichste Bankier des Landes.
  Während der Kriege unter Napoleon III.
  spielte er eine wichtige Rolle bei der
  Finanzierung des Eisenbahnbaus und dem
  Bau von Bergwerken, was Frankreich dabei
  half, den wirtschaftlichen Rückschlag nach
  dem verlorenen Deutsch-Französischen
  Krieg 1870/1871 deutlich besser zu
  überwinden.

Ein genialer Schachzug

Eine mehr als zentrale Rolle innerhalb des Aufstiegs der gesamten Familie spielte Mayer Amschels Sohn **Nathan Mayer Rothschild** (seit 1817: von Rothschild, seit 1822 Freiherr von Rothschild) (* 16. September 1777 in Frankfurt am Main; † 28. Juli 1836 ebenda), welcher 1799 zunächst als Textilkaufmann nach Manchester ausgewandert war und im Jahre 1808 die Bank „N.M. Rothschild & Sons" in London gründete.

Aufgrund seines hohen Intellekts lernte Nathan bereits sehr schnell, dass es für ihren familiären Wohlstand wesentlich profitabler erschien, ihr Vermögen an „Könige und Regierungen" zu verleihen, anstatt lediglich an kleinere Privatpersonen. Dieses Angebot wurde von der Obrigkeit auch dankend zur Kenntnis genommen und vor allem immer dann sehr gerne genutzt, wenn frische finanzielle Mittel notwendig waren, um ihre jeweiligen politischen oder privaten Ziele tatkräftig in die Tat umsetzen zu können.

Einen maßgeblichen Anteil ihrer gewaltigen Machtposition haben sich die Rothschilds im Juni des Jahres 1815 durch einen wirklich ausgesprochen genialen Schachzug gesichert, als Nathan Rothschild **„die Schlacht bei Waterloo"**, in welcher Napoleon Bonaparte besiegt wurde, dafür ausnutzte, um wahrscheinlich das gesamte Vereinigte Königreich Großbritannien und Irland auf eine gerissene sowie elegante Art und Weise reinzulegen.

Dadurch, dass die Rothschilds während des Krieges große Mengen an Goldreserven aufgekauft hatten,

187

aber nun nach dem vermutlichen Sieg der Koalition über Napoleon Bonaparte bei der Schlacht bei Waterloo befürchteten, es eventuell vielleicht doch etwas damit übertrieben zu haben, kam Nathan Rothschild auf die einfallsreiche Idee, einen Teil dieses angestauten Vermögens ganz einfach in britische Wertpapiere anzulegen.

Der eigentliche Trick dahinter lag jedoch darin verborgen, dass die Rothschilds einen ihrer besten Agenten namens Rothworth nördlich des Schlachtfelds nahe dem Ärmelkanal positionierten. Dieser sollte, sobald er sich sicher war, welche Partei am Ende tatsächlich siegreich aus der Schlacht hervortreten würde, augen-blicklich seine Heimreise antreten, um der Familie über den Ausgang der Schlacht Bericht zu erstatten.

Der Legende nach habe Nathan Rothschild dank seines effizienten Informationsdienstes so bereits schon 24 Stunden vor der britischen Regierung selbst von dem siegreichen Ausgang des Krieges erfahren. Daraufhin hätten Broker, von denen jeder gewusst habe, dass sie für die Rothschilds arbeiteten, an der Börse britische Wertpapiere verkauft, um die anderen Anleger dadurch glauben zu lassen, die Rothschilds seien bereits im Besitz von Informationen über eine britische Niederlage.

Danach sei es augenblicklich zu zahlreichen Panikverkäufen und starken Kursverlusten gekommen, welche Nathan Rothschild wiederum dazu genutzt haben soll, um all die rapide im Kurs gefallenen Wertpapiere von Brokern, die man nicht mit ihnen selbst in Verbindung bringen konnte, zu einem lächerlich günstigen Preis aufkaufen zu lassen.

Er nahm an, dass nach dem Ende des Krieges und dem sinkenden Finanzbedarf auch weniger britische Anleihen emittiert würden, was eine Kurssteigerung bei den bereits platzierten Anleihen zur Folge hätte. Mit seiner Vermutung lag er goldrichtig; lediglich zwei Jahre später waren sämtliche erworbenen Wertpapiere in ihrem Wert bereits um über 40 Prozent angestiegen!

Als die damalige Regierung überhaupt halbwegs verstand, was quasi über Nacht geschehen war, kam ihre Erleuchtung allerdings bereits viel zu spät, um noch dagegen vorgehen zu können. Ihr Geld war bereits weg und somit folglich auch ihre Macht. Die Rothschilds hatten sich dank des genialen Schachzuges von Nathan buchstäblich „das Vereinigte Königreich Großbritannien und Irland" einverleibt. **„Sie wurden somit allesamt zu Sklaven des Schuldenkrieges der Rothschilds".**

Seit jener Zeit fließt ein gewaltiger Teil aller bundesweiten durch die Bürger eingenommenen Steuern direkt wieder in die Kasse der Rothschilds zurück, zumindest wenn die Geschichte tatsächlich so geschehen sein sollte.

Bei dem rasant schnellen Aufstieg des Hauses Rothschild spielte selbstverständlich auch die ausgezeichnete Vernetzung der europäischen Niederlassungen der fünf Rothschild-Brüder eine erhebliche Rolle!

189

Die Infiltration Amerikas

Um uns unsere eigene "Unabhängigkeit" tatsächlich zu bewahren, dürfen wir es nicht weiter zulassen, dass uns unsere Herrscher mit ihrer stetig fortwährenden Neuverschuldung immer weiter belasten. Wir haben die Wahl zu treffen zwischen "Wirtschaftlichkeit und Freiheit" oder "Verschwendung und Knechtschaft".

Ich persönlich sehe jedoch innerhalb der Wirtschaft die erste und wohl wichtigste aller republikanischen Tugenden und in den Staatsschulden die wohl größte Gefahr, welche überhaupt zu fürchten ist.

Es obliegt jeder Generation, ihre eigenen Schulden zu begleichen, so gut es ihr möglich ist. Doch wenn die Menschen jemals den privaten Banken erlauben sollten, ihr eigenes Geld zu kontrollieren, werden alle anderen Banken und alle Konzerne, die um sie herum entstehen, zunächst durch Inflation und dann durch Deflation den Menschen so lange ihr Eigentum rauben, bis sie und ihre Kinder schließlich eines Morgens aufwachen und plötzlich obdachlos sind!

-Thomas Jefferson

Thomas Jefferson war einer der Gründerväter der Vereinigten Staaten, von 1801 bis 1809 der dritte amerikanische Präsident und der hauptsächliche Verfasser der Unabhängigkeitserklärung, sowie einer der einflussreichsten Staatstheoretiker der Vereinigten Staaten. Von 1797 bis 1801 war er außerdem der zweite amerikanische Vizepräsident.

Nachdem die Rothschilds schlagartig mehr
Geld, Macht und Einfluss dazugewonnen hatten
als jemals zuvor, versuchten sie gleich mehrfach,
eine vergleichbare Masche ebenfalls in Amerika
abzuziehen, scheiterten dabei jedoch zunächst
immer wieder kläglich.

**Doch nicht nur Thomas Jefferson und die Patrioten
hatten ihnen dieses Unterfangen bereits schon in
der Vergangenheit enorm erschwert, sondern
später auch noch *Andrew Jackson**

(* 15. März 1767 in den Waxhaws; † 8. Juni 1845 nahe Nashville,
Tennessee), ein US-amerikanischer Politiker und von 1829 bis 1837
der 7. Präsident der Vereinigten Staaten.

Rothschilds erster Versuch, eine private amerikanische
Zentralbank zu errichten, scheiterte bereits nach 20
Jahren. Ihr zweiter Versuch, die Second Bank of the
United States, wurde dann zwar schließlich im Jahre
1816 gegründet. Die Erneuerung der Charta der
Second Bank wurde jedoch von Andrew Jackson
durch sein präsidiales Veto verhindert. Somit setzte
ein langsamer Auflösungsprozess der Bank ein,
welcher schließlich 1836 abgeschlossen wurde!

Doch die Familie Rothschild wollte sich mit
diesem Beschluss natürlich keinesfalls so leicht
zufriedengeben, schließlich wollten sie ja langfristig
gesehen auf jeden Fall auch noch die finanzielle
Macht Amerikas ihr Eigen nennen können.
Bei der Umsetzung ihrer Ziele waren sie zudem
weder ungeduldig, noch machten sie oft irgendwelche
entscheidenden Fehler.

Zu Not würde ganz einfach ihre Nachkommenschaft das beenden, was ihre Vorfahren einst zuvor begonnen hatten, und genau dies taten sie dann auch!

Im Jahre 1910 wurde für dieses Ziel ein geheimes Treffen in J.P. Morgans Anwesen auf Jekyll-Island, an der Küste von Georgia, abgehalten. Dieses Treffen war wirklich ausgesprochen wichtig für die Rothschilds und es wurde mit allen Mitteln versucht, es so gut wie irgend möglich vor dem Rest der Welt geheim zu halten. **J.P. Morgan** war selbst ein sehr einflussreicher Bankier seiner Zeit und wurde während des Ersten Weltkrieges als reichster Mann Amerikas angesehen. In Wahrheit war er jedoch längst zu einem engagierten und loyalen Gefolgsmann der Rothschilds avanciert.

Die schätzungsweise zehn Teilnehmer dieser Zusammenkunft waren vermutlich allesamt die reichsten und einflussreichsten amerikanischen Männer ihrer Zeit, wie beispielsweise

John Davison Rockefeller Sr.

Ziel des Treffens war es, gemeinsam eine gezielte Wirtschaftskrise in Amerika auszulösen, um auf diesem Umweg schließlich doch noch dafür Sorge tragen zu können, dass eine durch sie selbst kontrollierte privatisierte US-Zentralbank entstehen konnte.

Nachdem diese Wirtschaftskrise schließlich mit der gewaltigen Finanzkraft von J.P. Morgan

und dessen einflussreichen Freunden künstlich
eingeleitet wurde, und die zuvor kalkulierte
Wirkung daraus auch tatsächlich eintrat,
sollte schließlich die private US-Zentralbank

„Federal Reserve"

mit der Hilfe ihres verbündeten Senators Nelson
Aldrich *er wurde später durch Heirat ein Teil der
bekannten Rockefeller-Familie,* am 23. Dezember
1913, „als die Mehrheit der Kongressabgeordneten
bereits zuhause bei ihren Familien war",
vorgeschlagen und empfohlen werden.

Für die letztendlich endgültige Durchsetzung sorgte
dann jedoch letztendlich der 28. Präsident der
Vereinigten Staaten, **Woodrow Wilson!**
Eigentlich blieb ihm aber auch keine andere Wahl,
weil er zuvor, um Präsident werden zu können,
buchstäblich seine Seele an die Bankiers verkauft
hatte, welche ihn dafür im Gegenzug, aufgrund ihrer
schier grenzenlosen Macht, zu seiner Präsidentschaft
verholfen hatten.

Auf diesem Wege war es den Bankiers, angeführt
von der Rothschild-Familie, am Ende schließlich
tatsächlich doch noch gelungen, eine von ihnen
geschaffene US-Zentralbank namens **Federal Reserve**
ihr Eigen nennen zu können.

Was ist eine Zentralbank?

Eine Zentralbank ist die Einrichtung, welche die Währung einer ganzen Nation kontrolliert und produziert. Wenn jedoch alles Geld von der Zentralbank kommt und dieses Geld inklusive Zinsen zurückgezahlt werden muss, woher kommt dann das Geld für die ganzen Zinsen? Ganz einfach: Das Geld für die Zinsen kann auch wieder nur von der Zentralbank kommen.

Dies bedeutet, dass die Zentralbank ständig mehr Geld erzeugen und verleihen muss, damit die Regierung durch die Ausbeutung ihrer Bürger die bei ihr entstandenen Schulden wieder zurückzahlen kann. Doch dieses neue geliehene Geld, welches ja für die Schulden vorgesehen ist, wird ja nun schließlich auch wieder verzinst, so entstehen schließlich immer und immer wieder aufs Neue nur weitere Schulden.

„Ein ewiger Kreislauf der Schuld!"

Die Federal Reserve Bank hatte von nun an die alleinige Befugnis, innerhalb Amerikas legal Geld drucken zu dürfen, welches dann wiederum gegen den Zuschlag von Zinsen an amerikanische Banken und die Regierung verliehen wurde. Während sie wiederum gleichzeitig ganz einfach immer mehr und nochmals mehr Geld aus dem Nichts erzeugten, sodass jeder Dollar plötzlich weniger wert war als jener zuvor!

Um die Last dieser sich stetig exponentiell anstei-
genden Staatsschulden der Zentralbank gegenüber
irgendwie abzufangen, verlagerte die Regierung
dieses Problem ganz einfach und simpel in Form
von zahlreichen steuerlichen Erhöhungen auf jeden
einzelnen ihrer Bürger um. Denn nur ein Bruchteil
aller gezahlten Steuern kommt in Wahrheit überhaupt
tatsächlich bei der Regierung selbst an, was wirklich
einem der größten Diebstähle in der Geschichte der
Menschheit gleichkommt:

**"Umso höher sie die Inflation treiben, umso
mehr Geld nehmen sie jedem Einzelnen weg!"**

John F. Kennedy

John Fitzgerald Kennedy, meist kurz John F. Kennedy (* 29. Mai 1917 in Brookline, Massachusetts; † 22. November 1963 in Dallas, Texas), war als Politiker der Demokratischen Partei von 1961 bis 1963 der 35. Präsident der Vereinigten Staaten von Amerika und gleichzeitig wohl der letzte, der dieses Amt ausübte, welcher tatsächlich noch versuchte, sich gegen die Machtübernahme der Rothschilds aktiv zur Wehr zu setzen.

Am 4. Juni 1963 unterzeichnete er zu diesem Zweck die sogenannte **"Exekutive Order 11110",** welche das US-Finanzministerium dazu ermächtigen sollte, unabhängig von der Federal Reserve reales Geld drucken zu dürfen. Jedoch starb Kennedy bereits sechs Monate später bei einem hinterhältigen Attentat, und der neue Präsident Lyndon Baines Johnson (* 27. August 1908 in Stonewall, Texas; † 22. Januar 1973 ebenda) verwarf dessen Anweisungen augenblicklich wieder!

Seitdem vereinigen die Rothschilds immer größere Banken und produzieren, ohne jemandem dabei Rechenschaft schuldig zu sein, immer mehr Geld!

Wie reich ist die Familie Rothschild?

Mit ihrem Einrichtungs- und Lebensstil waren die Rothschilds stilbildend. Sie begründeten den **"Goût Rothschild"**, welcher sich durch die Verwendung edelster Materialien und opulenter Einrichtungsgegenstände auszeichnete.

Aufgrund der überaus langjährigen Konzerngeschichte mit ihren zahlreichen Verflechtungen ist es jedoch nicht genau möglich, das exakte Vermögen der Familie Rothschild tatsächlich herauszufinden. Fest steht jedoch, dass es sicherlich weit über die genannten Bilanzsummen aus dem Bankgeschäft hinausgehen muss!

Allein wenn man sich lediglich ihr aktives Nettovermögen vor Augen hält, besitzt die Familie auch so schon bereits eine geschätzte Summe von **285-300 Milliarden Euro.**

Ihr gesamtheitlicher Vermögenswert (welcher auch alle Wirtschaftsgüter mit einbezieht) wurde zudem auf 1,6 Billionen Euro geschätzt.

Andere Schätzungen gehen sogar von mehr als 3 Billionen Euro aus!

Bekannte Rothschild-Schlösser

- *"Schloss Ferrières"* ließ James de
  Rothschild zwischen 1855 und 1859 bauen.

- *"Schloss Rothschild"* ließ Nathaniel Meyer
  von Rothschild Ende des 19. Jahrhunderts in
  Reichenau an der Rax (Niederösterreich)
  errichten, auch bekannt als Schloss
  Hinterleiten.

- *"Schloss Rennhof"* in Hüttenfeld wurde von
  Mayer Carl von Rothschild im Jahr 1853
  erbaut. Es beherbergt seit 1954 das
  Litauische Gymnasium Hüttenfeld.

- *"Palais Albert Rothschild"* ließ Albert
  Salomon Anselm von Rothschild 1879–1884
  nach den Plänen von Gabriel-Hippolyte
  Destailleur in der Wiener Prinz-Eugen-
  Straße errichten.

- *"Das Rothschildschloss in Waidhofen"*
  an der Ybbs in Niederösterreich wurde von
  Albert Salomon Anselm von Rothschild zum
  Sitz der Verwaltung seiner ausgedehnten
  Güter gemacht und durch Friedrich von
  Schmidt im neugotischen Stil umgebaut.
  2007 beherbergte es die Nieder-
  österreichische Landesausstellung.

Die Weingüter der Familie genießen bis heute Weltruf.

- *Nathaniel de Rothschild, dritter Sohn Nathans, erwarb 1853 **"Château Brane-Mouton".***

- *James erwarb 1868, kurz vor seinem Ableben, das renommierte **"Château Lafite-Rothschild".***

- *Edmond Rothschild wiederum wurde 1873 Eigentümer von **"Château Clarke und Château Malmaison"**, im Jahr 1879 erwarb er auch das benachbarte **"Château Peyre Lebade".***

Eine Sammlung von über 15.000 Flaschen an Rothschild-Weinen findet sich "im englischen Waddesdon Manor", einem in seiner Architektur, Gartenanlage und Kunstsammlung einmaligen Familiensitz der Rothschilds, 1874 errichtet von Ferdinand von Rothschild.

**Die wohl berühmtesten Verbündeten
der Rothschild-Familie:**

- *Die Rockefellers*
- *Die Warburgs*
- *Die Goldsmiths*
- *Die Cohens*
- *Die Raphaels*
- *Die Sassoons*
- *Die Salomons*
- *Die Schiffs*
- *Die Carnegies*
- *Die Harrimans*
- *Die Aldrichs*
- *Die Morgans*
- *Die Du Ponts*
- *Queen Beatrix*
- *James Wolfensohn*
- *Richard Haas*

Diese Familien haben aufgrund ihres enormen
Reichtums sowie ihrer daraus resultierenden Macht
theoretisch die Möglichkeit, alles zu besitzen, was sie
möchten. Grenzen sind ihnen, zumindest im Westen,
kaum welche auferlegt. Sie besorgen sich das, was für
sie als wichtig erscheint, und wichtig ist für sie stets
das, was ihnen noch mehr Kontrolle einbringt. Hierbei
spielt es auch keine Rolle, wem von diesen Familien
was gehört. Letztendlich bilden sie doch sowieso eine
eingeschworene Einheit.

Und selbst wenn ihnen einmal etwas nicht gehören
sollte, dann gehört dies zumindest jemandem, dem sie

finanziell unter die Arme gegriffen haben, um genau dies erlangen zu können.

Was befindet sich unter Kontrolle der Rothschild-Familie?

- *Das westliche Bildungssystem*
- *Die westlichen Medien / Zeitungen, Nachrichten, Fernsehsender*
- *Einen Hauptteil sämtlicher Überwachungseinrichtungen*
- *Einen Großteil der US- sowie EU-Regierung*
- *Ein Großteil aller Goldreserven*
- *Die europäische Zentralbank*
- *Die US-Zentralbank*
- *Große Teile der Landwirtschaft*
- *Große Teile der Pharmaindustrie*
- *Unzählige Kohle-, Öl- sowie Gasgebiete*
- *Die Atomenergie*
- *Teile der weltweiten Wasserversorgung*

Die Bilderberger-Verschwörung

„Die Bilderberger sind zu mächtig und zu allgegenwärtig, als dass man sie einfach so ignorieren könnte!"

Die Bilderberger sind das Zentrum aller Geheim-Vereinigungen und wohl kaum einer innerhalb der Gesellschaft hat schon einmal tatsächlich etwas von ihnen gehört, was wohl auch daran liegen mag, dass die Teilnehmer des Treffens die wohl mächtigsten und einflussreichsten Personen der westlichen Welt darstellen.

Zum ersten Mal wurde die Konferenz im Mai 1954 auf Wunsch von Prinz Bernhard der Niederlande in dem damals ihm gehörenden Hotel "de Bilderberg" in Oosterbeek in den Niederlanden veranstaltet. Ungefähr 80 Teilnehmer der Höchsten der Höchsten aus aller Welt waren damals bereits daran beteiligt.

Bei der Bilderberg-Gruppe handelt es sich jedoch keinesfalls um eine formelle Organisation!

- Es existieren, soweit bekannt, weder ein Status der Mitgliedschaft noch ein Gründungsvertrag.

- Die Tagesordnungspunkte sowie die Teilnehmerlisten werden erst nach einem Treffen den internationalen Presseagenturen zugänglich gemacht.

- Eventuelle Einigungen werden nicht veröffentlicht.

Ursprünglich ins Leben gerufen wurde dieses Treffen von einem Herrn namens Joseph Hieronim Retinger
(* 17. April 1888 in Krakau; † 12. Juni 1960 in London).

Im Jahre 1952 legte Retinger sein Amt als Generalsekretär der Europäischen Bewegung nieder und begann gemeinsam mit dem ehemaligen belgischen Premierminister Paul van Zeeland sowie Paul Rykens, dem damaligen Vorsitzenden von Unilever und vormaligen Berater der in London exilierten nieder-ländischen Regierung, Pläne für eine immer wiederkehrende Konferenz zu entwickeln. Als Vorsitzenden und Symbolfigur für diesen transatlantischen Dialog gewann Retinger, **Prinz Bernhard der Niederlande.**

Das eigentliche Ziel von Joseph Hieronim Retinger war es, mit Hilfe dieser geheimen Treffen Europa zu vereinen und eine Verständigung sowie Zusammenarbeit zwischen den USA und Europa einzuleiten.

Er wusste natürlich, dass dies nur möglich war, wenn er die mächtigsten Persönlichkeiten beider Seiten zunächst gemeinsam an einen Tisch brachte, um dann zu versuchen, sie möglichst auf ein einheitliches Ziel zu konzentrieren. Die Elite schien ihn zu mögen, weil sein Verstand messerscharf war und er enorm viele Ideen hatte, welche den hohen Herren anscheinend gefallen haben.

Das Treffen sollte eine internationale Versammlung sein, welche jedoch unabhängig von jeder Nationalität, Regierung und politischen Partei agiert. Jeder Teilnehmer sollte als Privatperson vor Ort sein und daher nicht als Repräsentant eines Landes oder einer Regierung fungieren. Sozusagen ein privates Treffen der Mächtigsten unter neutralen Bedingungen.

Der ursprüngliche Plan Retingers war es, mit Hilfe dieser Treffen dafür zu sorgen, dass die mächtigsten Persönlichkeiten der westlichen Welt beginnen, gemeinsam an einem Strang zu ziehen, damit auf diesem Wege Spannungen und Missverständnisse untereinander gelöst werden konnten. Er dachte sich, wenn die Mächtigsten unter neutralen Umständen an einem Ort versammelt sind und somit offen und ehrlich in lockerer Atmosphäre miteinander reden konnten, dass es dann weniger Probleme unter der Elite geben würde. Ein jeder von ihnen sollte als Privatperson erscheinen und somit offen und ehrlich dem anderen seine persönliche Meinung sagen können, ohne irgendwelche politischen Konsequenzen deswegen erwarten zu müssen. Zudem sollten während der dreitägigen Treffen gemeinsame Pläne geschmiedet werden, die dem Wohl aller Menschen dienen sollten!

Joseph Retinger hatte also ursprünglich einmal genau das Gegenteil von dem gewollt, was mit der Zeit aus diesen Treffen geworden ist. Gute Absichten, grausame Folgen... Das Fatale an diesen Treffen war nämlich, dass diese Elite zwar im Laufe der Zeit anfing, gemeinsame Interessen zu entwickeln, und somit auch ihre Zusammenarbeit begann, doch hatten nur die wenigsten von ihnen solche ehrenvollen Ziele, wie sie sich Retinger ursprünglich einmal gedacht hatte, vor Augen.

Im Gegenteil, es war jetzt so, dass durch diese Treffen, wo so viel Macht konzentriert war, ein gigantisches, nicht aufzuhaltendes Monster entstand…

Wirklich überraschend war dies rückblickend betrachtet jedoch nicht. Wenn sich einmal im Jahr für jeweils drei Tage die Führungselite zu einem „Kaffeekränzchen" versammelte, um sich gegenseitig auszutauschen und gemeinsame Pläne zu schmieden, konnte einfach nichts Gutes daraus entstehen. Vielleicht war Retinger trotz seines brillanten Verstandes einfach zu blauäugig gewesen und hatte zu sehr an das Gute im Menschen geglaubt.

Im Laufe der Jahre hat sich natürlich einiges geändert. Mittlerweile kann man wohl eher behaupten, dass dieses Treffen wirklich nur noch ausschließlich dazu dient, um die gemeinsamen Interessen und Ziele der höchsten Elite umzusetzen.

Die Kontrolle über die Welt!

Allgemein wird sowieso davon ausgegangen, dass neben der festen Stammbesetzung der Bilderberger nur noch solche Personen eingeladen werden, welche ihre Loyalität für die Elite bereits zur Genüge unter Beweis gestellt haben. Und wie Sie sich sicher vorstellen können, sind das nicht gerade wenige.

Für gewöhnlich nehmen rund 130 Personen teil, wobei eine Besonderheit erkennbar wird:

- *Zwei Drittel stammen aus Westeuropa, ein Drittel aus Nordamerika.*

- *Etwa zwei Drittel der geladenen Teilnehmer kommen aus dem Finanzsektor, der Industrie, Hochschulen und Medien.*

- *Etwa ein Drittel aus Regierungen oder politischen Institutionen.*

Zum engsten Kreis der Teilnehmer
gehören seit Beginn die englischen, belgischen und niederländischen Königshäuser, Bankiers sowie die politischen und militärischen Strategen des nordatlantischen Bündnisses.

Die Teilnehmer an den jährlich stattfindenden Bilderberg-Konferenzen müssen „einflussreich und allgemein respektiert sein sowie über Wissen als auch reichlich Erfahrung" verfügen, um durch ihre „persönlichen Kontakte und ihren Einfluss in nationalen wie internationalen Kreisen den von Bilderberg gesetzten Zielen" genügen zu können.

Die Teilnehmer müssen von großer Offenheit sein und dürfen keine nationalen Überzeugungen vertreten, jedoch die westlichen kulturellen und ethischen Werte teilen, um so dem Ziel, so viele Personen wie möglich aus den verschiedensten Kreisen zu erreichen, entsprechen zu können. Personen, die diese Ziele nicht unterstützen wollten oder aus denen kein Nutzen mehr gezogen werden konnte, bekamen einfach keine Einladung mehr. **So einfach ist das!**

Von 1954 bis 2019 fanden über 60 Konferenzen statt. Bis 1957 wurden zwei Treffen pro Jahr abgehalten, seitdem nur noch eines. 1960 wurde der Name von Bilderberg-Gruppe zu Bilderberg-Konferenz geändert. Durchschnittlich findet jede vierte Konferenz in Nordamerika statt, um den US-amerikanischen und kanadischen Teilnehmern entgegenzukommen.

- *Seit 1954 besuchten die Konferenz ca. 2.500 Personen.*
- *Sie kamen aus etwa 28 Staaten und gehörten etwa 15 internationalen Organisationen an.*
- *Seit 1972 nehmen auch Frauen an den Veranstaltungen teil.*

Hans Jürgen Krysmanski, Vertreter der Power Structure Research, kritisiert, dass man über die Bilderberger, ähnlich wie über andere Begegnungen von Reichen und Mächtigen, so gut wie nichts wisse, während etwa Hartz-IV-Empfänger einer ständigen Kontrolle der Ämter und einer begleitenden Sozialforschung unterworfen seien. Dabei seien diese es, die wirklich die Macht in den Händen halten!

Die Bilderberger/Rothschilds wollen in erster Linie nur eines erschaffen…

„eine vollkommen neue Weltordnung",
welche von einer einheitlichen „Superregierung", bestehend aus der Elite dieser Welt, geleitet wird.

„Von sich selbst!"

Die Ziele der Bilderberger

- *Die Bildung einer globalen Weltregierung*

- *Zentrale Steuerung von so genannten Bevölkerungsreduktionsprogrammen (Bsp. Tötung von Teilen der Bevölkerung durch Verbreitung von neuen Erkrankungen)*

- *Zunehmende Entrechtung der Weltbevölkerung*

- *Zunehmende Verringerung privater Rechte*

- *Förderung multinationaler Monopole und Konzerne*

- *Einführung einer einheitlichen digitalen Währungen*

- *Zunehmende Verknappung von Geldmitteln*

- *Kontrolle über jegliche Medien*

- *Einflussnahme auf das globale Wetter*

- *Mind-Control über Funkwellen (HAARP)*

- *Implantierte RFID-Transponder (Chips)*

Reale Auswirkungen der Treffen

- *Die Ölkrise 1973*, *mit der angeblich Währung und Wirtschaft der USA gestützt werden sollten. Die künstliche Verknappung des Rohöls soll auf der Konferenz von 1973 in Saltsjöbaden beschlossen worden sein.*

- *Die deutsche Wiedervereinigung von 1990; angeblich „beschlossene Sache" nach der Konferenz 1988 in Telfs-Buchen, zu der auch der damalige Kanzler Helmut Kohl eingeladen worden war.*

- *Den Irakkrieg von 2003, der dadurch ermöglicht worden sei, dass die nach den Terroranschlägen vom 11. September 2001 ursprünglich Osama bin Laden geltende Aggression der westlichen Welt gezielt auf den insofern unbeteiligten irakischen Diktator Saddam Hussein umgelenkt wurde.*

- *1991 nahm Bill Clinton, damals noch Gouverneur von Arkansas, an der Konferenz teil und soll dort auf das Projekt des nordamerikanischen Freihandels-abkommens eingeschworen worden sein. Er habe Unterstützung zugesagt!*

Die BRD-Verschwörung

Deutschland ist seit dem Ende des Zweiten Weltkriegs kein souveräner Staat mehr, sondern ein militärisch besetztes Gebiet der alliierten Streitkräfte.

**"Mit Wirkung vom 12.09.1944
wurde Deutschland durch die
Hauptsiegermacht USA
beschlagnahmt!"**

Die BRD ist und war nie ein Staat – weder de jure noch de facto und zu keinem Zeitpunkt völkerrechtlich anerkannt. Die BRD ist ein Verwalter ohne jegliche Befugnisse. Seit 1990 agiert sie als Finanzverwalter GmbH im Auftrag der alliierten Siegermächte.

Auch wenn das Thema zunächst als sehr trocken, kompliziert und verrückt erscheinen mag, so ist der Kerngedanke dahinter gar nicht mal so kompliziert und verrückt. Deutschland war massiv am Ersten Weltkrieg beteiligt, den Zweiten haben wir begonnen und zugleich auch verloren. Glaubst du nun wirklich, dass die Siegermächte das von ihnen besiegte und eroberte Land jemals grundlos einfach so wieder freigeben?

Insbesondere wenn von dem Besiegten aufgrund der beiden vorherigen Erfahrungen eine vermeintlich beständige, potentielle erneute Bedrohung ausgeht und zudem wohl nie ein offizieller sowie rechtlich geltender Friedensvertrag entstanden ist?

Ich denke nicht!

"Wäre es für die Siegermächte nicht viel klüger, das Land beständig besetzt zu halten und ihm nur genauso viele Rechte einzugestehen, dass man es zwar weiterhin konstant profitabel ausnutzen sowie aussaugen kann, es aber gleichzeitig so sehr kastriert und einschränkt, dass es eben auf ewig dazu verdammt ist, eine sich beständig, neu auffüllende Blutbank für gierige Vampire zu spielen?"

Schauen wir uns diesbezüglich doch einmal ein paar Aussagen bekannter Persönlichkeiten an:

- **Wolfgang Schäuble:** „Deutschland ist seit dem 08.05.1945 zu keinem Zeitpunkt mehr voll souverän!"

- **Carlo Schmid:** „Wir haben keinen STAAT zu errichten!" und „Die Bundesrepublik ist ein ‚Staatsfragment', und das Grundgesetz lediglich ein Provisorium, und somit keine Verfassung. Deutschland ist 1945 rechtlich nicht untergegangen!"

- **Sigmar Gabriel:** „Frau Merkel ist überhaupt keine Bundeskanzlerin, sondern Geschäftsführerin einer neuen Nichtregierungsorganisation in Deutschland!"

- **Gregor Gysi:** „Ich darf mal eine Frage stellen... Das Besatzungsstatut gilt noch immer! Wir haben aber nicht das Jahr 1945, sondern 2013. Wann können wir das mal aufheben?"

-Interviewpartner: „Welches Besatzungsstatut?"

-Gregor Gysi: „Für die Vereinigten Staaten von Amerika, das Vereinigte Königreich von Großbritannien, Nordirland und die Republik Frankreich. Und ich finde, ich mag ja diese drei Länder, aber dass sie uns besetzen, könnten wir doch mal beenden, oder?"

-Gregor Gysi: „Ich muss folgendes ganz kurz sagen: 1955 wurde das Besatzungsstatut lediglich formal aufgehoben, weil Adenauer die Leute natürlich glauben lassen wollte: ‚Wir sind nicht mehr besetzt!'"

- **Barack Obama:** „Deutschland ist ein besetztes Land und wird es auch bleiben!"

- **James George Stavridis:** „Dem trotteligen Besatzungsdeutschen wird zwar ständig eingetrichtert, die Bundesrepublik sei mit dem 2+4-Vertrag souverän geworden, aber das ist falsch!"

- **Konrad Adenauer:** „(Über das Grundgesetz als von den Siegermächten diktiertes Provisorium zur Aufrechterhaltung der Grundordnung...) , Wir sind keine Mandanten des Volkes, wir haben den Auftrag von den Alliierten!'"

- **Wladimir Putin:** „Mit deutlicher Anspielung auf den Satz von Bundeskanzlerin Angela Merkel, wonach Europa sein Schicksal selbst in die Hand nehmen müsse, stellte der russische Staatschef klar: ‚Ich will niemanden beleidigen, aber das, was Frau Merkel sagte, wurde unter anderem vom langen angestauten Ärger wegen der Tatsache diktiert, dass die Souveränität in der Tat beschränkt ist!'"

- **Willy Brandt:** „Dieses Grundgesetz haben uns die Amerikaner, um es vorsichtig zu sagen, anempfohlen. Man könnte auch sagen, auferlegt!"

- **Jürgen Trittin:** „Deutschland ist eine Firma!"

- **Horst Seehofer:** „Diejenigen, die entscheiden, sind nicht gewählt, und diejenigen, die gewählt werden, haben nichts zu entscheiden!"

- **Theo Waigel:** „Das Deutsche Reich (bitte nicht mit dem Dritten Reich verwechseln) ist nie untergegangen!"

- **Egon Bahr:** „Von Konrad Adenauer bis Helmut Kohl waren alle Bundeskanzler inoffizielle Mitarbeiter des CIA!"

- **Generalmajor a.D. Gert-Helmut Komossa:** „Der geheime Staatsvertrag vom 21. Mai 1949 wurde vom Bundes-nachrichtendienst unter ,strengste Vertraulichkeit' eingestuft. In ihm wurden grundlegende Vorbehalte der Sieger für die Souveränität der Bundesrepublik bis zum Jahr 2099 festgeschrieben, was heute wohl kaum jemanden bewusst sein dürfte. Danach wurde einmal der ,Medienvorbehalt der alliierten Mächte über deutsche Zeitungs- und Rundfunkmedien' bis zum Jahr 2099 fixiert.

Zum anderen wurde geregelt, dass jeder
Bundeskanzler Deutschlands vor Ablegung
des Amtseides die sogenannte ‚Kanzlerakte'
zu unterschreiben hatte. Darüber hinaus bleiben
die Goldreserven der Bundesrepublik durch die
Alliierten gepfändet."

Michael Mross schrieb dazu am 23.10.2012:
„Trotz des Buches von Komossa galt die Kanzlerakte
immer noch als Hirngespinst von irgendwelchen
Kritikern. Was dabei aber völlig ignoriert wurde,
ist die Tatsache, dass selbst das Wochenmagazin ZEIT
in einem ausführlichen Artikel darüber berichtete.

Es ging dabei um die Tatsache,
dass **alle** Bundeskanzler einen geheimen ,

Unterwerfungsbrief' unterschreiben **müssen!**
Nur einer wehrte sich zunächst: Willi Brandt.

Zu Beginn seiner Amtszeit im Herbst 1969 wollte
der frisch gewählte Bundeskanzler Willy Brandt
ein Schreiben an die drei westlichen Siegermächte
zunächst nicht unterschreiben, indem er die
eingeschränkte Souveränität der Bundesrepublik
Deutschland ausdrücklich bestätigen sollte.

Dies berichtete Egon Bahr, unter Brandt Staatssekretär
im Kanzleramt, am 8.9.2009 in der Serie:

‚MEIN DEUTSCHLAND (Teil 9):
Drei Briefe und ein Staatsgeheimnis'
in DIE ZEIT Nr. 21.

An der Realität der ‚Kanzlerakte' kann es daher
keinen Zweifel geben. Wenn dem so ist, dann wäre

es durchaus möglich, dass die Pfändung des deutschen Goldes durch die Alliierten immer noch Bestand hat. Deshalb ist es umso wichtiger, darüber nun Klarheit herzustellen."

- **Egon Bahr:** „Brandt war empört, dass man von ihm verlangte, ‚einen solchen Unterwerfungsbrief' zu unterschreiben. Schließlich sei er zum Bundeskanzler gewählt und seinem Amtseid verpflichtet. Die Botschafter könnten ihn wohl kaum absetzen! Doch da musste er sich belehren lassen, dass Konrad Adenauer diesen Brief unterschrieben hatte und danach Ludwig Erhardt und danach Kurt-Georg Kiesinger. Dass aus den Militärgouverneuren inzwischen hohe Kommissare geworden waren und nach dem sogenannten Deutschlandvertrag nebst Beitritt zur NATO 1955 die deutsche Souveränität verkündet worden war, änderte daran nichts. Also habe ich auch unterschrieben."

- **Josef Foschepoth:** „Richtig ist, dass die Vorbehaltsrechte abgelöst wurden. Falsch ist jedoch der Eindruck, als seien sie ersatzlos aufgehoben. Längst waren die gleichen Überwachungsrechte im Zusatzvertrag zum NATO-Truppenstatut und anderen geheimen Vereinbarungen festgeschrieben worden, die bis heute noch gültig sind. Hierzu zählt vor allem die geheime Verwaltungsvereinbarung, die die Bundesregierung 1968 abschließen musste, um die formelle Ablösung der alliierten Vorbehaltsrechte überhaupt zu erreichen.

Aus Siegerrecht wurde Besatzungsrecht,
aus Besatzungsrecht Vorbehaltsrecht, aus
Vorbehaltsrecht Vertragsrecht, aus Vertragsrecht
deutsches Recht und Verfassungsrecht."

- **Josef Foschepoth:** „Sämtliche Verträge
  und Vereinbarungen, sämtliche Gesetze
  und Verfassungsänderungen, die Grundlage für
  die Fortführung der alliierten Kontrollen waren
  und sind, wurden weder geändert noch gekündigt,
  sondern gelten bis heute unverändert fort, so die
  deutsch-alliierten Verwaltungsvereinbarung zum
  G10-Gesetz von 1968."

- **Josef Foschepoth:** „Als die SPD 1990 im
  Bundestag wissen wollte, auf welcher Rechts-
  grundlage die Special Forces der Amerikaner
  in Deutschland jetzt arbeiteten, bekam sie vom
  Staatsminister im Auswärtigen Amt zu hören:
  ‚auf dem Aufenthaltsvertrag von 1954 und dem
  Zusatzabkommen zum NATO-Truppenstatut.'
  Das alliierte Recht zur Überwachung des Post-
  und Fernmeldeverkehrs ist weder in der
  alten noch der neuen Bundesrepublik
  außer Kraft gesetzt worden!"

Entgegen allen Sonntagsreden von Politikern und
feierlichen Erklärungen der Bundesregierung ist die
BRD auch heute nicht souverän und noch immer das,
was sie nach dem Willen der Siegermächte seit ihrer
Gründung sein sollte:

„Ein besatzungsrechtliches Provisorium!"

Die Anweisungen und Gesetze der Alliierten haben entsprechend Artikel 2 der Vereinbarung vom 27./28. September 1990 zu dem Vertrag über Beziehungen zwischen der Bundesrepublik Deutschland und den drei Siegermächten sowie zu dem Vertrag zur Regelung aus Krieg und Besatzung entstandener Fragen in der angeblich souveränen BRD **auch heute noch immer Gültigkeit!**

Darin wurde festgeschrieben: Alle Rechte und Verpflichtungen, die durch gesetzgeberische, gerichtliche oder Verwaltungsmaßnahmen der Besatzungsbehörden oder aufgrund solcher Maßnahmen begründet oder festgestellt worden sind, sind und bleiben in jeder Hinsicht nach deutschem Recht in Kraft, ohne Rücksicht darauf, ob sie in Übereinstimmung mit anderen Rechts-vorschriften begründet oder festgestellt worden sind.

Diese Rechte und Verpflichtungen unterliegen ohne Diskriminierung denselben künftigen gesetzgeberischen, gerichtlichen und Verwaltungsmaßnahmen wie gleichartige nach innerstaatlichem deutschen Recht begründete oder festgestellte Rechte und Verpflichtungen.

Also hat sich am Nachkriegsprovisorium Bundesrepublik Deutschland auch durch den Anschluss der DDR an die BRD nichts geändert!

Denn wenn diese nun ab 1990 ebenfalls unter besatzungsrechtlichem Kuratel der Siegermächte steht, haben die Deutschen keinen souveränen Staat vor sich;

also kann hierdurch die jetzige BRD weiterhin nur ein **„temporäres Nachkriegskonstrukt"** sein!

Mensch oder Person?

Vielen Menschen
(wir sind Menschen und keine Personen)
ist der Unterschied diesbezüglich nicht ganz bewusst...

Gemäß § 1 BGB (Bürgerliches Gesetzbuch) erfolgt die Rechtsfähigkeit des Menschen mit der Geburt. Wir werden somit mit allen Menschenrechten geboren, aber durch die Anmeldung des Kindes und der Ausstellung der Geburtsurkunde haben Vater und Mutter das Kind unbewusst zur Person und damit rechtlos gemacht. Das wissen Vater und Mutter selbstverständlich nicht, **denn das sagt man ihnen nicht!**

Sobald die Geburtsurkunde vorliegt, wird nicht mehr vom Menschen gesprochen, wie in § 1 BGB, sondern von der Person des Kindes, siehe § 11 BGB.

**„Mensch = alle Menschenrechte
Person = rechtlos"**

Gemäß Art. 10 EGBGB hat der Staat
(kann nur das Deutsche Reich 1871-1918 sein, da die BRD 1949 von den Besatzungsmächten gegründet wurde und die können keinen Staat auf besetztem Gebiet gründen – siehe auch Art. 133 GG)
nun das Recht an dem Namen des Kindes, daher steht später (ab 16 Jahre) im Personalausweis und im Reisepass auch **NAME statt Familienname**, obwohl § 5 Personalausweisgesetz den Familiennamen vorschreibt.

Ein Schelm, der Böses dabei denkt ;)

219

Als juristische Person,
werden wir zur Sache und rechtlos gemacht!
(siehe hierzu § 28 Personalausweisverordnung).

Mit der Beantragung des Personalausweises
stimmt man seiner Rechtlosigkeit weiter zu, indem
man sich der freiwilligen Gerichtsbarkeit unterwirft,
d.h. der Richter/die Richterin kann im Grunde das
Gesetz so auslegen, dass es für eine Verurteilung
passt, auch wenn man Beweisanträge vorlegen kann,
dass die Unschuld oder die Schuld des Beklagten
beweist.

Info: „Gemäß der Anweisung der
Besatzungsmächte genügt ein Reisepass!"

Auf Grund dessen, dass Sie der freiwilligen
Gerichtsbarkeit (Gesetz über die Angelegenheiten
der freiwilligen Gerichtsbarkeit – FGG) mit Ihrer
Unterschrift am Display **(unterschreiben Sie niemals am
Display)** zugestimmt haben, können die Richter/innen
mit Ihnen machen, was Sie wollen.

Daher erkennen Sie niemals die Person
(Vorname, Name) an, sondern sagen Sie immer,
dass Sie der Mensch... „Ihr Vorname aus der Familie
Ihr Nachname"... sind.

Lassen Sie sich auch niemals auf den Sachverhalt
ein und diskutieren Sie niemals mit dem Richter,
da die Richter/innen dies sofort als Verhandlung
werten.

Wiederholen Sie nur, dass Sie der Mensch (XY) sind und nicht die Treuhänderschaft oder die Haftung für die Person übernehmen, da gemäß Art. 10 EGBGB der Staat das Recht an dem Namen hat, Sie aber nur der Begünstigte sind, z.b. an dem Auto der Person, denn Sie haben es ja schließlich bezahlt.

Die juristische Person per Antrag

Mit der Vollendung des 16. Lebensjahres „muss" man einen Ausweis (Personalausweis) beantragen (Ausweispflicht), sagt Ihnen (fast) jeder Mitarbeiter des Einwohnermeldeamtes. Das stimmt jedoch nicht, wie bereits zuvor erwähnt.

Früher, also vor der Nazi-Diktatur, beantragte man übrigens einen Personenausweis, denn er sollte ja die Person ausweisen und nicht das Personal. Die Änderung von Personenausweis in Personalausweis wurde in der Nazi-Diktatur Adolf Hitlers mit der Änderung des § 1 RuStAG zum 05. Februar 1934 vollzogen. Gleichzeitig wurde die Bundesstaaten-Staatsangehörigkeit, z.B. Königreich Sachsen, Königreich Bayern, Königreich Preußen, etc., in Staatsangehörigkeit **„deutsch"** umgewandelt.

Die Anwendung von nationalsozialistischem Recht wurde zwar durch das Militär-regierungsgesetz für Deutschland, auch **SHAEF-Gesetz** genannt, unter Strafe verboten, aber es wird immer noch angewandt. So wie viele andere Gesetze der Nazi-Diktatur.

- *Welche Eigentumsrechte hat man?*

- *Ist mein Kfz mein Eigentum oder mein Besitz?*

- *Bin ich Immobilieneigentümer Oder nur Immobilienbesitzer?*

Beim Kfz ist es eindeutig, denn dort steht auf der ersten Seite des Fahrzeugscheins (Zulassungsbescheinigung Teil 1) ganz unten sehr klein geschrieben unter dem Punkt C.4c:

„Der Inhaber der Zulassungsbescheinigung wird nicht als Eigentümer des Fahrzeugs ausgewiesen".

Diese europäische Richtlinie 2003/127/EG der Kommission vom 23. Dezember 2003 heißt jedoch ganz anders, nämlich:

„Der Inhaber der Zulassungsbescheinigung wird nicht als Halter des Fahrzeugs ausgewiesen".

Warum ist das bei uns in Deutschland anders…?

Ganz einfach, da wir als juristische Personen Sachen sind, können wir keine Eigentumsrechte haben, sondern nur Besitzrechte, da wir die Verfügungsgewalt haben.

Kann eine Person somit Eigentumsrechte An einer Immobilie haben?

Wie sollte das möglich sein? Wohnrecht (Nießbrauch) ist bei Zwangsversteigerung weg: Ein Paradebeispiel für die Rechtlosigkeit der Person = juristischen Person ist das Nießbrauchrecht. Haben die Eltern die Immobilie den Kindern oder Dritten übertragen

222

und sich ein lebenslanges Wohnrecht oder den Nießbrauch in Form der Mieteinnahmen bis zum Lebensende gesichert, so ist dieses Nießbrauchrecht gemäß § 1059 BGB nicht übertragbar. Es kann aber freiwillig vom Nießbrauchinhaber übertragen werden, jedoch nicht per Zwang.

Bei juristischen Personen (jede Person mit Personalausweis) kann gemäß § 1059a BGB dieses Nießbrauchrecht bei einer Zwangsversteigerung an den neuen Besitzer übertragen werden. Sicher ist nur der Mensch vor solchen Machenschaften, also sollte man schleunigst seinen Personalausweis abgeben (der macht jeden rechtlos) und sich per Willens-erklärung als Mensch, Mann oder Weib, lebend aus Fleisch und Blut, erklären.

Die Lebenderklärung geht aus dem römischen Recht (von dem man sieben Jahre nichts hörte, galt als tot und verlor sein Eigentum) hervor, das hier auch einmal galt und anscheinend noch gilt, denn es wird von den Herrschern oder Besatzern vermutlich auf uns angewandt.

Übereinkommen über die Rechtsstellung der Staatenlosen vom 28. September 1954, BGBl. 1976 II S. 474 **Artikel 1 Definition des Begriffs „Staatenloser:"**

Im Sinne dieses Übereinkommens ist ein „Staatenloser" eine Person, die kein Staat auf Grund seines Rechtes als Staatsangehörigen ansieht.

Artikel 27 Personalausweise:

Die Vertragsstaaten stellen jedem Staatenlosen,
der sich in ihrem Hoheitsgebiet befindet und keinen
gültigen Reiseausweis besitzt, einen Personalausweis
aus.

Fast jeder von uns hat einen eigenen Personalausweis.
Doch wohl nur die wenigsten verstehen seine wahre
Bedeutung. Schauen wir uns diesen einmal etwas
genauer an. So entdeckt man durchaus ein paar
Kriterien, die uns stutzig werden lassen sollten.

Zum einen wäre da der Begriff **(Personal)**ausweis,
welcher doch sehr stark an ein Unternehmen erinnert
und, anders als bei einem Personenausweis, einen
bitteren Beigeschmack mit sich bringt. Dann wäre
da noch der seltsam anmutende Umstand, dass sowohl
Vor- als auch Nachname komplett großgeschrieben
dargestellt werden, obwohl dies im Widerspruch zur
deutschen Rechtschreibung steht.

DENNIS LADENER > Falsch
Dennis Ladener > Richtig

Die Schreibweise des Namens sagt vieles über die
Rechte einer Person aus. Wenn Vor- sowie Nachname
komplett großgeschrieben sind, bedeutet dies, dass der
Mensch im Grunde keine Rechte hat. Er ist nicht mehr
frei, sondern lebt in Knechtschaft als Sklave.

Der wohl kurioseste Punkt an der ganzen Geschichte
ist, dass bei der Angabe der Staatsangehörigkeit
ebenfalls komplett großgeschrieben lediglich
„DEUTSCH" angegeben wird.

Und das, obwohl jedem von uns klar sein sollte,
dass deutsch eine Sprache ist und kein Staat.
Zumal deutsch eine Sprache ist, welche nicht
ausschließlich nur innerhalb Deutschlands
gesprochen wird.

**Schauen wir in diesem Zusammenhang einmal
in das Handelsregister des Amtsgerichts
Frankfurt/Main:**

So entdecken wir, dass am 29. August 1990 die
Bundesrepublik Deutschland Finanzagentur GmbH
unter der Nummer HRB 51411 eingetragen wurde.
Dies lässt sehr stark vermuten, dass die BRD
überhaupt kein Staat ist, sondern eine **GmbH,** was
auch erklärt, weshalb bei der Staatsangehörigkeit auf
unseren (Personal)ausweisen lediglich **„DEUTSCH"**
angegeben ist. Zudem würde dies auch erklären,
weshalb wir überhaupt solche Ausweise besitzen,
obwohl diese für Menschen ohne Staatsangehörigkeit
vorgesehen sind.

**Im Grundgesetz in Artikel 116 steht
folgendes geschrieben:**

*„Deutscher im Sinne dieses Grundgesetzes ist,
vorbehaltlich anderweitiger gesetzlicher Regelung,
wer die deutsche Staatsangehörigkeit besitzt, oder
als Flüchtling oder Vertriebener deutscher
Volkszugehörigkeit, oder als dessen Ehegatte oder
Abkömmling in dem Gebiete des Deutschen Reiches
nach dem Stande vom 31. Dezember 1937, Aufnahme
gefunden hat."*

**„Hierbei muss jedoch dringend bedacht werden,
dass mit dem *Deutschen Reich <u>nicht</u> das
Dritte Reich von Adolf Hitler gemeint ist!
Dieses kam erst wesentlich später…
Seltsamerweise scheint das kaum noch jemand
vernünftig unterscheiden zu können."**

*Deutsches Reich war der Name des deutschen
Nationalstaates in den Jahren zwischen 1871 und 1945
und zugleich auch die staatsrechtliche Bezeichnung
Deutschlands.

Deutscher im Sinne des Grundgesetzes ist also
derjenige, welcher die deutsche Staats-angehörigkeit
BESITZT.

Und genau hier liegt das Problem. Denn nur, weil Sie
einen Personalausweis Ihr Eigen nennen, auf welchem
die Staatsangehörigkeit DEUTSCH angegeben ist,
heißt das noch lange nicht, dass Sie somit auch
automatisch die deutsche Staatsangehörigkeit
tatsächlich besitzen.

„Die BRD ist eine Firma und wir sind ihr Personal.
Und da eine Firma kein Staat sein kann, bringt es auch
nichts, auf die angegebene Staatsangehörigkeit
DEUTSCH des (Personal)ausweises zu verweisen."

BRD GmbH > Kein Staat
DEUTSCH > Kein Staat

Doch wie konnte es überhaupt zu dieser Misere
kommen?

Die BRD ist ein künstlich konstruiertes Gebilde, welches nach dem Krieg eingeführt wurde, um das Deutsche Reich für einen gewissen Zeitraum zu verwalten!

Auch wenn uns das **Grundgesetz** oftmals als Verfassung der BRD verkauft wird, so fehlt diesem dazu doch ein entscheidendes Merkmal. Nämlich die

Legitimierung / Abstimmung sowie Annahme durch das deutsche Volk! Artikel 146 Grundgesetz:

„Das Grundgesetz, welches nach Vollendung der Einheit und Freiheit Deutschlands für das gesamte deutsche Volk gilt, verliert seine Gültigkeit an dem Tag, an dem eine Verfassung in Kraft tritt, die von dem deutschen Volke in freier Entscheidung beschlossen worden ist."

„Das aktuell bestehende Grundgesetz ist lediglich ein vorläufiges Instrumentarium der Siegermächte des Zweiten Weltkrieges – Sowjetunion, USA, Großbritannien und Frankreich."

Eine neue und vom Volk abgesegnete Verfassung (Artikel 146 Grundgesetz) würde diesen allerdings ganz schön sauer aufstoßen, da es ihnen so kaum noch möglich wäre, uns weiterhin so einfach zu manipulieren, kontrollieren sowie zu unterdrücken.

Das Urteil des Bundesverfassungsgerichts bestätigt zudem das weitere Fortbestehen des Deutschen Reiches, da dieses niemals aufgehört hat zu existieren. Weil nach Völkerrecht ein Staat nicht vernichtet wird, nur weil seine Streitkräfte und er selbst militärisch niedergeworfen sind!

„Das Deutsche Reich besitzt also weiterhin Rechtsfähigkeit, ist allerdings als Staat mangels Organisation nicht handlungsfähig!"

Die wahren Probleme unserer Staatenlosigkeit liegen jedoch noch viel tiefer verborgen. Zum einen ist nach dem Krieg niemals ein offiziell anerkannter Friedensvertrag entstanden, was bedeutet, dass Deutschland auch weiterhin noch ein besetztes Land bleiben wird, und zum anderen wird dieser auch niemals entstehen können, da allein das Deutsche Reich und dessen Bürger das Recht dazu besitzen, einen Friedensvertrag auszuhandeln.

Damit die Blutbank BRD allerdings weiterhin ihren Platz behalten konnte, hatte man sich überlegt, die Staatsangehörigkeit des Deutschen Reiches den Bürgern zu entziehen bzw. es so zu handhaben, dass diese sich ihre Staatsangehörigkeit nun selbstständig organisieren mussten.

Der Staatsangehörigkeitsausweis ist ein amtliches Dokument, das den Besitz der deutschen Staatsangehörigkeit mit urkundlicher Beweiskraft dokumentiert.

Mit einem solchen Ausweis ist die Staatsangehörigkeit verbindlich nachgewiesen.
Weil jedoch viele Menschen, damals wie heute,

nichts von diesen ganzen Zusammenhängen
verstanden hatten, geschah es somit ganz schnell,
dass die Reichsbürger kaum noch vorhanden
waren und die Mehrheit immer mehr und mehr
aus staatenlosem Personal bestand und auch heute
noch besteht.

4. Abschnitt

Die AIDS-Lüge

Im Jahr 1983 isolierte eine Forschergruppe unter
Leitung des Virologen Prof. Dr. Luc Montagnier einen
vermutlichen Virus, den sie „Lymphadenopathie-
assoziiertes Virus" (LAV) nannten. Erst ein halbes
Jahr später kam der amerikanische Arzt Dr. Robert
Gallo auf die Idee, den nun in HIV umbenannten
Virus mit dem Krankheitsbild AIDS in Verbindung
zu setzen.

**Dieser Virus sollte fortan für den Ausbruch
des Immundefektsyndroms AIDS („Acquired
Immune Deficiency Syndrome") verantwortlich
sein.**

Als Dr. Gallo seine hypothetische Idee auf einer
Pressekonferenz vorstellte, löste das eine
weitreichende Welle in den Medien aus, in der
HIV als Verursacher für **AIDS** als sichere Tatsache
proklamiert wurde.

**„Aus dem vermutlichen Virus wurde
schlichtweg ein sicherer Erreger kreiert."**

„Später wurde Dr. Robert Gallo des beruflichen
Fehlverhaltens beschuldigt, da sein patentierter
HIV-Test, der seit 1984 weltweit zum Einsatz in
der medizinischen Versorgung kam, sich als nicht
funktionsfähig erwies und mit betrügerischen Motiven
in Verbindung gesetzt wurde."

Er wurde 1992 vom „Office of Research Integrity"
des Nationalen Gesundheitsinstituts von Amerika
(„National Institute of Health") wegen
wissenschaftlichen Betrugs für schuldig befunden.

**Zu diesem Zeitpunkt war jedoch bereits längst
bekannt, dass Gallo wissenschaftliche Fakten zu
seinem eigenen Vorteil mehrfach verzerrt,
fehlinterpretiert oder unterdrückt hatte.**

**„Die Verbreitung der Fehlinformationen um
HIV und AIDS ist keine zufällig entstandene
Entwicklung, sondern wurde aus den Rängen
der Medizin-, Pharma- und Wirtschaftslobby
bewusst und systematisch gesteuert!"**

Ein ehemaliger Journalist, der sich im PR-
Management behauptet hatte, erhielt die Aufgabe,
zentrale Kanäle mit Informationen und Geschichten
über die HIV- und AIDS-Thematik zu versorgen.

In einem Interview mit dem Nexus-Magazin
berichtet er unter dem Decknamen „Elli" in einer
erschütternden und äußerst klaren Weise über seine
ehemalige Funktion in der Streuung von
Fehlinformationen.

Was war Ihre Mission im Fall von Aids?

„Ich hatte verschiedene Aufgaben. Ich musste die Konzepte untermauern, dass HIV Aids erzeugt, dass HIV-Tests gültig sind und dass Aids einen eigenen Zustand darstellt, dem der zerstörerische Einfluss des HIV zugrunde liegt."

Glaubten Sie selbst an eines dieser Konzepte?

„Sie wissen doch, dass ich das nicht tat. Ich wusste, dass dies alles absolute Lügen waren. Aber als PR-Manager ging mich das nichts an."

Was haben Sie diesen vertraulichen Quellen erzählt?

„Ich sagte ihnen, ich hätte Insider-Informationen aus den Laboren, die die Hauptuntersuchungen zu Aids betrieben. Es war natürlich komplexer, aber das ist die Essenz. Zum Beispiel sagte ich ihnen, als Aids 1982 noch in den Kinderschuhen steckte, dass es sich definitiv rund um die Welt verbreiten würde, dass die Forscher sagten, es sei ‚das große Ding‘ und so weiter."

Sie wussten, dass dies eine Lüge war?

*„Ich wusste, dass Aids nicht mehr als ein Etikett war, unter dem alle möglichen Entartungen des Immunsystems zusammengefasst wurden, egal welche Ursache sie wirklich hatten. **Und keine von denen hatte etwas mit einem Virus namens HIV zu tun!**"*

233

„Letztendlich läuft doch alles auf die Tests hinaus.
Daran hält sich doch die sogenannte Wissenschaft
fest: ‚Wir haben einen Test. Dieser sagt aus, ob Sie
infiziert sind oder nicht. Falls Sie es sind, werden Sie
krank. Also müssen wir Ihnen Medikamente geben!

Diese Medikamente sind giftig, aber was soll's –
Sie werden eh sterben. Dies ist eine Messung, die über
jeden Zweifel erhaben ist.'

Alles fängt mit den Tests an. Die Leute sollen
glauben, dass die Tests akkurat sind und tatsächlich
etwas zu bedeuten haben.

Also werden Leute wie ich ins Spiel gebracht...

„…Verkauf es unter allen Umständen!"

Um das Geschäft mit der Krankheit AIDS
anzukurbeln, zeichnete man in den Medien bewusst
ein Schreckensbild der neuen „Seuche", dabei ging
man fast melodramatisch vor und zielte auf die
emotional-psychische Verfassung der Menschen ab,
um sie durch die Angst fügsam zu machen!

Niemand würde sich die Frage stellen, ob diese
Information der Wahrheit entsprach, weil eine
angstbasierte Thematik entweder gemieden wurde
oder sie die Gedankenwelt der Menschen so stark
in Anspruch nahm, dass sie den von „höherer"
Instanz empfohlenen Test machen mussten,
um sich Gewissheit und Erleichterung zu
verschaffen. **In dieser Weise wurde auch auf**
die Bevölkerung in Deutschland eingewirkt!

So widmete „Der Spiegel" beispielsweise seine 23.
Ausgabe mit dem Erscheinungsdatum am 6. Juni 1983
der HIV-AIDS-Thematik mit dem Titel:

„Aids: Eine Epidemie, die erst beginnt...":
„Die Homosexuellen-Seuche ‚Aids', eine tödliche
Abwehrschwäche, hat Europa erreicht. Mindestens
100 Deutsche sind bereits erkrankt, sechs in den
letzten Wochen gestorben. Die Ärzte sind ratlos: Über
die Ursache wird nur spekuliert, eine Behandlung gibt
es nicht...

„In den nächsten Jahren wird die Zahl
der plötzlichen ‚Aids'-Kranken schlagartig
dramatisch zunehmen!"

Im Jahr 1990 wurden bereits 0,3 % der
Weltbevölkerung (Altersstufe 15- bis 49-Jährige)
dem HIV-Test zufolge, der sich später als betrügerisch
erwies, als HIV-positiv und damit als AIDS-krank
eingestuft.

1998 gab es bereits einen Höchststand von 0,9 %,
da aller Wahrscheinlichkeit nach die Bekanntheit des
HIV-Tests flächendeckend vorgedrungen ist und sich
die Menschen vermehrt dem Test unterzogen haben.

Zwischen 2001 und 2014 blieben die Zahlen konstant
bei 0,8 %, was bedeutet, dass in diesem Zeitraum
weltweit etwa 35 Millionen Menschen für HIV-positiv
erklärt wurden.

„Der HIV-Virus wurde noch nie isoliert
und ist nicht die Ursache für AIDS!!!"

235

Eine Vielzahl von Immunschwäche-Erkrankungen fasste man unter HIV/AIDS zusammen und wandte dafür einen Test an, der sich später als betrügerisch erwies und wofür der Erfinder letzten Endes verurteilt wurde.

„Dieser Test wird immer noch durchgeführt!"

So berichtet der Internist und Sportmediziner Dr. Claus Köhnlein, dass er dieses Geschehen um 1983/84 aus nächster Nähe beobachten konnte, da er im Krankenhaus arbeitete und mitbekam, wie ein Patient, bei dem man ein Lymphkarzinom gefunden hatte, am Folgetag für **HIV-positiv** erklärt wurde.

Es ging offensichtlich nicht darum, die Ursache der Erkrankung zu finden und den Menschen zur Gesundheit zu führen, sondern man stieg einfach auf ein neues Verfahren um, das sich darin vielversprechend zeigte, den Patienten an eine lebenslange Therapie und Medikamenteneinnahme zu binden.

Aus diesem Grund fasste man einfach eine Vielzahl von Immunschwächeerkrankungen unter HIV/AIDS zusammen und wandte dafür einen Test an, der sich später als betrügerisch erwies und wofür der Erfinder letzten Endes verurteilt wurde.

„Bis zum heutigen Tag existieren keine wissenschaftlichen Beweise für den Zusammenhang zwischen dem gefundenen Virus HIV und AIDS."

Der Biochemiker und Nobelpreisträger Dr. Kary Mullis sagt dazu:

„Wenn es einen Beweis gäbe, dass HIV für den Ausbruch von AIDS verantwortlich ist, dann sollten wissenschaftliche Dokumente vorliegen, die entweder im Einzelnen oder Kollektiv diese Tatsache zumindest mit einer höheren Wahrscheinlichkeit demonstrieren. Solch ein Dokument existiert jedoch nicht...!"

Es ist nicht nur so, dass der Zusammenhang zwischen HIV und AIDS nicht bewiesen ist, erstaunlicherweise ist man in der Wissenschaft der Ansicht, dass das HIV-Virus überhaupt nicht existiert.

Dazu äußert der hochrangige Wissenschaftler Prof. Dr. Heinz Ludwig Sanger, Emeritus Professor der Molekularbiologie und Virologie am Max-Planck-Institut in München:

„Bis heute gibt es im Grunde genommen nicht einen einzigen bedeutenden und überzeugenden Beweis für die Existenz von HIV. Nicht ein einziges Mal wurde solch ein Retrovirus durch Methoden der klassischen Virologie isoliert und gereinigt!"

Dr. med. Ryke Geerd Hamer, ehemaliger Internist, Begründer der germanischen Medizin und Buchautor von „Aids: Die Krankheit, die es gar nicht gibt", weist ebenfalls auf den Sachverhalt hin,

dass niemals tatsächlich HIV-Viren bei AIDS-Patienten gefunden wurden!

Auch zeigt die AIDS-Erkrankung als „Virus-Infektion" keine typischen Symptome einer Virus-Erkrankung. Alle bisher medizinisch bekannten „Virus-Infektionen", wie beispielsweise Masern, Röteln oder Herpes, zeigen sich durch Hautveränderungen, sogenannte „Haut-Effloreszenzen". Bei AIDS kommt es weder zu irgendwelchen Hauterscheinungen, noch ist der typische Reaktionsprozess eines Virus am Körper zu beobachten.

Das heißt, dass es bisher nicht nur misslang, das angebliche Virus im Labor durch virologische Verfahren zu isolieren, sondern dass dieses scheinbare Virus auch in der Praxis am menschlichen Körper selbst keine Veränderung oder Erscheinung bewirkt, die auf eine Virus-Infektion hinweist.

„Doch, wenn es keinen Virus gibt, was verursacht dann die Symptomatiken, die man unter AIDS zusammengefasst hat?"

Es gibt kein definierendes, spezifisches AIDS-Symptom! Unter dem Begriff AIDS wird eine Vielzahl von unterschiedlichen immunologischen und nicht-immunologisch bedingten Fehlfunktionen des Körpers zusammengefasst, die jedoch einer differenzierteren Untersuchung bedürfen.

Die bislang angenommene Gemeinsamkeit des Immundefizits, dem AIDS seinen Namen verdankt

238

(Acquired Immune Deficiency Syndrome =
„erworbenes Immundefektsyndrom"), kann nicht als
definierend für das Krankheitsbild eingestuft werden.

Prof. Dr. Peter Duesberg, der Molekular- und
Zellbiologie am Department of Molecular & Cell
Biology der University of California, Berkeley lehrt,
fand in seinen Untersuchungen heraus, dass die für
AIDS-krank erklärten Patienten im europäischen
und amerikanischen Raum keine der 30 AIDS-
definierenden Erkrankungen gemeinsam haben.
Nicht einmal die Immunschwäche ließe sich bei allen
übereinstimmend auffinden.

Somit gibt es keine AIDS-spezifische Erkrankung!

**„Das Etikett AIDS" wurde von Anfang an als
Sammelbegriff eingeführt, worunter bereits
bestehende Erkrankungen einfach
zusammengefasst wurden.**

Weiterhin stellte Dr. Peter Duesberg gemeinsam mit
Prof. Dr. David Rasnick fest, dass die unter AIDS
zusammengefassten Symptome nicht, wie behauptet,
übertragbar sind. Das wird daran ersichtlich, dass nicht
ein einziger Gesundheitspfleger von den 800.000
AIDS-Patienten in Europa und Asien angesteckt
wurde oder an AIDS erkrankt ist. Zudem verbreitet
sich AIDS nicht exponentiell, wie es bei ansteckenden
Epidemie-Erkrankungen der Fall ist.

Dr. Ryke Geerd Hamer bezieht in seine Erläuterung
der AIDS-Symptomatik noch einen anderen
ganzheitlichen Ansatz ein, der die geistige

Komponente miteinbezieht. Seiner langjährigen Erfahrung und Forschungstätigkeit nach ist er der Ansicht, dass das HIV-Virus eine Verwechslung eines Antigen-Antikörper-Proteinbruchstücks darstellt und dieses im Blut der Patienten aufzufinden ist, weil bei ihnen eine Smegma-Allergie besteht.

Er ist der Ansicht, dass die beiden Forscher Montagnier und Gallo Smegma-Antikörper in Blutkonserven gefunden haben, die sie fälschlicherweise als Virus erkannten und HIV benannten.

Bei den AIDS-Betroffenen kommt es zu einer immunologischen Abwehrreaktion gegen das männliche Smegma, die Vorhaut-Talgdrüsen-Flüssigkeit, sodass die immunologischen Abwehrmechanismen in Form von Antikörpern aktiv werden und sich nach dem Schlüssel-Schloss-Prinzip an Antigene des Smegma binden, um den als „körperfremd" erkannten Stoff zu eliminieren.

Normalerweise hat ein Antikörper ganz spezifische Andockstellen, die nur auf bestimmte Antigene passen. Manchmal kommt es jedoch vor, dass auch nicht passende Antigene sich an Antikörper binden, sodass ganz neue Protein-Bruchstücke entstehen, die unbekannt erscheinen und auch unter dem Mikroskop nicht eindeutig klassifiziert werden können.

„Dabei kommt es zu einer zellulären Vergiftung, die den Zellstoffwechsel stört, das Immunsystem, unser Zellabfall-Abtransportsystem, überlastet und so zu

zahlreichen Ausbildungen von körperlichen
Fehlfunktionen führt!"

**Der Nobelpreisträger Brent Leung betont,
dass AIDS durch eine gesunde Ernährung
und Einnahme von Mineralien, Vitaminen und
Antioxidantien vollständig ausgeheilt werden kann.
Die wertvollen Nährstoffe führen zur Reduktion
des oxidativen Stresses im Körper und stabilisieren
das Immunsystem.**

Die natürlichen, wirksamen Heilverfahren bekräftigen
ebenfalls die Tatsache, dass es sich hier nicht um eine
unheilbare Virus-Infektion handelt. Die Symptome
sind dabei nur Zeichen, mit welchen der Körper
signalisiert, dass etwas nicht in Ordnung ist und wir
näher hinschauen sollten.

Als der Interviewausschnitt in dem Film „House of
Numbers" öffentlich vorgeführt wurde, wurden die
AIDS-Pharma-Vermarkter darauf aufmerksam und
attackierten den verantwortlichen Regisseur Brent
Leung auf das Heftigste. Ihm wurde unterstellt, dass
er die Wissenschaftler im Film in einem falschen
Kontext aufgezeigt und dabei ihre Aussagen
vollkommen verdreht hätte.

**„Erfreulicherweise liegt zu dem Interview eine
vollständige Abschrift vor, sodass eindeutig
nachgewiesen werden konnte, dass das Interview
wortwörtlich und unmissverständlich
wiedergegeben wurde!"**

Die Covid-19 Verschwörung

Wir sollten niemals aus den Augen verlieren, dass
der Weg zur Diktatur mit der Zerstörung der Wahrheit
beginnt! Die Geschichte zeigt, dass Diktaturen nicht
aus starken und ehrlichen Regierungen entstehen,
sondern aus schwachen und hilflosen, welche, um ihre
Macht zu erhalten, ohne zu zögern, alle erforderlichen
Mittel wie Lüge und Betrug, Erpressung,
Manipulation und Täuschungen einsetzen und im
Notfall auch über Leichen gehen!

**„Die perfekteste aller Diktaturen wird den
Anschein einer Demokratie machen.**

**Ein allumfassendes Gefängnis, konstruiert mit
oftmals unüberwindbaren geistigen Mauern, in
dem die Insassen nicht einmal im Traum daran
denken würden, daraus auszubrechen.**

**Es ist ein vollkommenes und absolut perverses
System der schier grenzenlosen Sklaverei, bei dem
die Sklaven dank Brot und Spielen Schritt für
Schritt ihre Liebe zur eigenen Versklavung
entwickeln!**

**Wer es versteht, die Massen erfolgreich
zu täuschen, wird problemlos ihr Herr.
Jeder, der versucht, sie aufzuklären,
wird unausweichlich ihr Opfer!"**

Die wichtigsten Machtstrukturen unserer Gesellschaft
sind der „normalen" breiten Masse der Bevölkerung
schon überhaupt nicht mehr zugänglich, die Regierung

möchte noch nicht mal, dass ihre Bürger überhaupt Kenntnisse über deren Existenz haben.

Diese Strukturen der Macht sind stets vor uns abgeschirmt, undemokratisch eingeführt worden und sind heutzutage wohl durch keinen „normalen" legalen Prozess mehr durch uns rückgängig zu machen. Alle Fäden der Macht sollen für die Öffentlichkeit unsichtbar sein und es auch bleiben!

„Manchmal wollen die Menschen die Wahrheit nicht hören, denn es würde ihre ganze Illusion zerstören." -Friedrich Nietzsche

Es ist ein gewaltiges Verbrechen, welches gegen die Menschheit begangen wird. Wir wurden durch ständige Lügen und zahlreiche Täuschungen aufgespalten, versklavt, verblödet, verblendet und in zahlreichen Kriegen für die Bereicherung weniger gegeneinander aufgehetzt!

Wir Menschen werden, ohne dass es uns bewusst wäre, so simpel und dumm wie möglich erzogen, sodass wir uns über die Wahrheit lustig machen und stattdessen weiterhin der bequemen Lüge folgen. Die bekanntesten Mainstream-Medien wurden im Laufe der Zeit zum größten und zeitgleich auch erfolgreichsten Werkzeug gegen das eigene Volk!

Wie das Schwein, welches in die Gefangenschaft geboren wurde, nicht begreifen kann, was tatsächliche Freiheit bedeutet, so kann auch die Menschheit, die inmitten zahlreicher Lügen ihr Dasein fristet, nicht erkennen, was Wahrheit ist!

243

„Das Auge sieht nur, was der Geist bereit ist zu verstehen." -Henri Louis Bergson

Politische Pläne werden nicht erst aufgrund von Krisen entwickelt, die Krisen werden vielmehr künstlich geschaffen, um besagte politische Pläne erfolgreich durchzusetzen! Stellen Sie sich doch bitte einmal vor, Sie wären Bundeskanzler/in von Deutschland und verfolgten den finsteren Plan, die Grundrechte Ihres eigenen Volkes über die Jahre Ihrer Regentschaft Stück für Stück immer weiter einzuschränken und gegebenenfalls ganz auszuhebeln, um schließlich eine moderne, möglichst unauffällige Form einer neuzeitlichen Diktatur zu etablieren, welche von dem Hauptteil Ihrer Bürger jedoch überhaupt nicht als solche wahrgenommen wird.

Wie würden Sie dabei vorgehen?

Ich für meinen Teil würde mir vermutlich zunächst einmal eine Liste erstellen mit potenziellen Gefahren, welche wirksam genug sind, um mit deren Hilfe den Hauptteil der Bevölkerung in einen möglichst konstanten Zustand von Angst und Schrecken zu versetzen. Möglichst bedrohlich wirkende, aber auch zeitgleich simpel zu inszenierende Gefahren, wie beispielsweise die Angst vor terroristischen Anschlägen, die Angst vor einer menschengemachten Klimakatastrophe oder die Angst vor unbekannten neuartigen Killerviren!

Erste Phase der verborgenen Diktatur
(Macht durch Angst!)

„Eines der wichtigsten Instrumente der
Machtausübung ist die regelmäßige
systematische Erzeugung von Angst!"
-Rainer Mausfeld

Angst ist wie ein gutes Schweizer Taschenmesser,
ein hervorragendes Werkzeug der Herrschenden mit
vielseitigen nützlichen Einsatzmöglichkeiten.
Angst kann beispielsweise prima dazu genutzt werden,
um selbst ansonsten recht rational denkende Menschen
schlagartig davon zu überzeugen, dass der Staat im
Austausch ihrer eigenen menschlichen Freiheiten und
Rechte für wesentlich mehr Schutz und Sicherheit
sorgen könnte.

Doch: „Wer die Freiheit aufgibt, um Sicherheit
zu gewinnen, der wird am Ende beides verlieren!"
-Benjamin Franklin

Zeitgleich kann Angst aber auch dafür genutzt werden,
um einen gigantischen Vorhang der Abschirmung zu
erzeugen, welcher so lange aufrechterhalten wird, bis
die eigentlichen Geschehnisse hinter diesem
künstlichen Vorhang der Angst bereits längst
abgeschlossen wurden.

„Es sind meist Lügen solch gewaltigen Ausmaßes,
dass es kaum einer vermag, die Wahrheit hinter
der Lüge zu verkraften!"

Zweite Phase der verborgenen Diktatur
(Mainstream-Medien / Social-Media)

Gib ihnen am Morgen eine Lügenzeitung und zeige ihnen jeden Abend aufs Neue ganz bewusst zielgerichtete, manipulierte Nachrichten und lauter bunte stumpfsinnige Verblödungsshows, sowie zahlreiche amerikanische Filme, Serien und Tonnen von Werbung für Müll im allseits beliebten Flimmerkasten.

Heutzutage bekommt stellenweise ein 8-jähriges Mädchen / Junge bereits von ihren Eltern ein Smartphone in die Hand gedrückt und ist somit in einer sehr sensiblen und entscheidenden Entwicklungsphase des kindlichen Gehirns bereits einer permanenten sowie kaum kontrollierbaren gefährlichen Programmierung von außen ausgeliefert.

Wer sich die von sexuellen Anspielungen und Gewalt trotzenden Musikvideos, Filme und Serien unserer Zeit einmal genauer angeschaut hat oder sich generell auch nur ein wenig mit dem Content von **YouTube, Facebook, TikTok, Instagram und Co.** beschäftigt, dem sollte relativ schnell und einfach klar werden, warum sich unsere ach so „moderne" Gesellschaft so drastisch in die negative Richtung entwickelt hat.

Alle wollen sie individuell sein und eine starke selbstbewusste Persönlichkeit darstellen, doch letztendlich entstehen nur lauter Kopien von Kopien von Kopien!

- **Ständig irgendwelche neuen Trends.**
- **Ständig irgendwelche neuen Stars.**
- **Immer mehr Druck, mitzuhalten.**
- **Immer mehr Druck, standzuhalten.**

„Sex, Geld, Macht, Status, Anerkennung, Ruhm"

Alles wiederholt sich stetig, es geht permanent ununterbrochen immer nur um den gleichen stumpfsinnigen, stupiden Nonsens. Doch die Menschen, ja die Menschen, sie bekommen einfach nie genug davon. Sie dürsten danach. Sie lechzen danach.

„Stetig aufs Neue angeschürt, von der unglaublichen digitalen TikTok-, YouTube- bzw. Facebook-Macht, sowie der Film-/Serienindustrie / Werbung und Musikbranche!"

Lauter kleine programmierte „Smartphone *Smombies"; gefangen in ihrem eigenen digitalen Selbst.

*Smombie ist ein Kofferwort aus den Begriffen „Smartphone" und „Zombie". Damit sind Menschen gemeint, die durch den ständigen Blick auf ihr Smartphone so stark abgelenkt sind, dass sie ihre Umgebung kaum noch richtig wahrnehmen!

Dritte Phase der verborgenen Diktatur
(Terrorismus)

9/11 – aufgrund der extremen globalen medialen Ausschlachtung des damaligen Ereignisses war plötzlich die Angst vor Terrorismus und die Sehnsucht nach neuem Schutz und Sicherheit stärker in den Köpfen der weltweiten Bevölkerung verankert als jemals zuvor.

> **„Die Saat der Angst war erfolgreich in den Köpfen der meisten Menschen eingepflanzt worden.**
>
> **9/11 wurde buchstäblich zu einem gedanklichen Grundbaustein der Angst durch den sogenannten Terrorismus!"**

Ein solider Grundbaustein, auf dem viele Herrscher dieser Welt und insbesondere natürlich auch unsere eigene Führungsebene der Bundesregierung schließlich immer weiter konsequent aufbauten. Terrorismus ist ein sehr guter Einstieg für ein stets den jeweiligen politischen Zielen angepasstes Konzept der **„Macht durch Angst"**!

Es mag zwar zunächst etwas seltsam und befremdlich klingen, doch der Terror dieser Welt und auch der Terror innerhalb Deutschlands ist oftmals ganz bewusst gewollt, inszeniert oder sogar mutwillig in die Wege geleitet worden. Der Terror existiert oftmals mehr in den Köpfen der Menschen als in der Welt selbst!

Bedenke: Nur innerhalb einer Diktatur bedarf es einer allumfassenden Überwachung durch den Staat!

Vierte Phase der verborgenen Diktatur (Klimakatastrophe)

Nach bereits ein bis zwei Jahrzehnten könnte es sehr gut möglich sein, dass die „Terrorismus-Masche" nicht mehr die gewünschten Ergebnisse liefert oder sich ihre neuen persönlichen politischen Ziele nicht mehr mit „dem Vorwand des Schutzes vor Terrorismus" rechtfertigen und durchsetzen lassen können – eine neue Krise muss also geschaffen werden!

Es ist zwar eine gewagte, aber gleichzeitig auch elegante Lösung, unseren Heimatplaneten Erde samt „menschengemachten Klimawandel" als neuen Vorwand hervorzubringen, welcher den Terrorismus vorläufig erst mal ablöst, um nun unter dem Deckmantel eines erneuerten frischen Alibis neue Einschränkungen sowie Steuern „zum Wohle unseres Planeten" einzuführen!

Gewagt ist diese Idee jedoch deshalb, weil die breite Masse der Bevölkerung sich zwar durchaus mit dem Gedanken anfreunden kann, „Freiheiten zum Schutz vor Terrorismus" einzutauschen, aber kaum einer sich tatsächlich für „Klima und Umwelt" unseres Planeten interessiert!

Die „Klimakatastrophe" ist deshalb stets nur fein dosiert und wohlbedacht einzusetzen und dient zur

Überbrückung sowie zur Umsetzung kleinerer und spezieller politischer Zwischenschritte!

Fünfte Phase der verborgenen Diktatur „Killerviren"

Wie schafft man es möglichst effektiv, die totale Überwachung, den Entzug von Freiheitsrechten, Zwangsimpfungen, Bargeldabschaffung, Reiseverbote, Versammlungsverbote, Hausarreste und den globalen Shutdown der gesamten Weltwirtschaft zu rechtfertigen?

Ganz einfach: „Indem man aus einem ansonsten recht 'gewöhnlichen' Virus etwas Gewaltiges und verdammt Gefährliches macht!

Endspiel COVID-19: Bekanntes grippeähnliches Virus wird unter dem Namen COVID-19 der breiten Masse der Bevölkerung als neuartiges Killervirus dargestellt.

Phase 1: Schließung von Krankenhäusern sowie allgemeine Reduzierung der Intensivbetten! Deutschlandweit werden still und leise Krankenhäuser geschlossen, und kaum jemand nimmt davon Notiz. Mitten in der Pandemie werden unglaubliche Kapazitäten abgebaut!

„Allein im Jahr 2020 wurden bereits 21 Kliniken deutschlandweit vom Netz genommen. Von 30 weiteren Krankenhäusern ist bekannt, dass ihnen die baldige Schließung droht oder ihr Aus schon besiegelt sei!"

Das Kliniksterben ist bereits seit Jahren politisch gewollt und wird von sogenannten Gesundheitsökonomen sowie ihren unzähligen Gutachtern aufdringlich empfohlen. 1991 gab es in Deutschland noch über 2400 Kliniken, 2018 waren es 1925, zwölf Monate später bereits nur noch 1914 Krankenhäuser in ganz Deutschland!

Noch Ende Februar des Jahres 2020 hatte Bundesgesundheitsminister Jens Spahn (CDU) zu mehr Mut bei Krankenhausschließungen geraten! Der Bundestagsabgeordnete Karl Lauterbach (SPD) hielt 2019 einen Abbau der Kapazitäten grundsätzlich für gut und richtig!

„Es scheint ganz so, als wolle man die Auslastung unseres Gesundheitssystems bewusst und kalkuliert herbeiführen! Allein im zweiten Halbjahr des Jahres 2020 sind bereits über 4000 Intensivbetten aus der Statistik spurlos verschwunden!"

Die Kapazität verfügbarer Intensivbetten sank in dem Zeitraum zwischen dem 24. Juli und dem 7. November von 32.994 auf 28.345, damit sank die Kapazität der Intensivbetten insgesamt um 4649 Betten, was immerhin einem Wert von rund 15% entspricht!

Mehrfachzählungen im Intensivregister:

Verlegungen von Patienten innerhalb ein und desselben Klinikums werden statistisch betrachtet wie eine „Neuaufnahme" gewertet!

Phase 2: Gekaufte „Wissenschaftler/Politiker"
(Drosten, Spahn, Söder, Lauterbach, Wieler)

„Die Zeugen Coronas"

Es kann nicht schaden, ein paar wissenschaftliche sowie politische Galionsfiguren zu erwählen, welche sich hauptsächlich damit befassen sollten, sich der breiten Öffentlichkeit des Volkes (transportiert durch die öffentlichen Mainstream-Medien) als „über alle Zweifel erhaben" darzustellen. Besonders gut geeignet hierfür wären beispielsweise Personenkreise, welche eine öffentliche Bühne suchen, sich selbst gerne reden hören, restlos käuflich sind und keinerlei tatsächlichen Prinzipien mehr besitzen. Wichtig ist nur, dass sie halbwegs dazu imstande sind, sich das Vertrauen der mehrheitlichen Bevölkerung zu erschleichen.

Es wäre ratsam, die Anzahl dieser Individuen auf ein Minimum zu reduzieren (5-7 Personen) und darauf zu achten, dass sie sich nach außen hin wirkend von ihrer Art des Auftretens her voneinander unterscheiden! Es muss ein möglichst großes Spektrum unterschied-lichster Menschen angesprochen werden, das Ziel jedoch sollte bei allen dasselbe sein:
Angst und Schrecken in Propagandaform zu verbreiten! Die Art der Umsetzung darf und sollte hierbei jedoch individuell gestaltet werden.

Phase 3: PCR-Test/Schnelltest/Selbsttest
Die Polymerase-Kettenreaktion

Diese bewusst für dieses spezielle Szenario ausgewählte Test-Methode ist so dermaßen überempfindlich konstruiert, dass sie selbst ein einzelnes Erbmolekül eines Virus problemlos nachweisen kann! Sollte nun ein solches Molekül einmal beispielsweise einer Pflegekraft einen Tag lang über die Nasenschleimhaut huschen, ohne dass sie es selbst überhaupt bemerkt, ist sie für den PCR-Test dennoch plötzlich positiv **(Falsch-Positiv)!**

Der PCR-Test ist dazu in der Lage, eine sehr kleine Menge an Rückständen von fast allem so sehr zu verstärken, dass es plötzlich als messbar und somit positiv getestet erscheint! So entstehen Covid-Positiv getestete Menschen, welche eigentlich kerngesund sind! Genau so lassen sich die stetigen Steigerungen der Fallzahlen erklären!

Phase 4: Zwangstests (Schule, Arbeit, Geschäfte)
Wir haben in Deutschland ungefähr 32.300 Schulen, wenn wir nun mit den aufgezwungenen „Schnelltests" jeden Tag pro Schule jeweils nur einen einzigen positiv getesteten Schüler/Lehrer vorfinden, haben wir allein schon bereits durch diese schulischen Einrichtungen mehr als 160.000 positiv gewertete Neufälle pro Woche!

Phase 5: Inzidenzwert
Der Inzidenzwert gibt an, wie viele Menschen in sieben Tagen auf 100.000 Einwohner positiv getestet wurden. Eine Inzidenz von 100 bedeutet beispiels-weise, dass der PCR-Test von 0,1% der Bevölkerung ein positives Ergebnis ergeben hat, dabei spielt es jedoch nicht mal eine Rolle, ob die jeweils getesteten Personen tatsächlich Symptome haben, ob es ein

falsch-positives Ergebnis ist oder ob sie überhaupt wirklich krank sind!

Der politisch bestimmte und vorgegebene Inzidenzwert eignet sich äußerst hervorragend dazu, um kleine Zahlen riesig wirken zu lassen! Ein sehr machtvolles Werkzeug der Manipulation.

Vor 0,05% hätte keiner wirklich Angst. Bei der Inzidenzzahl von 50 sieht es schon anders aus. Selbst mit einem Wert von 0,1% kann man kaum Panik verbreiten, eine Inzidenzzahl von 100 klingt da bereits schon wieder ganz anders! Beide Werte bedeuten jedoch ein und dasselbe!

Wenn also 99,9% der Bevölkerung nicht betroffen sind, haben wir eine Inzidenz von 100, und alles wird dicht gemacht!

Durch die vielen Selbsttests von eigentlich kerngesunden Menschen werden Tag für Tag mehr und mehr positive Ergebnisse künstlich erzeugt. Das erleben wir gerade, obwohl sich das sogenannte Infektionsgeschehen nicht verändert, steigt der Inzidenzwert dennoch weiterhin an!

Wenn wir diesen Umstand nun beispielsweise auf den eigenen Heimatort projizieren, wird schnell noch klarer, was der Inzidenzwert tatsächlich bedeutet: In Städten und Gemeinden mit 8.000-10.000 Einwohnern, wie zum Beispiel Beeskow oder Erkner, braucht man für einen Inzidenzwert von 35 bis 45 lediglich jeden zweiten Tag einen positiven Test, bei zwei Positiven steigt die Inzidenz bereits auf **140 bis 180!**

Phase 6: Mutationen/Doppelmutationen

Das Element der Angst ist zwar durchaus ein sehr mächtiges sowie vielseitig einsetzbares nützliches Werkzeug, gleichzeitig aber auch nicht von langer Dauer und somit durchaus etwas pflegebedürftig. Auch wenn der durchschnittliche Mensch bereits schnell und einfach zu ängstigen ist, so stumpft er auch gleichermaßen schnell wieder ab!

Die Angst muss also ständig wieder neu entfacht oder aufgefrischt werden und um einer eventuellen Abstumpfung der Bevölkerung entgegenzuwirken, leichten Variationen unterliegen.

„Aus COVID-19 wird dann ganz einfach mal die schlimmere Mutation

- B.1.1.7 (die britische Variante), bzw.
- B.1.351 (die südafrikanische Variante), bzw.
- B.1.1.28 P.1 (die brasilianische Variante),
- bzw. B.1.429 (die kalifornische Variante)
- oder gar die noch viel schlimmere Doppelmutation B.1.617 (die indische Variante) gemacht!"

Neuer Name, neue Wirkung und das, obwohl doch im Allgemeinen bekannt sein sollte, dass es eine der grundlegendsten Eigenschaften von Viren ist, sich ständig zu verändern und anzupassen (Mutation) und dass dies nicht zwangsläufig automatisch zu bedeuten hat, dass diese neuen Variationen des ursprünglichen Virus auch tatsächlich viel gefährlicher seien als die vorherigen!

Phase 7: Statistikfälschung der Übersterblichkeitsrate

Das Robert Koch-Institut (RKI) meldet, dass im vergangenen Jahr (2020) mehr als 30.000 Menschen über 80 Jahre Opfer des COVID-19-Virus geworden sind, dies erzeugt den Eindruck, dass in Deutschland 2020 eine sogenannte Übersterblichkeit festzustellen war und die registrierten COVID-19-Sterbefälle einen maßgeblichen Anteil daran haben.

Doch ist der Anteil der über 80-Jährigen derzeit diejenige Altersgruppe innerhalb Deutschlands, welche am schnellsten wächst! Gleichzeitig sind sie auch die Gruppe mit dem höchsten Sterberisiko!

Ungefähr jeder zehnte Mensch, welcher das 80. Lebensjahr erreicht hat, verstirbt im Laufe eines Jahres! Im Verhältnis zu ihrer wachsenden Anzahl sind 2020 knapp 6.000 Menschen dieses Alters weniger verstorben als im Durchschnitt der fünf vorangegangenen Jahre!

Es besteht somit der Verdacht, dass eine erhebliche Zahl der vermeintlichen COVID-19-Opfer nicht tatsächlich an, sondern lediglich begleitend mit dem Virus im Organismus verstorben sind und dass der PCR-Test, wie bereits vielfach erkannt, in nicht geringem Maße falsch-positiv getestet hat!

Wächst die Gruppe der über 80-Jährigen also zwischen 2019 und 2020 um knapp 300.000 an, dann versterben 2020 statistisch gesehen in dieser Gruppe 30.000 mehr Menschen als noch im Vorjahr, **ganz ohne dass dafür eine besondere Krankheit der Auslöser gewesen sein muss!**

Erstens gab es 2020 im Vergleich zum Durchschnitt der Jahre 2015 bis 2019 überhaupt keine Übersterblichkeit, ironischerweise kann man sogar eine Untersterblichkeit von ungefähr 3.000 Menschen feststellen!

Zweitens erscheinen die offiziell gemeldeten 30.000 COVID-19-Todesfälle in der Altersgruppe der über 80-Jährigen vollkommen unplausibel, da insbesondere hier im Vergleich zum Durchschnitt der Jahre 2015-2019 ungefähr 6.000 Menschen weniger verstorben sind! Es ist kein Geheimnis, dass jeder in Deutschland Verstorbene, bei welchem zuvor ein PCR-Test positiv ausgefallen ist, auch als "COVID-19-Toter" in die Erfassung des Robert Koch-Instituts eingeht.

Ein Großteil der Menschen, bei denen COVID-19 festgestellt wurde, ist in Wahrheit überhaupt nicht "an" sondern lediglich "mit" der Krankheit verstorben!

Deutschland ist dabei kein Einzelfall, auch in den anderen europäischen Ländern liegt die Anzahl der offiziell angegebenen COVID-19-Sterbefälle stellenweise um das Vielfache über der Übersterblichkeit!

Phase 8: Medizinische Maskenpflicht
Eine FFP2-/OP-Maskenpflicht einzuführen hat gleich mehrere effektive Vorteile: Zum einen lässt sich damit ordentlich Geld verdienen, zum anderen sorgen sie unbemerkt für mehrere unbewusste psychologische Effekte.

Wenn Sie als normaler Bürger während einer künstlich inszenierten Epidemie Ihre Wohnung oder Haus verlassen und die Welt da draußen immer noch genauso vorfinden wie eh und je, fällt es Ihnen sicherlich auf Dauer schwer, das durch die Medien Vermittelte auch tatsächlich zu glauben.

Wenn der Anblick der Realität nicht halbwegs überzeugend mit der angeblichen Krise übereinstimmend wirkt, können Sie als Herrscher Ihre Pläne also gleich wieder vergessen! Zudem sorgen die Masken bei der bereits eh schon verunsicherten Bevölkerung in der Öffentlichkeit dafür, dass viel weniger Menschen miteinander und untereinander vernünftig kommunizieren wollen oder können.

„Lassen Sie die Maske also zu einem unverkennbaren Symbol dieser Krise emporsteigen, auf dass alle, welche es nicht 'mit stolz geschwellter Brust' tragen, von der Gesellschaft angefeindet und geächtet werden!"

Phase 9: Denunziation Andersdenkender

„Die Verteidiger der Freiheit werden immer nur geächtet sein, solange eine Horde von Schurken regiert!" -Maximilien de Robespierre

1967 verteilte die CIA eine geheime Handreichung zur Diskreditierung von allen allzu kritischen Zweiflern (Freidenkern), welche die offiziellen Versionen der Regierung anzweifelten.

Ausgerechnet der 1. April ziert als Datum das CIA-Dokument 1035-960, in welchem die CIA 1967 den Begriff Conspiracy Theory „Verschwörungstheorie" / „Kritiker" einführte!

Die CIA reagierte damit effektiv auf das verbreitete Zweifeln über die offizielle Darstellung des berüchtigten Kennedy-Attentats. Nach Präsentation des Warren-Reports, der maßgeblich von CIA-Mastermind Allen Dulles geprägt war, erschien eine Welle von Büchern, die bei damals ca. 46% aller US-Bürger starke Zweifel an der offiziellen Mainstream-Version darlegten!

„Der bis dahin stets neutral bewertete Begriff 'Verschwörungstheorie' wurde von der CIA gewollt zu einem sehr nützlichen Kampfbegriff der psychologischen Kriegsführung ummoduliert!"

So wurden aus den ursprünglich seriösen, kritischen und für den Staat durchaus gefährlichen Freidenkern im Laufe der Zeit ungefährliche, zahnlose Verschwörungsspinner mit Aluhut gemacht!

Der Grund, weshalb Personen zum Schweigen gebracht werden, ist jedoch nur selten, weil sie tatsächlich lügen, sondern vielmehr, weil sie es gewagt haben, in einer Welt gefüllt mit Lügen die Wahrheit ausgesprochen zu haben! Wenn normale Menschen Lügen verbreiten, können ihre eigenen Lügen in den meisten aller Fälle früher oder später gegen sie selbst gewandt werden, doch wenn sie tatsächlich die Wahrheit sprechen, gibt es für die Herrschenden oftmals kein anderes erfolgreiches Gegenmittel als körperliche sowie psychische Gewalt gegen sie anzuwenden!

„Wenn man eine große Lüge nur oft genug erzählt und sie ständig wiederholt, dann werden die meisten der Menschen sie am Ende auch tatsächlich glauben, solange es dem Staat lange genug gelingt, die breite Masse von den wirtschaftlichen, politischen und militärischen Konsequenzen ihrer Lüge abzulenken!"

Deshalb ist es für den Staat und der herrschenden Elite auch stets so besonders wichtig, ihre Macht zur Unterdrückung abweichender Mainstream-Meinungen einzusetzen. „Die Wahrheit ist der geborene Todfeind der Lüge und daher auch stets der größte aller Feinde eines korrupten Staates!"

Kein Wunder also, dass die Herrschenden stets versuchen, einen ausgesprochen guten Kontakt zu den paar wenigen Familien dieser Welt zu pflegen, welche die öffentlichen Mainstream-Medien effektiv unter sich aufgeteilt haben. Gemeinsam im Verbund sorgen sie wie ein gewaltiges Hypnose-Monster beständig für den dauerhaft anhaltenden Dämmerschlaf der breiten Bevölkerung!

Phase 10: Faktenchecker
Insbesondere durch Social-Media-Plattformen wie beispielsweise Facebook und Co. hat die Bevölkerung ein viel zu effektives Mittel zum Austausch von Informationen erhalten.
Dieses gilt es nun besonders gut zu überwachen,

zu kontrollieren und maßgeblich zu zensieren. Sogenannte „Faktenchecker" können einem hierbei das Leben als Herrscher unglaublich erleichtern.

Internetartikel, welche von ihnen als zu kritisch bzw. als zu ehrlich empfunden werden und somit als potenzielle Gefahr für ihre diktatorischen Pläne eingestuft werden müssen, können durch die Überprüfung eines Unternehmens, welches sich selbst als „Faktenchecker" betitelt, als Falschmeldungen deklariert und für alle Augen auch als solche erkenntlich **„gebrandmarkt"** werden!

Bevölkerungsschichten, welche sich sowieso stets nur sporadisch mit System- sowie gesellschaftsrelevanten Themen auseinandersetzen, werden diesen Unternehmen Glauben schenken und die nun als **„Fake"** gekennzeichneten Beiträge ihrer Mitmenschen auch als solche wahrnehmen und schlussendlich ignorieren!

Phase 11: Das Infektionsschutzgesetz (Bevölkerungsschutzgesetz)

„Ein Gesetz zum Schutz der Bevölkerung bei einer epidemischen Lage von nationaler Tragweite."

Dadurch, dass sie aufgrund der zuvor konsequent getroffenen Maßnahmen die Bevölkerung mehrheitlich davon überzeugen konnten, dass wir uns in einer absoluten Ausnahmesituation befinden, ist es nun an der Zeit, mithilfe des „Infektions- schutzgesetzes" das „Grundgesetz" nach Ihrem eigenen persönlichen Ermessen zu übergehen und

261

die essentiellen Grundrechte Ihrer Bürger als nichtig
zu erklären!

„Sollten Sie nun eventuell auch noch vorhaben,
Ihre eigenen Ministerpräsidenten zu 'entmachten',
wäre dies sicherlich der geeignetste Zeitpunkt für
dieses Unterfangen!"

Nun müssen Sie eigentlich nur noch dafür Sorge
tragen, dass der Zustand einer epidemischen Lage
von nationaler Tragweite so lange wie möglich
aufrechterhalten bleibt, damit die Gültigkeit des
Infektionsschutzgesetzes nicht verloren geht!
Dafür nutzen Sie einfach wieder den bereits zuvor
schon erklärten Trick mit dem Inzidenzwert.

Phase 12: Das Lastenausgleichsgesetz
Wenn Sie dies zusätzlich wünschen sollten, wird es
im Laufe Ihrer inszenierten „Viren-Krise" schleichend
zu einer gewaltigen Umverteilung an Kapital im
großen Stil kommen – natürlich alles aus reiner
„Solidarität", um die gesellschaftlichen und
wirtschaftlichen Schäden zu reduzieren! ;)

Verkünden Sie am besten einfach so etwas wie:
*„Deutschland würde ohne diese überlebenswichtige
Maßnahme ansonsten mit einem gewaltigen neuen
Schuldenberg in die Zukunft unserer Kinder schreiten,
und weil noch große und wichtige Aufgaben auf uns
warten, für die einiges an frischem Geld vonnöten sein
wird, sei nun die Zeit des persönlichen Verzichts
gekommen."*

Nach dem Ende des Zweiten Weltkriegs gab es

1952 beispielsweise bereits schon einmal solch einen Lastenausgleich. Konkret wurden damals alle privaten Vermögen über 5000 D-Mark mit einer Abgabe in Höhe von 50 % belastet, die Zahlungen durften allerdings bis zu 30 Jahre lang gestreckt werden.

Durch diese „Zwangsabgaben" der breiten „Mittelschicht" kamen am Ende mehr als 150 Milliarden D-Mark zusammen!

Durch die herrschende Angst vor einer Ansteckung mit dem herrschenden „Killervirus" und der Wirksamkeit des **„Infektionsschutzgesetzes"** können Sie nun mit Ihren Bürgern verfahren, wie auch immer Sie es für angemessen halten, ohne dass Sie sich dem Vorwurf ausgesetzt sehen müssten, Sie würden irgendwelche persönlichen Grundrechte einschränken oder verfassungswidrig handeln!

„Am Ende wird die breite Masse gar davon überzeugt sein, dass am Kollaps der Wirtschaft und der Vernichtung von Vermögen sowie Existenzen weder die jahrelange Schuldenpolitik noch die Unfähigkeit der Verantwortlichen schuld sein kann, sondern dass es einzig und allein das mysteriöse COVID-19-Virus war, welches alles ruiniert hat!"

Die meisten Menschen werden so froh darüber sein, diese, ach so fürchterliche gefährliche Krise irgendwie überwunden zu haben, dass sie beispielsweise eine Währungsreform ebenso wie den Verlust ihrer persönlichen Vermögen, die Freiheit durch Bargeld und den Verlust ihrer freiheitlichen Rechte im Großen und Ganzen brav schlucken werden.

„Die gesellschaftlichen Verhältnisse werden sich jedoch grundlegend gewandelt haben!"

Notstände werden zukünftig immer mehr erweitert werden, Gefahrensituationen werden extra künstlich in die Länge gezogen, die Herrschenden werden sich schnell an diese neue Macht (ähnlich wie nach dem 11. September) gewöhnen. Sie werden immer mehr anfangen, es zu mögen!

„Die Überwachungsstaaten, welche gerade angeblich zum 'Schutz' der Bevölkerung errichtet werden, werden das COVID-19-Virus überdauern!"

COVID-19 eignet sich hervorragend, um immer mehr Menschenrechte abzuschaffen! Egal, ob die Abschaffung des Bargeldes, die allgemeine Impfpflicht, die häusliche/psychiatrische Quarantäne, das Versammlungs- oder Reiseverbot – mit COVID-19 und allem, was danach noch so folgen möge, scheinen plötzlich die feuchtesten Träume unserer Herrscher doch noch umsetzbar zu werden.

„Wenn zukünftige Historiker auf unsere Zeit zurückblicken, werden sie wohl unausweichlich feststellen, dass eine durch die Medien und den Staat völlig dumm gehaltene Menschheit aufgrund unzähliger Täuschungen und Lügen sowie vollkommener Realitätsverweigerung selbst dafür gesorgt hat, sich die eigenen Menschenrechte rauben zu lassen!"

COVID-19
Hinterfragung und Kontroversen

Am 31. Dezember 2019 wurde der Ausbruch
einer neuen Lungenentzündung mit noch unbekannter
Ursache in Wuhan, China, bestätigt. Am 11. Februar
2020 schlug die Weltgesundheitsorganisation (WHO)
den Namen COVID-19 für die Infektionskrankheit
vor. Im Januar 2020 entwickelte sich die Krankheit
zur Epidemie innerhalb Chinas. Am 11. März 2020
erklärte die WHO die bisherige Epidemie offiziell
zu einer weltweiten Pandemie.

Verursacht wird die Erkrankung durch eine Infektion
mit dem bis dahin angeblich unbekannten Coronavirus
SARS-CoV-2. In zahlreichen Ländern der Welt gibt es
im Verlauf der Pandemie massive Einschnitte in das
Alltagsleben. Zu den gesamtgesellschaftlichen
Auswirkungen der COVID-19-Pandemie gehört auch
die Wirtschaftskrise ab 2020. Die dritte und bisher
verheerendste Pandemie des 21. Jahrhunderts wird
weltweit in großem Rahmen von den Medien
begleitet. Sie ist ein Beispiel für die rasche mediale
Ausbreitung einer Krankheit in einer vernetzten und
globalisierten Welt.

**Doch es gibt viele Fragen und Kontroversen,
die im Zusammenhang mit der Pandemie
aufgetaucht sind…**

1.

Warum wurde zu Beginn einer drohenden globalen Pandemie in Deutschland allein Herrn Drosten vertraut, welcher bereits bei der Vogel- sowie Schweinegrippe mit seinen persönlichen Ansichten vollkommen daneben lag, anstatt ein gebündeltes Expertenteam aus den besten Virologen, Mikrobiologen sowie Infektionsepidemiologen zu gründen?

2.

Warum wurde zu Beginn der Pandemie ein Obduktionsverbot angeordnet?

3.

Warum hat niemand seitens der Verantwortlichen ein tatsächliches Interesse daran gehabt, in Heinsberg, dem ersten Hotspot innerhalb Deutschlands, ausführliche Aufklärungsarbeit zu leisten?

4.

Warum hat man nicht richtig darauf geachtet, die vermeintlichen Covid-Toten danach zu kategorisieren, ob sie tatsächlich "an" oder lediglich "mit" COVID im Organismus verstorben sind? Wäre dies nicht wichtig gewesen, um das tatsächliche Ausmaß der sogenannten Pandemie zu beurteilen?

5.

Warum wird seit Beginn der Pandemie mit einer PCR-Testmethode gearbeitet, von welcher selbst der Erfinder behauptet, dass dieser nicht für diagnostische

Zwecke geeignet ist, da er nicht zwischen Covid und anderen vergleichbaren Viren unterscheiden kann?

6.

Warum wurde für das Auswertungsverfahren der PCR-Tests verlangt, dass diese mit CT-Werten von deutlich über 30 durchgeführt werden, obwohl bereits ab einem Wert von 24 keine Infektiosität mehr anzunehmen ist und somit wissentlich zahlreiche falsch-positive Testergebnisse herbeigeführt wurden?

7.

Warum wird die epidemische Lage von nationaler Tragweite in Deutschland seit Beginn der Pandemie ununterbrochen aufrechterhalten, obwohl die Letalität (Sterblichkeit) von Covid bei den unter 70-Jährigen nur bei 0,04 % liegt?

8.

Warum scheint es seit Beginn der Pandemie plötzlich keine klassische Influenza (Grippe) mehr auf dieser Welt zu geben?

9.

Warum sollten symptomlose, gesunde Menschen eine Gefahr für andere darstellen?

10.

Warum ist die Zahl der Todesfälle erst seit dem Start der Impfungen merklich angestiegen und nicht bereits schon davor? Ist dies nicht ein Widerspruch in sich?

11.

Warum ist es bis jetzt noch niemandem gelungen, das sogenannte SARS-CoV-2-Virus zu isolieren und somit seine Existenz zu beweisen?

12.

Warum hat das Virus in den Gebieten dieser Welt, wo entweder überhaupt keine oder nur sehr geringe Maßnahmen durchgeführt wurden, nicht mindestens genauso hart und erbarmungslos zugeschlagen wie in den Regionen, wo sogar ausgesprochen harte Maßnahmen verhängt wurden?

13.

Warum wird krampfhaft an der vermeintlichen Pandemie festgehalten, obwohl alle erdenklichen Indizien darauf hindeuten, dass es diese, zumindest innerhalb Deutschlands, niemals gegeben hat?

14.

Warum sind die Politiker sowie die Medien so sehr darauf fixiert, bei allen neuen Entwicklungen innerhalb der Corona-Krise, diese der Bevölkerung mit dem Mittel der Angst zu vermitteln, obwohl sich im Nachhinein herausgestellt hat, dass diese geschürte Angst unbegründet war?

15.

Warum werden die seltsamen, drastischen und überzogenen Maßnahmen nicht auf ihre Wirksamkeit hinterfragt?

16.

Warum hat man das System der Testzentren so konzipiert, dass es jeden Betreiber förmlich dazu einlädt, zu betrügen, um schnelles Geld zu machen?

17.

Warum wird der gewaltige Skandal um den profitgetriebenen Intensivbetten-Betrug der Krankenhäuser öffentlich so wenig thematisiert?

18.

Warum wird aus der Erfahrung, dass selbst nach Großveranstaltungen wie Corona-Demos keinerlei erhöhtes Infektionsgeschehen festgestellt wurde, keine sinnvolle Konsequenz gezogen?

19.

Warum wird weiterhin an Masken- sowie Abstandsregeln festgehalten, obwohl zahlreiche Studien gezeigt haben, dass bei symptomlosen Menschen keine nennenswerte Übertragung des Virus stattfindet?

20.

Warum wurden seit Beginn der Pandemie immer wieder zahlreiche Politiker gesichtet, die weder eine Maske trugen noch den Abstand zueinander einhielten?

21.

Warum wurden seit Beginn der Pandemie immer wieder wahllos neue Kriterien bestimmt, die als

fadenscheinige Begründung für noch drastischere
Maßnahmen herhalten mussten?

22.

Warum wurde es von den Herrschenden geduldet, dass
am CSD (Christopher Street Day) zehntausende
Menschen teilnehmen durften, während gleichzeitig
die meisten Demonstrationen, die sich kritisch
gegenüber den Maßnahmen der Regierung
positionierten, untersagt und eingegrenzt wurden?

23.

Warum starben innerhalb kurzer Zeit gleich vier
afrikanische Staatschefs, nachdem sie sich kritisch und
zweifelnd gegenüber der Echtheit der Pandemie
positioniert hatten?

24.

Warum werden die 50 wissenschaftlichen Arbeiten
darüber, dass die sogenannten Mund-Nasen-
Bedeckungen nicht wirklich vor Viren schützen und
bei falscher Anwendung sogar gefährlich sein können,
ignoriert?

25.

Warum haben sich die Vermutungen der Kritiker über
Maskenzwang, Lockdowns, zahlreiche
Einschränkungen, Erpressungen sowie ein indirekter
Impfzwang allesamt bewahrheitet, obwohl dies
anfangs noch von der Regierung bestritten wurde?

26.

Warum werden Grundrechte, die durch zahlreiche Täuschungen an erpresserische Bedingungen geknüpft wurden, immer noch als tatsächliche Grundrechte angesehen?

27.

Warum werden seit Beginn der Pandemie alle fachkompetenten Menschen, die nicht dem vorgegebenen Pfad der Regierung und Pharmaindustrie folgen, mit aller Härte unterdrückt, verleumdet, denunziert, durchsucht und mundtot gemacht?

28.

Warum wird versucht, das Feld der Wissenschaft seit Beginn der Pandemie politisch gleichzuschalten und alle berechtigten Debatten darüber zu unterdrücken?

29.

Warum wurde die genaue Zahl der Demonstranten, die sich gegen die Maßnahmen Coronas einsetzten, in den Medien bewusst um ein Vielfaches weniger angegeben?

30.

Warum werden Kritiker im Zusammenhang mit einem Virus als Nazis betitelt?

31.

Warum wird es den fachmännischen Kritikern
verwehrt, der breiten Öffentlichkeit ihre eigenen
Bedenken zu äußern?

32.

Warum wird in unseren Medien so ungewöhnlich
wenig, bzw. nur äußerst selektiv, über die genaue
Entwicklung in anderen betroffenen Ländern
berichtet?

33.

Warum wird kaum darüber medial berichtet, dass die
Impfungen bis jetzt nicht einmal ansatzweise das
eingehalten haben, was zuvor versprochen wurde?

34.

Warum werden wir nicht täglich über die genauen
Zahlen der Nebenwirkungen und Todesfälle
informiert, die die Impfungen mit sich bringen?

35.

Warum werden die mitgeteilten Zahlen und Daten
über Covid stets irreführend, überdramatisch und ohne
erkennbare Relation dargestellt?

36.

Warum wurden und werden nach wie vor
Intensivbetten systematisch abgebaut und
Krankenhäuser geschlossen, obwohl wir uns doch
angeblich mitten in der größten Krise aller Zeiten
befinden?

37.

Warum wurde nur ein kleiner Bruchteil der angeblich an Covid Verstorbenen auch zuvor tatsächlich in einem Krankenhaus registriert?

38.

Warum wird nicht darüber berichtet, dass nach aktuellem Stand nur höchstens 20 % der Covid-Toten tatsächlich an und nicht bloß mit Covid im Organismus verstorben sind?

39.

Warum wird radikal verschwiegen, dass der Hauptteil der angeblichen Covid-Patienten aktuell aus bereits geimpften Menschen besteht?

40.

Warum sind die Impfhersteller im Falle von Nebenwirkungen sowie Todesfolgen von einer Haftung ausgeschlossen?

41.

Warum ist eine Obduktion bei Todesfällen kurz nach einer Impfung nicht gesetzlich vorgeschrieben?

42.

Warum werden keine ausführlichen Untersuchungen angestellt, inwieweit bereits eine natürliche Herdenimmunität gegen das COVID-Virus eingetroffen ist?

43.

Warum setzt man selbst Kinder und Jugendliche einer unnötigen Gefahr durch den Impfstoff aus, obwohl Kritiker längst aufgezeigt haben, dass diese Gruppen am geringsten betroffen sind?

44.

Warum wird es als gesellschaftlich normal empfunden, Angst vor dem Covid-Virus zu haben, aber nicht, wenn man Angst vor einer neuartigen Art des Impfens verspürt?

45.

Warum erkranken so viele bereits vollständig geimpfte Menschen dennoch plötzlich an dem Corona-Virus oder anderen gesundheitlichen Problemen?

46.

Warum müssen geimpfte Menschen im Großen und Ganzen dennoch die gleichen Regeln befolgen wie Ungeimpfte, wenn die Impfungen doch so gut, wichtig und richtig sind?

47.

Warum wird nicht offen kommuniziert, dass geimpfte Personen offensichtlich an einer globalen Echtzeit- und Langzeitstudie teilnehmen?

48.

Warum wird insbesondere durch die Politik ein im Verhältnis zu den vorliegenden Daten und Fakten

unglaublicher Druck durch massive Erpressung auf die
Bevölkerung ausgeübt?

49.

Warum scheint die medizinische Lage stets genau dort
am schlimmsten zu sein, wo bereits zuvor am meisten
geimpft wurde?

50.

Warum sind die langfristigen Auswirkungen der
Impfstoffe noch nicht ausreichend untersucht worden,
bevor sie der breiten Öffentlichkeit zugänglich
gemacht wurden?

51.

Warum wurden alternative Behandlungsmethoden wie
Ivermectin oder Hydroxychloroquin, die von einigen
Medizinern als potenziell wirksam angesehen werden,
so vehement abgelehnt und teilweise verboten?

52.

Warum gibt es keine umfassenden öffentlichen
Debatten über die ethischen und wissenschaftlichen
Fragen im Zusammenhang mit der Impfpflicht?

53.

Warum wurde die Infrastruktur für digitale
Impfzertifikate und Überwachungssysteme so schnell
eingeführt, und was bedeutet dies für die Zukunft der
bürgerlichen Freiheiten?

54.

Warum werden Stimmen, die sich kritisch zur Impfkampagne äußern, in den sozialen Medien und von Plattformen wie YouTube, Facebook und Twitter systematisch zensiert?

55.

Warum werden die sozialen und psychologischen Auswirkungen der Lockdowns und anderen Restriktionen auf Kinder und Jugendliche nicht ausreichend berücksichtigt und thematisiert?

56.

Warum wird die Rolle der Pharmaindustrie in der Gestaltung der Pandemiepolitik und der Impfkampagnen nicht kritisch hinterfragt?

57.

Warum wurden Maßnahmen wie Lockdowns und Schulschließungen durchgesetzt, obwohl es Studien gibt, die deren Wirksamkeit und Notwendigkeit in Frage stellen?

58.

Warum wurde das Konzept der natürlichen Immunität, die durch eine frühere Infektion erworben wird, in den öffentlichen Gesundheitsstrategien weitgehend ignoriert?

59.

Warum wird nicht offener über mögliche Interessenkonflikte bei Entscheidern in der Gesundheits- und Impfpolitik gesprochen?

60.

Warum hat man die wirtschaftlichen Schäden und die damit verbundenen gesundheitlichen Folgen der Pandemiemaßnahmen nicht stärker in die politische Entscheidungsfindung einbezogen?

61.

Warum wurden kritische Fragen und Zweifel von Fachleuten aus den Bereichen Medizin, Wissenschaft und Recht oft als "Verschwörungstheorien" abgetan, ohne sie gründlich zu prüfen?

62.

Warum gibt es keine transparente Berichterstattung über die Wirksamkeit und Nebenwirkungen der verschiedenen Impfstoffe, die weltweit im Einsatz sind?

63.

Warum wird die Impfstoffentwicklung und -zulassung, die normalerweise Jahre dauert, in einem beschleunigten Verfahren durchgeführt, ohne dass dies umfassend und öffentlich diskutiert wurde?

64.

Warum wurden Menschen, die auf die möglichen Risiken und Nebenwirkungen der Impfstoffe hinwiesen, häufig diffamiert und als unsachlich dargestellt?

65.

Warum wird die Rolle von internationalen Organisationen wie der WHO und ihre Beziehungen zu großen Pharmaunternehmen nicht kritisch hinterfragt?

66.

Warum wurden und werden weiterhin grundlegende Menschenrechte und bürgerliche Freiheiten unter dem Vorwand des Gesundheitsschutzes eingeschränkt?

67.

Warum gab es keine umfassende Untersuchung darüber, wie verschiedene Länder und ihre Gesundheitssysteme unterschiedlich auf die Pandemie reagiert haben und welche Maßnahmen tatsächlich wirksam waren?

68.

Warum wird die Diskussion über die Ursprünge des Virus und die Rolle von Laborunfällen in Wuhan nicht offen geführt und erforscht?

69.

Warum werden wirtschaftliche Interessen von Impfstoffherstellern und deren Einfluss auf politische Entscheidungen nicht stärker beleuchtet?

70.

Warum wurde die öffentliche Debatte über die
ethischen Fragen im Zusammenhang mit dem Zwang
zur Impfung und der Einschränkung von Grundrechten
so stark unterdrückt?

**Diese Fragen und Kontroversen werfen ein Licht
auf die komplexen und oft widersprüchlichen
Informationen und Maßnahmen, die während der
COVID-19-Pandemie weltweit ergriffen wurden.**

Es ist von entscheidender Bedeutung, dass eine
offene und transparente Diskussion über diese Themen
geführt wird, um das Vertrauen der Öffentlichkeit
wiederherzustellen und sicherzustellen, dass die
getroffenen Maßnahmen auf wissenschaftlicher
Grundlage und im besten Interesse der Gesellschaft
getroffen werden.

5. Abschnitt

Der Great Reset

Der Great Reset ist eine umfassende Umstrukturierung der Weltwirtschaft nach bestimmten Grundsätzen, die von führenden Akteuren des Weltwirtschaftsforums (WEF) propagiert wird, einschließlich seines Gründers Klaus Schwab.

„Das Ziel des Great Reset ist es, eine neue Weltordnung zu erschaffen!"

Die COVID-19-Pandemie hat als Katalysator für diese Veränderungen gedient, indem sie gezeigt hat, wie schnell und tiefgreifend die Bevölkerung bereit ist, radikale Änderungen im Lebensstil zu akzeptieren. Fast augenblicklich zwang die Krise Unternehmen und Einzelpersonen dazu, Praktiken aufzugeben, die lange Zeit als wesentlich galten.

Bereits 2015 veröffentlichten die Vereinten Nationen ein Dokument mit dem Titel „Unsere Welt verändern: die Agenda 2030".

Diese Agenda zielt darauf ab, eine umfassende Umverteilung des Wohlstands und die Senkung des Lebensstandards in Industrieländern anzustreben.

Der Great Reset baut auf diesen Zielen auf und strebt eine globale Gleichstellung an, indem er Vermögen von Industrieländern zu Entwicklungsländern umverteilt und gleichzeitig die Wirtschaft in den fortgeschrittenen Nationen bewusst herunterfährt.

Agenda 2030 und die UN-Ziele

Die UN argumentiert, dass sich die Entwicklungsländer nicht einfach weiterentwickeln können, ohne dass die fortgeschrittenen Zivilisationen – vor allem die Industrieländer – ihren Lebensstandard senken und nachhaltiger werden.

Beim Great Reset wird Vermögen von den Industrieländern an die Entwicklungsländer umverteilt. Gleichzeitig sollen strikte Verbote und Gesetze eingeführt werden, die dazu führen, dass sich die Industrieländer entindustrialisieren und sich den Entwicklungsländern annähern.

„Dies soll eine weltweite Gleichheit erreichen."

Der Great Reset sieht eine bewusste und zielgerichtete Zerstörung der Wirtschaft in den Industrieländern vor, um ihre Vorteile gegenüber den Dritte-Welt-Ländern zu beseitigen. Ziel ist es, die Industrienationen so weit auszudünnen, dass sie „nachhaltiger" werden und zukünftig woanders produzieren. CO2 und das Klima sind dabei nur ein Vorwand.

Es ist kein Zufall, dass ausgerechnet CO2, eine der wichtigsten Verbindungen zur Erhaltung des Lebens von Mensch und Pflanze, zum Dämon auserkoren wurde, um uns alle mit CO2-Gesetzen zu gängeln, denn CO2 findet sich überall und somit ist der Plan weltweit anwendbar.

Wirtschaftliche und soziale Veränderungen

**Ein zentraler Aspekt des Great Reset
ist die Einführung des bedingungslosen
Grundeinkommens (UBI), das die Menschen
von den Regierungen abhängig machen soll.**

Klaus Schwab formulierte die Ziele für 2030 mit

**„die Menschen werden nichts mehr
besitzen und dennoch glücklich sein."**

Durch die wirtschaftlichen Folgen des Krieges
zwischen Russland und der Ukraine und die verstärkte
Nutzung von Technologie und Digitalisierung wird
erwartet, dass weniger Arbeitskräfte benötigt werden.
Viele Unternehmen werden gezwungen sein, Personal
zu entlassen und durch technologische Lösungen zu
ersetzen.

Die Pandemie hat gezeigt, dass der verstärkte Einsatz
von Technologie wie künstlicher Intelligenz und
Robotik in der Privatwirtschaft zu massiven
Arbeitsplatzverlusten führen kann. Die Lockdowns
und die Störungen durch den Krieg werden diesen
Prozess beschleunigen. Unternehmen werden keine
andere Wahl haben, als kreative technologische
Lösungen zu finden, um das Überleben ihrer
Unternehmen zu sichern. Gleichzeitig wird die
Digitalisierung als ökologisch und nachhaltig
verkauft, was sie besonders attraktiv für das links-
grüne Akademikermilieu macht.

**Der enorme Stromverbrauch der
Industrie 4.0 wird dabei oft verschwiegen.**

Einfluss des Russland-Ukraine-Konflikts

Der Krieg zwischen Russland und der Ukraine hat
zu einer beispiellosen Unterbrechung der globalen
Versorgungsketten geführt, die Kraftstoffknappheit
verschärft und zu einer chronischen Inflation
beigetragen.

Die globalen Lieferketten waren schon seit 2020
stark unter Druck, sind aber nicht kollabiert.
Der Krieg hat jedoch noch schwerwiegendere
Auswirkungen, insbesondere für Europa.
Eine Kombination aus unterdurchschnittlichem
Wirtschaftswachstum und voranschreitender
Inflation ist zu erwarten.

Treibstoff wird teurer und Produktionsketten stocken,
was zu einer zunehmenden Verelendung eines
erheblichen Teils der erwerbstätigen Bevölkerung
führt. All dies kann als Vorspiel für das vom WEF
gewünschte „Universelle Grundeinkommen"
angesehen werden.

Die Abhängigkeit Europas vom russischen
Energiesektor hat sich erheblich verringert, und die
zentrale Bedeutung der UN-Ziele für nachhaltige
Entwicklung und „Netto-Null"-Emissionen, die das
Herzstück des Great Reset bilden, wurde verstärkt.

Der Krieg hat einen rapiden Umbau der europäischen
Energiewirtschaft ins Rollen gebracht, der ohne diese
Krise nicht möglich gewesen wäre. Die Sanktionen
gegen Russland wurden genutzt, um den Umstieg auf
„grüne" Energie zu beschleunigen.

Unter Slogans wie **„Build Back Better"** können Großkonzerne die Macht an sich reißen und eine **„Kohlenstoffkreditwirtschaft"** etablieren.

Lebensmittelknappheit und Biotechnologie

Russland und die Ukraine sind wichtige Exporteure von Getreide und Düngemitteln. Der Krieg hat zu kritischen Engpässen bei Lebensmitteln geführt, was die Bedeutung der Biotechnologie für die Ernährungssicherheit und Nachhaltigkeit stärkt. Unternehmen wie Impossible Foods, finanziert von Bill Gates, fördern im Labor gezüchtete Alternativen zu traditionellen Lebensmitteln.

Die Umstellung auf synthetische Biologie und Biotechnologie wird durch staatliche Regulierung und neue Technologien unterstützt.

Die durch den Krieg verursachte Nahrungsmittelknappheit wird der synthetischen Biologie einen großen Auftrieb geben, da die Konvergenz von digitalen Technologien mit Materialwissenschaften und Biologie den Agrarsektor radikal verändert. Dies führt zu einer dramatischen Umgestaltung der industriellen Lebensmittel-produktion, die zugunsten von Biotech-Investoren verläuft, die „nachhaltige Proteine" mittels patentierter CRISPR-Pflanzen erzeugen.

Finanzsystem und SWIFT-Ausschluss

Der Ausschluss Russlands aus SWIFT (The Society for Worldwide Interbank Financial Telecommunication) ist ein Vorbote eines wirtschaftlichen Resets, der große Teile der Weltbevölkerung in ein technokratisches Kontrollnetz einbinden soll.

Unter den meisten kritischen Wirtschaftswissenschaftlern herrscht Einigkeit, dass sich mit dem Ausschluss der chinesische Prozess der Abkoppelung vom Dollar beschleunigen wird. China kann Russland enger an sich binden und den eurasischen Markt umgestalten. Anstelle von SWIFT könnten Länder wie Pakistan, Indien, Indonesien, Thailand und Vietnam den digitalen Yuan für grenzüberschreitende Zahlungen nutzen. China wäre der große Gewinner dieses Krieges.

Auch auf Kryptowährungen wie den Bitcoin könnte eine entscheidende Zeit zukommen. Die Nachfrage wird steigen, was Regierungen zu Regulierungen veranlassen wird. Öffentliche Blockchains könnten anstelle dezentraler Kryptowährungen die Agenda bestimmen. Dies könnte als Generalprobe für digitales Zentralbankgeld (CBDC) dienen, ein entscheidendes Ziel von „Build Back Better" und einer neuen Welt neo-feudaler Ordnung, in der jede Transaktion überwacht wird.

Mobilität und Verkehr

Die Corona-Pandemie hat die Vision der globalen Elite für die Bevölkerung vorangetrieben:

#stayhome.

**Die Menschen sollen mehr zuhause bleiben,
wie es in Klaus Schwabs Buch
„The Great Reset" deutlich hervorgehoben wird.**

Autofahrverbote sind politisch schwer durchsetzbar, aber die explodierenden Spritpreise, insbesondere in Deutschland und Österreich, könnten einen Weg gefunden haben, dies zu erreichen. Die Ölpreise werden am Finanzmarkt in die Höhe getrieben, obwohl genügend Öl vorhanden ist.

Dass der Individualverkehr und das Auto nicht zum **„Green Deal"** und den „Sustainable Development Goals" der Agenda 2030 passen, war lange vor 2020 bekannt…

Das E-Auto wird die Welt zwar nicht grüner machen, aber es erschließt einen neuen Markt. Und wenn sich die breite Mehrheit der Menschen ihr Auto sowieso nicht mehr leisten kann, werden sie es verkaufen oder verschrotten lassen.

Globale geopolitische Verschiebungen

**Die globale Machtstruktur verschiebt sich,
wobei China und Russland an Einfluss gewinnen.**

Die macht der USA über Europa bröckelt, und China
steht mit der „neuen Seidenstraße" bereit, Asien,
Afrika und Europa logistisch näher zusammen-
zubringen. Präsident Selenskyj sieht die Ukraine als
Tor der Seidenstraße nach Europa. Das Land ist für
das chinesische Megaprojekt strategisch wichtig.
Russland wird durch die Sanktionen näher an China
heranrücken und sich in die Seidenstraße vollständig
integrieren lassen.

Europa scheint in dieser geopolitischen Verschiebung
hauptsächlich ein Spielball zu sein. Der Einfluss
Amerikas nimmt ab, und eine multipolare
Weltordnung zeichnet sich ab.

**Die USA haben jederzeit ein Interesse daran,
die Kooperation zwischen Europa und Russland
zu verhindern und einen kalten Krieg zu fördern!**

Monopolisierung und
Machtübernahme durch Konzerne

Die Entwicklung, die seit 2020 zu beobachten ist,
wird oft als „finale Machtübernahme" der Konzerne
beschrieben. Der Staatshaushalt wird durch die
anhaltenden Krisen stark belastet, wodurch privates
Kapital zunehmend in öffentliche Bereiche einfließt.
Es wird noch leichter für multinationale Konzerne,
sich in den Staat einzukaufen und erheblichen Einfluss
zu gewinnen. Hedgefonds wie BlackRock und andere
große Finanzinstitutionen tragen zur Aushöhlung der
Souveränität der Staaten bei.

Zentralbanken gewinnen immer mehr Macht
und können den finanzpolitischen Kurs der
Nationalstaaten entscheidend beeinflussen.
Die Europäische Zentralbank (EZB) kontrolliert
bereits jetzt maßgeblich die Euro-Nationalstaaten
und könnte zur wirtschaftlichen Schattenregierung
aufsteigen. Die globalen Technokraten, bestehend
aus nicht gewählten Finanzakteuren, Hedgefonds
und westlichen Oligarchen, bestimmen zunehmend
die globalen Entscheidungsprozesse und untergraben
die Vorstellung einer nationalstaatlichen Souveränität.

Diese Entwicklung führt dazu, dass Konzepte
wie Souveränität und Völkerrecht zunehmend
bedeutungslos werden.

Die Macht wird von gewählten Vertretern zu nicht
gewählten Akteuren und Institutionen verschoben,

die keine Rechenschaftspflicht gegenüber einer Wählerschaft haben. Dies stellt eine erhebliche Bedrohung für die demokratischen Strukturen und die Rechte der Bürger dar.

Zusammenfassend lässt sich sagen, dass der Great Reset tiefgreifende Veränderungen in der globalen Wirtschaft und Gesellschaft anstrebt.

Diese umfassende Neugestaltung zielt darauf ab, Vermögen von den Industrieländern zu den Entwicklungsländern umverteilt und die Wirtschaft in den fortgeschrittenen Nationen bewusst heruntergefahren wird.

Die Auswirkungen des Russland-Ukraine-Konflikts haben die globalen Lieferketten gestört und die Abhängigkeit Europas von russischer Energie verringert, was die Umstellung auf grüne Energien beschleunigt. Die Einführung des bedingungslosen Grundeinkommens und die verstärkte Nutzung von Technologie und Digitalisierung könnten zu massiven Arbeitsplatzverlusten führen, während die Monopolisierung durch große Konzerne und Finanzinstitutionen die nationale Souveränität weiter aushöhlt.

Die Rolle der Biotechnologie in der Nahrungsmittelproduktion wird zunehmen, und neue Finanzsysteme könnten durch digitale Währungen und zentralisierte Kontrollnetze etabliert werden. Die steigenden Treibstoffpreise und die politische Förderung von nachhaltiger Mobilität könnten den Individualverkehr drastisch reduzieren.

Die globale Machtstruktur verschiebt sich zugunsten Chinas und Russlands, während die Hegemonie der USA über Europa bröckelt. Europa scheint in dieser neuen multipolaren Weltordnung hauptsächlich ein Spielball zu sein.

Die langfristigen Auswirkungen des Great Reset bleiben abzuwarten, aber es ist klar, dass diese tiefgreifenden Veränderungen erhebliche Probleme mit sich bringen werden. Äußerste Wachsamkeit sind notwendig, um sicherzustellen, dass die Umsetzung dieser Pläne tatsächlich dem Wohl der Menschheit dient und nicht nur den Interessen einiger weniger teuflischer Akteure.

Die Georgia Guidestones

Die Georgia Guidestones sind ein mysteriöses und umstrittenes Granitmonument, das im Elbert County, Georgia, USA, steht. Dieses Monument, das oft als "Amerikas Stonehenge" bezeichnet wird, besteht aus sechs massiven Granitplatten, die insgesamt über 107 Tonnen wiegen und fast 6 Meter hoch sind. Seit seiner Errichtung im Jahr 1980 hat es zahlreiche Spekulationen, Debatten und Verschwörungstheorien ausgelöst, insbesondere aufgrund der geheimnisvollen Inschriften, die in acht modernen und vier alten Sprachen eingraviert sind.

Die Inschriften und ihre Bedeutung

Auf den Steinen sind zehn "Gebote" oder Leitprinzipien in acht verschiedenen Sprachen eingraviert: Englisch, Spanisch, Swahili, Hindi, Hebräisch, Arabisch, Chinesisch und Russisch. Diese Prinzipien lauten:

1.

Halte die Menschheit unter 500.000.000 in fortwährendem Gleichgewicht mit der Natur.

2.

Lenke die Fortpflanzung weise – um Tauglichkeit und Vielfalt zu verbessern.

3.

Vereine die Menschheit mit einer neuen lebendigen Sprache.

4.

*Beherrsche Leidenschaft – Glauben – Tradition
und alle Dinge mit gemäßigter Vernunft.*

5.

*Schütze Menschen und Nationen durch gerechte
Gesetze und gerechte Gerichte.*

6.

*Lasse alle Nationen ihre eigenen Angelegenheiten
intern regeln und internationale Streitigkeiten
vor einem Weltgericht beilegen.*

7.

Vermeide belanglose Gesetze und unnütze Beamte.

8.

*Stimme persönliche Rechte mit gesellschaftlichen
Pflichten ab.*

9.

*Ehre Wahrheit – Schönheit – Liebe –
im Streben nach Harmonie mit dem Unendlichen.*

10.

*Sei kein Krebsgeschwür auf der Erde
Lass der Natur Raum.*

Diese Inschriften haben zu einer Vielzahl von
Interpretationen geführt, von ökologischen und
humanistischen Leitlinien bis hin zu düsteren
Verschwörungstheorien über eine geplante

Reduktion der Weltbevölkerung und die Errichtung
einer Neuen Weltordnung.

Die mysteriöse Entstehung und
der anonyme Auftraggeber

Die Geschichte der Errichtung der Georgia
Guidestones ist ebenso geheimnisvoll wie die
Inschriften selbst. Im Juni 1979 betrat ein Mann, der
sich als R. C. Christian vorstellte, das Büro von Joe H.
Fendley Sr., Präsident der Elberton Granite Finishing
Company. Christian erklärte, dass er im Namen einer
kleinen Gruppe von Amerikanern handele, die ein
Monument errichten wollten, das als Kompass,
Kalender und Uhr fungieren und eine Botschaft für
die Menschheit nach einer globalen Katastrophe
übermitteln sollte. Der Name "R. C. Christian"
wurde von ihm als Pseudonym bezeichnet, und bis
heute ist die wahre Identität dieses Auftraggebers
unbekannt geblieben.

Christian und seine Gruppe behaupteten, dass sie
seit 20 Jahren an diesem Plan gearbeitet hätten.
Die Finanzierung des Projekts war ebenfalls
mysteriös, da Christian eine beträchtliche Summe
Geldes für das Projekt hinterlegte und darauf bestand,
dass das Projekt so anonym wie möglich durchgeführt
wird. Nach der Fertigstellung des Monuments
verschwanden Christian und seine Gruppe spurlos,
und alle Versuche, ihre Identität aufzudecken, sind
bisher gescheitert.

Wegen der geheimnisvollen Natur der Guidestones
und ihrer Inschriften haben sich zahlreiche

Verschwörungstheorien um das Monument gebildet. Einige der am häufigsten genannten Theorien beinhalten:

1. Neue Weltordnung: Die Inschriften, insbesondere das erste Gebot, das die Reduktion der Weltbevölkerung auf 500 Millionen fordert, wurden oft als Beweis für einen Plan zur Errichtung einer Neuen Weltordnung interpretiert. Kritiker behaupten, dass mächtige Eliten, die die Welt kontrollieren wollen, hinter den Guidestones stehen. Diese Theorie wird durch die Tatsache gestützt, dass die Inschriften globale Kontrolle und Einheit betonen, was in den Augen der Kritiker auf eine zentrale, autoritäre Weltherrschaft hinweist.

2. Geheimkult oder Geheimgesellschaft: Der mysteriöse Auftraggeber "R. C. Christian" und seine angebliche Verbindung zu den Rosenkreuzern (einer geheimen esoterischen Bruderschaft) haben Spekulationen angeheizt, dass die Guidestones von einem geheimen Kult oder einer Geheimgesellschaft errichtet wurden, die einen versteckten Plan verfolgt. Diese Theorie wird durch die Verwendung des Pseudonyms und die Betonung der Anonymität der Auftraggeber unterstützt.

3. Apokalypse und Wiederaufbau: Einige glauben, dass die Guidestones eine Anleitung für das Überleben und den Wiederaufbau der Gesellschaft nach einer apokalyptischen Katastrophe bieten sollen. Dies würde die Betonung auf eine drastische Bevölkerungsreduktion und eine neue Weltordnung erklären.

Die astronomischen Ausrichtungen der Steine, die als
Kalender und Kompass fungieren, könnten dazu
dienen, nach einer globalen Katastrophe wieder
Orientierung zu finden.

4. Okulte und esoterische Bedeutungen:
Die Ausrichtung der Guidestones auf astronomische
Ereignisse, die in verschiedenen Sprachen
eingravierten Leitprinzipien und die Verbindung zu
antiken Sprachen haben zu Interpretationen geführt,
dass das Monument okkulte oder esoterische
Bedeutungen hat. Einige Kritiker glauben, dass die
Guidestones versteckte Botschaften und Symbole
enthalten, die nur von Eingeweihten entschlüsselt
werden können.

Astronomische Bedeutung und architektonische Besonderheiten

Die Guidestones sind nicht nur wegen ihrer Inschriften
bemerkenswert, sondern auch wegen ihrer
astronomischen Ausrichtung. Die Hauptsteine sind so
ausgerichtet, dass sie die jährliche Wanderung der
Sonne verfolgen. Eine Öffnung im obersten Stein
ermöglicht es, den Nordstern zu sehen, und ein Schlitz
in den aufrechten Steinen richtet sich nach der
Sonnenwende und den Tagundnachtgleichen aus.
Diese astronomische Bedeutung verstärkt die Theorie,
dass das Monument als eine Art Kalender oder Uhr
dienen soll, was seine Rolle als Überlebens- und
Wiederaufbauleitfaden nach einer globalen
Katastrophe unterstützt.

Ein weiteres bemerkenswertes Merkmal der Guidestones ist ihre Bauweise. Die Steine sind präzise geschnitten und so angeordnet, dass sie bestimmten Himmelsphänomenen entsprechen. Dies erfordert ein beträchtliches Maß an technischem Wissen und handwerklichem Können, was die Theorie unterstützt, dass die Auftraggeber über fortgeschrittene Kenntnisse und Ressourcen verfügten.

Seit ihrer Errichtung haben die Georgia Guidestones sowohl Bewunderung als auch heftige Kritik erfahren. Kritiker bezeichnen das Monument als einen Versuch, eine totalitäre Weltordnung zu propagieren, während Befürworter es als Mahnmal für ökologische Verantwortung und globales Denken sehen. Die Inschriften, die eine drastische Bevölkerungs-reduktion fordern, haben viele Menschen beunruhigt und zu Spekulationen über die wahren Absichten der Auftraggeber geführt.

Am 6. Juli 2022 wurde ein Teil der Guidestones durch eine Explosion zerstört, die als mutwillige Zerstörung betrachtet wird. Die Überreste wurden aus Sicherheitsgründen vollständig abgerissen. Dieser Vorfall hat erneut die Aufmerksamkeit auf das Monument gelenkt und die Debatte über seine Bedeutung und die Absichten hinter seiner Errichtung angefacht. Die Zerstörung hat die Geheimnisse und Spekulationen rund um die Guidestones nur noch weiter befeuert.

Die Georgia Guidestones bleiben ein faszinierendes und mysteriöses Monument, das zahlreiche Fragen und Spekulationen aufwirft.

Die Inschriften und die Umstände ihrer Errichtung
haben eine Vielzahl von Interpretationen und
Verschwörungstheorien hervorgebracht, die von einer
Neuen Weltordnung bis hin zu einem Überlebens-
leitfaden für eine post-apokalyptische Welt reichen.
Die astronomische Ausrichtung und die präzise
Bauweise des Monuments verstärken das Gefühl,
dass die Guidestones mehr sind als nur ein einfaches
Denkmal.

Obwohl viele Aspekte der Guidestones weiterhin
im Dunkeln liegen, haben sie zweifellos ihren Platz
als eines der umstrittensten und meistdiskutierten
Monumente der modernen Geschichte gesichert.
Die geheimnisvollen Inschriften, die anonyme
Finanzierung und die jüngste Zerstörung haben
die Georgia Guidestones zu einem Symbol für
die tief verwurzelten Ängste und Spekulationen
unserer Zeit gemacht. In einer Welt, die von
Unsicherheit und Misstrauen geprägt ist, bleiben
die Georgia Guidestones ein mysteriöses Rätsel,
das sowohl gleichermaßen fasziniert als auch
beunruhigt.

Russland-Ukraine
Verschwörung

Der Russland-Ukraine-Konflikt, der 2022 in eine
großangelegte militärische Intervention Russlands
mündete, ist das Ergebnis einer langen Kette von
Ereignissen und geopolitischen Verschiebungen,
die bis in die letzten Tage des Kalten Krieges
zurückreichen. Um die Dynamik dieses Konflikts
zu verstehen, ist es unerlässlich, die historischen
Entwicklungen aus der Perspektive Russlands zu
betrachten, die oft von westlichen Darstellungen
abweicht.

Nach dem Zusammenbruch der Sowjetunion
1991 befand sich Russland in einer Phase der
Neuorientierung und der wirtschaftlichen
Turbulenzen. Im Zuge der deutschen
Wiedervereinigung 1990 gab es mündliche
Zusicherungen führender westlicher Politiker
wie Hans-Dietrich Genscher und James Baker,
**dass die NATO sich nicht weiter nach Osten
ausdehnen würde!** Diese Versprechungen bildeten
die Grundlage für den Rückzug der russischen
Truppen aus Osteuropa und die Auflösung des
Warschauer Pakts.

**Trotz dieser Zusicherungen traten bis 2004 fast alle
ehemaligen Mitglieder des Warschauer Pakts der
NATO bei!**

Für Russland stellte dies eine fundamentale Verletzung der mündlichen Abmachungen dar und wurde als direkte Bedrohung seiner Sicherheit wahrgenommen. Diese NATO-Osterweiterung wurde in Moskau als strategisches Einkreisen verstanden, was zu einer wachsenden Skepsis gegenüber den Absichten des Westens führte.

Putins Angebot und die westliche Reaktion

Im Jahr 2001 hielt Wladimir Putin eine viel beachtete Rede im Deutschen Bundestag, in der er eine enge Partnerschaft zwischen Russland und dem Westen vorschlug. Diese Rede, in fließendem Deutsch gehalten, wurde mit Begeisterung aufgenommen. Doch die politischen Realitäten änderten sich nicht. Die USA und ihre europäischen Verbündeten zeigten wenig Interesse an einer echten strategischen Partnerschaft mit Russland. Stattdessen blieb die NATO-Osterweiterung auf der Tagesordnung, und die amerikanischen Truppen blieben in Deutschland stationiert.

Die Ukraine-Krise 2014

Ein Wendepunkt in den russisch-westlichen Beziehungen war die Krise in der Ukraine 2014. Die Absetzung der pro-russischen Regierung von Präsident Wiktor Janukowitsch durch den Euromaidan wurde in Moskau als von den USA orchestrierter Putsch wahrgenommen. Der Westen unterstützte offen die Demonstrationen auf dem Maidan-Platz, und es gibt Berichte, dass Scharfschützen gezielt auf Demonstranten und Polizisten geschossen hätten, um die Lage zu eskalieren. Diese Ereignisse führten zur Annexion der Krim durch Russland, die als friedliche Übernahme beschrieben wird, unterstützt von der überwiegenden Mehrheit der Krim-Bevölkerung. In den östlichen Regionen der Ukraine, insbesondere in Luhansk und Donezk, brach ein bewaffneter Konflikt aus. Die ukrainische Regierung stellte ihre Zahlungen und Unterstützung für diese Gebiete ein, während Russland die Versorgung übernahm. Pro-russische Separatisten kämpften gegen die ukrainische Armee, und die Gebiete erklärten sich zu Volksrepubliken.

Die Pufferzone und der NATO-Beitritt der Ukraine

Für Russland war die Möglichkeit eines NATO-Beitritts der Ukraine eine rote Linie. Bereits 2004 wurden die baltischen Staaten Mitglieder der NATO, was Moskau als Verletzung der Pufferzone betrachtete. Die fortgesetzte NATO-Erweiterung und die Perspektive, dass die Ukraine Teil des Bündnisses werden könnte, erhöhten die Spannungen erheblich. Präsident Putin forderte 2022 ultimativ Garantien, dass die Ukraine neutral bleiben und die Autonomie der Regionen Luhansk und Donezk anerkannt würden. **Diese Forderungen wurden von den USA und der NATO abgelehnt!**

Angesichts der sich zuspitzenden Lage und der aus russischer Sicht nicht erfüllten Sicherheitsgarantien entschied sich Russland im Februar 2022 zu einer militärischen Intervention in der Ukraine.
Diese „spezielle Militäroperation" zielte darauf ab, die Ukraine zu demilitarisieren und zu **„entnazifizieren"**

sowie die Annexion der Krim und die Unabhängigkeit der Volksrepubliken Luhansk und Donezk zu sichern. Putin argumentierte, dass die NATO-Osterweiterung und die westliche Unterstützung für die Ukraine eine existenzielle Bedrohung für Russland darstellten. Zudem verwies er auf die anhaltenden Angriffe auf die russischsprachige Bevölkerung im Donbass, welche seit 2014 unter den Kampfhandlungen und Blockaden gelitten hatte.

Die gegenwärtige Krise zwischen Russland und der Ukraine ist tief in der Geschichte der letzten drei Jahrzehnte verwurzelt. Aus russischer Sicht ist sie das Ergebnis einer Reihe von westlichen Provokationen und Vertragsbrüchen, angefangen bei der NATO-Osterweiterung bis hin zu den Ereignissen in der Ukraine 2014. Die westliche Weigerung, Russland sicherheitspolitische Garantien zu geben, und die kontinuierliche Unterstützung für die ukrainische Regierung wurden in Moskau als direkte Bedrohung der eigenen Sicherheit interpretiert. Die militärische Intervention 2022 stellt in dieser Perspektive eine Reaktion auf diese wahrgenommenen Bedrohungen und eine Verteidigung russischer Interessen dar.

Diese Sichtweise betont die geopolitischen und sicherheitspolitischen Interessen Russlands und stellt die westlichen Handlungen als aggressive Expansion dar. Während dies eine Perspektive ist, die in Moskau weit verbreitet ist, gibt es zahlreiche andere Darstellungen und Analysen, die die Komplexität und die Vielschichtigkeit dieses Konflikts beleuchten.

6. Abschnitt

Operation Northwoods

Operation Northwoods ist eine der am häufigsten zitierten Verschwörungstheorien, die angeblich zeigt, wie weit Regierungen bereit sein könnten zu gehen, um ihre politischen Ziele zu erreichen. Diese Theorie basiert auf einem realen Dokument aus den 1960er Jahren, das eine Reihe von Vorschlägen für verdeckte Operationen und inszenierte Angriffe enthält, die den Anschein erwecken sollten, dass Kuba die Vereinigten Staaten angegriffen habe. Die Theorie besagt, dass die US-Regierung bereit war, ihre eigenen Bürger zu gefährden, um einen Krieg gegen Kuba zu rechtfertigen. In diesem Kapitel konzentrieren wir uns ausschließlich auf die Belege und Argumente, die die Existenz und die mögliche Umsetzung von Operation Northwoods unterstützen.

Historischer Hintergrund

Die Operation Northwoods wurde 1962 von hochrangigen Mitgliedern des US-Militärs vorgeschlagen, um die Unterstützung der amerikanischen Öffentlichkeit für eine Invasion Kubas zu gewinnen. Dies geschah zu einer Zeit, als die Spannungen zwischen den USA und der Sowjetunion auf ihrem Höhepunkt waren, und Kuba, unter der Führung von Fidel Castro, eine sozialistische Regierung etabliert hatte, die von den USA als Bedrohung wahrgenommen wurde.

Ein zentrales Beweisstück für die Operation Northwoods ist das deklassifizierte Dokument, das von der Joint Chiefs of Staff (JCS) erstellt wurde. Dieses Dokument, das erstmals 1997 öffentlich zugänglich gemacht wurde, enthält detaillierte Pläne für inszenierte terroristische Anschläge, die der kubanischen Regierung angelastet werden sollten. Die vorgeschlagenen Aktionen reichten von der Inszenierung von Flugzeugentführungen über Bombenanschläge in amerikanischen Städten bis hin zu Angriffen auf amerikanische Schiffe.

Das Dokument schlägt eine Vielzahl von Täuschungsoperationen vor, darunter:

- **Inszenierung von Angriffen auf Guantánamo Bay:** Eine der vorgeschlagenen Aktionen war die Inszenierung von Angriffen auf die US-Marinebasis in Guantánamo Bay, Kuba. Dies hätte so aussehen sollen, als ob kubanische Kräfte die Basis angegriffen hätten, was eine militärische Reaktion der USA gerechtfertigt hätte.

- **Erzeugung von Vorfällen in der Luft:** Ein weiterer Vorschlag war, zivile Flugzeuge zu kapern und es so aussehen zu lassen, als ob sie von kubanischen Agenten entführt worden wären. Es wurde sogar vorgeschlagen, ein unbemanntes Flugzeug mit einer explodierenden Bombe zu versehen, um den Eindruck zu erwecken, dass kubanische Terroristen ein amerikanisches Passagierflugzeug abgeschossen hätten.

- **Bombenanschläge und Sabotage:** Das Dokument schlägt auch vor, Bombenanschläge und Sabotageakte in amerikanischen Städten durchzuführen und diese Kuba anzulasten. Diese Aktionen sollten das Gefühl einer unmittelbaren Bedrohung durch Kuba verstärken und die öffentliche Unterstützung für einen Krieg gegen Kuba mobilisieren.

Politischer Kontext und Genehmigung

Der Plan wurde dem US-Verteidigungsminister Robert McNamara vorgelegt, der ihn jedoch ablehnte. Präsident John F. Kennedy, der zu dieser Zeit im Amt war, genehmigte die Operation ebenfalls nicht. Trotzdem bleibt die Existenz des Dokuments ein starkes Indiz dafür, dass hochrangige Mitglieder des US-Militärs bereit waren, solche drastischen Maßnahmen in Betracht zu ziehen, um ihre politischen Ziele zu erreichen.

Präsident Kennedy lehnte den Plan ab, was darauf hindeutet, dass es in der US-Regierung zumindest einige Schranken gegen solche extremen Maßnahmen gab. Es wird jedoch oft argumentiert, dass die bloße Existenz des Plans belegt, dass ähnliche Operationen theoretisch umgesetzt werden könnten, wenn die politischen Umstände dies rechtfertigen.

Befürworter der Theorie führen oft historische Präzedenzfälle an, um zu zeigen, dass die US-Regierung in der Vergangenheit ähnliche verdeckte Operationen durchgeführt hat. Beispiele hierfür sind die Operation Ajax im Iran, wo die CIA 1953 einen Putsch orchestrierte, und die Operation Gladio in Europa, bei der geheime Netzwerke während des

Kalten Krieges aktiv waren, um kommunistische
Einflüsse zu bekämpfen.

Glaubwürdigkeit und Insider-Berichte

Ehemalige Regierungsbeamte und Insider haben in der
Vergangenheit die Existenz und mögliche Umsetzung
von Operationen wie Northwoods bestätigt. Fletcher
Prouty, ein ehemaliger Offizier der US-Luftwaffe,
schrieb ausführlich über die Bereitschaft der
Regierung, verdeckte Operationen durchzuführen,
um politische Ziele zu erreichen.

Die detaillierte Analyse der im Dokument
vorgeschlagenen Operationen zeigt, wie weitreichend
und ausgeklügelt die Pläne waren. Die Vorschläge
zeugen von einer umfassenden strategischen Planung
und einem tiefen Verständnis dafür, wie man die
öffentliche Meinung manipulieren kann.

Einige der vorgeschlagenen Operationen, wie die
Inszenierung von Flugzeugentführungen und
Bombenanschlägen, hätten eine erhebliche logistische
und technische Planung erfordert. Die detaillierten
Pläne im Dokument deuten darauf hin, dass die US-
Militärs die technischen Mittel und das Know-how
hatten, solche Operationen erfolgreich durchzuführen.

Psychologische Manipulation

Ein zentraler Aspekt der Operation Northwoods war
die psychologische Manipulation der Öffentlichkeit.
Die vorgeschlagenen Aktionen zielten darauf ab,

Angst und Panik zu schüren und die öffentliche
Meinung gegen Kuba zu wenden.

**„Dies zeigt ein tiefes Verständnis für die
Mechanismen der Massenpsychologie
und die Macht der Medien."**

Die Enthüllung der Operation Northwoods hat
langfristige Auswirkungen auf das Vertrauen der
Öffentlichkeit in die Regierung und die
Glaubwürdigkeit von offiziellen Erklärungen.
Viele Anhänger der Theorie argumentieren, dass die
Existenz solcher Pläne zeigt, dass die Regierung bereit
ist, weitreichende Maßnahmen zu ergreifen, um ihre
Ziele zu erreichen, selbst wenn dies bedeutet, die
eigene Bevölkerung zu täuschen.

Die Operation Northwoods hat einen tiefgreifenden
Einfluss auf moderne Verschwörungstheorien gehabt.
Sie wird oft als Beispiel dafür angeführt, dass
Regierungen in der Lage sind, komplexe
Täuschungsoperationen durchzuführen, und hat
das Misstrauen gegenüber staatlichen Institutionen
weiter verstärkt.

Die Existenz des Dokuments sowie die detaillierten
Pläne für inszenierte Angriffe bieten starke Belege für
die Behauptungen, dass die US-Regierung bereit war,
extreme Maßnahmen zu ergreifen, um ihre politischen
Ziele zu erreichen. Während der Plan letztlich nicht
umgesetzt wurde, bleibt seine Existenz ein starkes
Indiz dafür, dass ähnliche Operationen theoretisch
möglich sind.

Die Enthüllung des Dokuments hat das Vertrauen in staatliche Institutionen nachhaltig erschüttert und dient als Warnung vor den potenziellen Gefahren verdeckter Operationen und psychologischer Manipulation.

Einführung in die Geopolitik und Konflikte im Persischen Golf

Der Persische Golf, ein strategisch bedeutendes Gebiet im Nahen Osten, war in den letzten Jahrzehnten Schauplatz zahlreicher geopolitischer Konflikte und Kriege. Diese Auseinandersetzungen haben nicht nur die regionale, sondern auch die globale Politik tiefgreifend beeinflusst. Ein zentraler Akteur in diesen Konflikten waren die USA, deren Interventionen oft aus wirtschaftlichen und strategischen Interessen motiviert waren. Diese Einführung beleuchtet die wichtigsten Kriege und die geopolitischen Dynamiken, die sie prägten, im Detail.

Erster Golfkrieg (1980-1988)

Der Erste Golfkrieg war ein verheerender Konflikt zwischen dem Irak und dem Iran, der im September 1980 begann und acht Jahre dauerte. Die Ursachen für den Krieg lagen in territorialen Streitigkeiten, politischen Spannungen und religiösen Differenzen zwischen dem säkularen Irak unter Saddam Hussein und der islamischen Republik Iran unter Ayatollah Khomeini.

- Der Irak beanspruchte Gebiete entlang der gemeinsamen Grenze, insbesondere den Schatt al-Arab, eine wichtige Wasserstraße für den Öltransport.

- Nach der iranischen Revolution 1979, die den Schah stürzte und eine islamische Republik etablierte, fühlte sich das säkulare Regime im Irak bedroht. Saddam Hussein wollte die Macht des neuen Regimes im Iran schwächen.

- Der schiitisch geprägte Iran stand in ideologischem Gegensatz zum sunnitisch geführten Irak. Saddam Hussein befürchtete, dass die Revolution in Iran auch schiitische Aufstände im Irak inspirieren könnte.

Unterstützung durch den Westen

Die USA und andere westliche Länder unterstützten den Irak in diesem Konflikt, um den Iran nach der islamischen Revolution 1979 zu schwächen. Diese Unterstützung umfasste wirtschaftliche Hilfe, Waffenlieferungen und politische Unterstützung. Zu den Unterstützern des Irak gehörten auch Deutschland und Frankreich, die beide militärische und technologische Unterstützung leisteten.

Der Krieg führte zu massiven Zerstörungen und etwa einer Million Todesopfern auf beiden Seiten, ohne dass ein klarer Sieger hervorging. Die wirtschaftlichen und menschlichen Kosten des Krieges waren verheerend und hinterließen tiefe Wunden in beiden Ländern. Der Konflikt endete 1988 mit einem Waffenstillstand, jedoch ohne einen formellen Friedensvertrag.

Zweiter Golfkrieg (1990-1991)

Der Zweite Golfkrieg, auch als Erster Irakkrieg bekannt, begann im August 1990, als der Irak Kuwait überfiel. Saddam Hussein behauptete, Kuwait habe irakisches Öl gestohlen, und versuchte, das kleine, aber reiche Land zu annektieren.

Der Irak war nach dem Ersten Golfkrieg hoch verschuldet und betrachtete Kuwait als eine Möglichkeit, seine wirtschaftlichen Probleme zu lösen. Die reichen Ölreserven Kuwaits waren ein verlockendes Ziel. Saddam Hussein beschuldigte Kuwait, die irakische Wirtschaft durch Überproduktion von Öl zu schädigen und die Ölpreise zu senken.

Die internationale Gemeinschaft, angeführt von den USA, reagierte schnell und bildete eine Koalition, um den Irak aus Kuwait zu vertreiben. Die UNO verhängte Wirtschaftssanktionen gegen den Irak und forderte den Rückzug der irakischen Truppen.

Operation Desert Storm

Operation Desert Storm, die militärische Offensive der Koalition, begann im Januar 1991 und führte innerhalb weniger Wochen zur Befreiung Kuwaits. Die überwältigende militärische Überlegenheit der Koalition führte zu einem schnellen Sieg. Trotz der militärischen Niederlage des Irak blieb Saddam Hussein an der Macht.

Obwohl Saddam Hussein an der Macht blieb, führte
der Krieg zu einer langfristigen Präsenz der USA
und ihrer Verbündeten in der Region. Die USA
stationierten dauerhaft Truppen in Saudi-Arabien und
anderen Golfstaaten, was langfristige geopolitische
Spannungen verursachte und die Grundlage für
zukünftige Konflikte legte.

Dritter Golfkrieg (2003)

Der Dritte Golfkrieg, auch als Zweiter Irakkrieg
bekannt, begann im März 2003, als die USA eine
Koalition anführten, um den Irak erneut anzugreifen.

- Die USA und Großbritannien behaupteten,
  der Irak besitze Massenvernichtungswaffen,
  welche eine unmittelbare Bedrohung darstellten.
  Diese Behauptung basierte auf Informationen,
  die sich später natürlich als falsch herausstellten.

- Es wurde behauptet, dass Saddam Hussein
  Verbindungen zu Terrorgruppen wie Al-Qaida
  habe. Auch diese Behauptungen wurden später
  weitgehend widerlegt.

Ein weiteres Argument der USA war die Befreiung
des irakischen Volkes von der Diktatur Saddam
Husseins und die Etablierung einer "Demokratie".

Die militärische Offensive begann mit massiven
Luftangriffen auf Bagdad, gefolgt von einer
Bodeninvasion. Innerhalb weniger Wochen wurde
das irakische Regime gestürzt, und Saddam Hussein
wurde später gefangen genommen und hingerichtet.

Die nachfolgende Besatzung und der Wiederaufbau des Irak waren von langwierigen Konflikten und Instabilitäten geprägt.

Konsequenzen und Kritik

Der Krieg führte zu einer tiefen Spaltung in der internationalen Gemeinschaft und zu weitreichender Kritik an der US-Regierung und ihren Motiven. Die anhaltende Instabilität im Irak und das Aufkommen von Terrorgruppen wie dem Islamischen Staat (IS) waren direkte Folgen des Krieges und der Besatzung.

Die US-Interventionen im Nahen Osten, insbesondere im Persischen Golf, wurden oft von wirtschaftlichen und strategischen Interessen geleitet. Ein zentrales Motiv war der Zugang zu den reichhaltigen Ölressourcen der Region. Die Sicherung dieser Ressourcen war ein Hauptziel der US-Außenpolitik, was zur Stationierung von Truppen und zum Aufbau von Militärbasen in der Region führte. Die Kontrolle über die Ölreserven war nicht nur für die Energieversorgung der USA von entscheidender Bedeutung, sondern auch für die globale Wirtschaft.

Ein weiteres Motiv war die Eindämmung des Kommunismus während des Kalten Krieges. Die Unterstützung autoritärer Regime, die als Bollwerke gegen den Kommunismus dienten, war ein gängiges Muster. Beispiele hierfür sind die Unterstützung des Schahs von Persien und später die Aufrüstung Saddam Husseins gegen den Iran.

Diese Strategien sollten die Ausbreitung des sowjetischen Einflusses im Nahen Osten verhindern.

Historische Parallelen und politische Strategien

Die US-Außenpolitik im Nahen Osten zeigt eine lange Geschichte von Interventionen und Unterstützung autoritärer Regime. Ein prominentes Beispiel ist der von der CIA unterstützte Putsch gegen den demokratisch gewählten Präsidenten Salvador Allende in Chile 1973, der zur Errichtung einer militärischen Diktatur unter Augusto Pinochet führte. Diese Politik wurde oft unter dem Vorwand der Verbreitung von Demokratie und Menschenrechten geführt, diente aber häufig den geopolitischen und wirtschaftlichen Interessen der USA.

Iran und der Schah

Im Iran unterstützten die USA den Schah Mohammad Reza Pahlavi, um einen starken Verbündeten gegen die Sowjetunion zu haben. Diese Unterstützung trug zur Islamischen Revolution 1979 bei, als die Bevölkerung gegen die autoritäre Herrschaft des Schahs aufstand. Der Sturz des Schahs führte zu einer tiefen Feindschaft zwischen dem Iran und den USA.

Die geopolitischen Konflikte im Persischen Golf sind tief verwurzelt in einer komplexen Geschichte von territorialen Streitigkeiten, politischen Spannungen und globalen Machtinteressen. Die Rolle der USA in diesen Konflikten war oft umstritten und wurde von wirtschaftlichen und strategischen Interessen geprägt. Die langfristigen Folgen dieser Interventionen sind bis heute spürbar und tragen weiterhin zur Instabilität und den Spannungen in der Region bei. Das Verständnis dieser Geschichte ist entscheidend für das Verständnis der aktuellen geopolitischen Lage und der Herausforderungen, denen die Region gegenübersteht.

Die Denver International Airport Verschwörung

Der Denver International Airport (DIA), eröffnet 1995, ist nicht nur einer der größten und verkehrsreichsten Flughäfen der Welt, sondern auch ein Knotenpunkt zahlreicher Verschwörungstheorien. Die ungewöhnliche Architektur, die seltsamen Kunstwerke und die mysteriösen Symbole haben Spekulationen über geheime unterirdische Anlagen, eine Verbindung zu geheimen Gesellschaften und apokalyptische Vorhersagen angeheizt. Diese Theorien sind so vielfältig und umfassend, dass sie eine eingehende Betrachtung verdienen.

Eine der am weitesten verbreiteten Theorien besagt, dass unter dem Denver International Airport ein riesiges unterirdisches Netzwerk existiert, das für verschiedene geheime Zwecke genutzt wird. Einige behaupten, es handele sich um ein Notfallbunker für die politische und wirtschaftliche Elite im Falle einer globalen Katastrophe. Andere spekulieren, dass die Anlage als geheime Militärbasis oder für außerirdische Aktivitäten genutzt wird.

Baukosten und Verzögerungen

Einer der Hauptgründe für diese Spekulationen sind die exorbitanten Baukosten und die zahlreichen Verzögerungen beim Bau des Flughafens. Ursprünglich mit einem Budget von 1,7 Milliarden

Dollar veranschlagt, stiegen die Kosten schließlich auf über 4,8 Milliarden Dollar. Kritiker fragen sich, warum der Bau so viel teurer und länger als geplant dauerte und vermuten, dass ein Großteil des Geldes für den Bau der geheimen unterirdischen Anlagen verwendet wurde.

Ein weiterer Aspekt, der die Theorien über unterirdische Anlagen befeuert, sind die zahlreichen Tunnel und unterirdischen Bunker, die während des Baus entdeckt wurden. Offiziell wurden diese Tunnel als Teil eines automatisierten Gepäckabfertigungs-systems gebaut, das jedoch nie richtig funktionierte. Kritiker glauben jedoch, dass diese Tunnel Teil eines viel größeren und geheimen Netzwerks sind.

Seltsame Kunstwerke und Symbole

Die Kunstwerke und Symbole im Denver International Airport haben ebenfalls zu zahlreichen Verschwörungstheorien geführt. Kritiker behaupten, dass viele der Kunstwerke okkulte Symbole und apokalyptische Botschaften enthalten, die auf eine düstere Zukunft hindeuten.

Eines der bekanntesten und umstrittensten Kunstwerke am DIA ist die 32 Fuß hohe Statue eines blauen Pferdes mit leuchtend roten Augen, bekannt als „Blucifer". Die Statue, offiziell „Blue Mustang" genannt, wurde von dem Künstler Luis Jiménez geschaffen, der tragischerweise während der Arbeiten an der Statue ums Leben kam, als ein Teil der Skulptur auf ihn fiel.

Kritiker behaupten, dass die unheimliche Erscheinung des Pferdes und die Umstände des Todes des Künstlers ein böses Omen darstellen und auf dunkle Mächte hinweisen.

Wandgemälde mit apokalyptischen Szenen

Die Wandgemälde im Hauptterminal des DIA, geschaffen vom Künstler Leo Tanguma, haben ebenfalls für viel Aufsehen gesorgt. Die Gemälde, die Szenen von Krieg, Tod und Zerstörung zeigen, werden von Kritikern als Vorhersagen für eine bevorstehende apokalyptische Zukunft interpretiert. In einem der Gemälde ist ein Soldat mit einer Gasmaske abgebildet, der ein Schwert hält, während im Hintergrund eine Stadt in Flammen steht und Kinder in Särgen liegen. Diese Bilder werden als Hinweise auf geplante globale Katastrophen und die Errichtung einer neuen Weltordnung gedeutet.

Freimaurersymbole und die Neue Weltordnung

Ein weiteres Element, das Verschwörungstheorien rund um den DIA befeuert, sind die zahlreichen Freimaurersymbole und Hinweise auf eine „Neue Weltordnung". Auf einer Gedenktafel im Flughafen ist das Symbol der Freimaurerloge zu sehen, zusammen mit einer Inschrift, die von einer „New World Airport Commission" spricht, die es offiziell jedoch nie gegeben hat. Kritiker glauben, dass diese Symbole auf die Kontrolle des Flughafens durch geheime Gesellschaften und deren Pläne zur Errichtung einer neuen Weltordnung hinweisen.

Die Runway-Form und geheime Codes

Die Form der Start- und Landebahnen des Denver International Airport hat ebenfalls Spekulationen ausgelöst. Aus der Luft betrachtet, scheinen die Bahnen ein Hakenkreuz zu bilden. Während die Flughafenbetreiber behaupten, dass diese Anordnung aus praktischen Gründen gewählt wurde, um den gleichzeitigen Betrieb mehrerer Start- und Landebahnen zu ermöglichen, glauben Kritiker, dass die Form absichtlich gewählt wurde und auf eine Verbindung zu Nazi-Symbolik und dunklen Mächten hinweist.

Berichte über ungewöhnliche Aktivitäten

Es gibt zahlreiche Berichte über ungewöhnliche Aktivitäten und Sichtungen am Denver International Airport, die Verschwörungstheorien weiter anheizen. Einige behaupten, mysteriöse Flugzeuge und Hubschrauber ohne Erkennungszeichen gesehen zu haben, die nachts den Flughafen anfliegen. Andere berichten von seltsamen Lichtern und Geräuschen, die aus den unterirdischen Anlagen kommen sollen.

Es gibt auch Berichte, dass der Denver International Airport regelmäßig von hochrangigen Regierungs-beamten und prominenten Persönlichkeiten besucht wird, was die Spekulationen über geheime Meetings und Operationen weiter befeuert. Kritiker glauben, dass diese Besuche Teil einer größeren Agenda sind und dass der DIA eine Schlüsselrolle in den Plänen zur Errichtung einer neuen Weltordnung spielt.

Ein weiterer Aspekt, der Verschwörungstheorien rund um den DIA befeuert, ist die Rolle der Medien und die Verbreitung von Desinformation. Einige Theoretiker behaupten, dass die Medien absichtlich falsche Informationen verbreiten oder wichtige Fakten verschweigen, um die wahren Aktivitäten am DIA zu verschleiern. Sie argumentieren, dass die Medien Teil einer größeren Verschwörung sind und dass die Wahrheit über den Flughafen absichtlich unterdrückt wird.

Interessanterweise hat der Denver International Airport selbst auf die zahlreichen Theorien reagiert, indem er sie humorvoll aufgriff. Im Jahr 2016 startete der Flughafen eine Werbekampagne, die die Theorien auf ironische Weise thematisierte und Besucher dazu einlud, die „Geheimnisse" des DIA zu entdecken. Diese Kampagne wurde von einigen als cleverer Marketing-Schachzug gelobt, während andere sie als weiteren Versuch sehen, die wahren Aktivitäten zu verschleiern.

Der Denver International Airport bleibt ein Rätsel, das zahlreiche Verschwörungstheorien inspiriert hat. Die ungewöhnliche Architektur, die seltsamen Kunstwerke und Symbole, die Berichte über unterirdische Anlagen und ungewöhnliche Aktivitäten haben eine Vielzahl von Spekulationen und Theorien hervorgebracht. Während einige dieser Theorien plausibler erscheinen als andere, bleibt die Wahrheit über den DIA weiterhin unklar.

Die Faszination und das Interesse an den Theorien rund um den Denver International Airport zeigen, wie stark das Bedürfnis der Menschen ist, Antworten auf unerklärliche Phänomene zu finden. Egal, ob es sich um geheime Bunker, okkulte Symbole oder Pläne zur Errichtung einer neuen Weltordnung handelt – der DIA wird weiterhin ein fruchtbarer Boden für Spekulationen und Verschwörungstheorien bleiben.

Die 5G-Verschwörung

Die Einführung der 5G-Technologie hat nicht nur
die Telekommunikationsbranche revolutioniert,
sondern auch eine Vielzahl von Verschwörungstheorien hervorgebracht. Diese Theorien reichen
von Bedenken über gesundheitliche Auswirkungen
bis hin zu Behauptungen, dass 5G zur Kontrolle der
menschlichen Bevölkerung verwendet wird.
Um ein umfassendes Verständnis dieser Theorien
zu erlangen, ist es wichtig, die Indizien und Beweise
zu untersuchen, die von den Anhängern der 5G-
Verschwörungstheorie vorgebracht werden.

Gesundheitliche Bedenken
und wissenschaftliche Kontroversen

Ein zentraler Aspekt der 5G-Verschwörungstheorie
sind die gesundheitlichen Bedenken, die durch die
erhöhte Strahlenbelastung entstehen könnten.
Anhänger dieser Theorie behaupten, dass die höheren
Frequenzen und die dichtere Platzierung von
Antennen zu einer erhöhten Exposition gegenüber
elektromagnetischen Feldern (EMF) führen, was
potenziell schädlich für die menschliche Gesundheit
sei.

Eine Vielzahl von Studien wird oft als Beweis
Für die Gefährlichkeit von 5G herangezogen.
Diese Studien zeigen, dass EMF zu einer Reihe
von Gesundheitsproblemen führen kann, darunter
Kopfschmerzen, Schlafstörungen, Krebs und
neurologische Störungen. Kritiker weisen darauf hin,

dass bereits niedrige Frequenzen, wie sie bei früheren Mobilfunktechnologien verwendet wurden, gesundheitliche Probleme verursachen könnten. Die Sorge ist, dass die höheren Frequenzen von 5G diese Risiken noch verstärken könnten.

Biologische Auswirkungen von EMF

Es wird argumentiert, dass EMF die biologische Integrität der Zellen beeinträchtigen kann, indem es die Zellmembranen destabilisiert und die Produktion von reaktiven Sauerstoffspezies (ROS) erhöht. ROS sind Moleküle, die Zellschäden verursachen können und mit verschiedenen gesundheitlichen Problemen in Verbindung gebracht werden, einschließlich Krebs und neurodegenerativen Erkrankungen.

Tierversuche und epidemiologische Studien

Einige Tierversuche haben gezeigt, dass die Exposition gegenüber EMF bei Ratten zu einem erhöhten Risiko für Tumore führt. Epidemiologische Studien, die die gesundheitlichen Auswirkungen von EMF bei Menschen untersuchen, haben ebenfalls einige Korrelationen zwischen EMF-Exposition und gesundheitlichen Problemen aufgezeigt. Diese Studien werden oft zitiert, um die gesundheitlichen Bedenken hinsichtlich 5G zu untermauern.

Ein weiterer Aspekt der 5G-Verschwörungstheorie ist die Behauptung, dass die 5G-Technologie zur Überwachung und Kontrolle der Bevölkerung verwendet wird. Diese Theorie ist eng mit der Vorstellung einer "neuen Weltordnung" verbunden, in der eine kleine Elite die Welt regiert und die Bevölkerung durch technologische Mittel kontrolliert.

Anhänger dieser Theorie argumentieren, dass die erhöhte Konnektivität und die allgegenwärtige Präsenz von 5G-Antennen die perfekte Infrastruktur für eine umfassende Überwachung schaffen. Sie behaupten, dass 5G genutzt werden könnte, um Daten über das Verhalten und die Bewegungen der Menschen in Echtzeit zu sammeln. Dies würde Regierungen und Unternehmen eine beispiellose Kontrolle über das Privatleben der Menschen geben.

Ein konkretes Beispiel ist die Verwendung von 5G in sogenannten "smarten Städten", wo alles von Verkehrsflüssen bis hin zu Energieverbrauch in Echtzeit überwacht und gesteuert wird. Kritiker argumentieren, dass diese Technologie auch für weniger wohlwollende Zwecke genutzt werden könnte, wie die Überwachung politischer Dissidenten oder die Manipulation öffentlicher Meinung durch gezielte Desinformation.

Verbindungen zu COVID-19

Eine der umstrittensten Theorien, die in den letzten Jahren aufgetaucht sind, ist die angebliche Verbindung zwischen 5G und der COVID-19-Pandemie. Diese Theorie behauptet, dass 5G-Strahlung entweder das Virus verbreitet oder das Immunsystem der Menschen schwächt, was sie anfälliger für Infektionen macht.

Verbreitung und Indizien

Die Theorie verbreitete sich rasant in sozialen Medien
und führte zu einer Reihe von Vandalismusakten
gegen 5G-Masten weltweit. Videos und Beiträge,
welche diese Theorie unterstützen, wurden
millionenfach geteilt. Anhänger dieser Theorie
argumentieren, dass die zeitliche Korrelation zwischen
dem Ausbau von 5G-Netzen und dem Ausbruch der
Pandemie ein starkes Indiz sei.

Einige Kritiker behaupten, dass wissenschaftliche
Experimente gezeigt haben, dass EMF das Verhalten
von Zellen und Viren beeinflussen kann. Es wird
argumentiert, dass 5G-Strahlung das Immunsystem
der Menschen schwächt, indem es die Produktion von
ROS erhöht und die Zellintegrität beeinträchtigt.
Diese Behauptungen basieren oft auf umstrittenen
Studien und experimentellen Beobachtungen.

Ein weiterer Aspekt der 5G-Verschwörungstheorie
betrifft die politischen und wirtschaftlichen Interessen
hinter der Einführung der Technologie.
Kritiker behaupten, dass mächtige Interessen, darunter
große Technologieunternehmen und Regierungen,
die Einführung von 5G vorantreiben, um ihre eigenen
wirtschaftlichen und politischen Agenden zu
unterstützen.

Anhänger dieser Theorie argumentieren, dass große
Technologieunternehmen enormen Druck auf
Regierungen ausüben, um die Einführung von 5G
zu beschleunigen. Sie behaupten, dass diese
Unternehmen von den wirtschaftlichen Vorteilen

profitieren und daher bereit sind, mögliche gesundheitliche und gesellschaftliche Risiken zu ignorieren oder zu verschleiern.

Geopolitische Spannungen

Die Einführung von 5G hat auch geopolitische Spannungen verschärft, insbesondere zwischen den USA und China. Der chinesische Technologieriese Huawei, einer der führenden Anbieter von 5G-Technologie, steht im Zentrum dieser Spannungen. Kritiker behaupten, dass die USA versuchen, Huawei aus dem globalen 5G-Markt zu verdrängen, um ihre eigene technologische Vorherrschaft zu sichern. Diese geopolitischen Spannungen werden oft als Beweis dafür angeführt, dass die Debatte um 5G weit mehr als nur technische und gesundheitliche Fragen umfasst.

Anomalien in 5G-Tests

Es gibt Berichte über Anomalien während der Tests von 5G-Antennen. Einige dieser Berichte behaupten, dass in der Nähe von Teststandorten ungewöhnlich hohe EMF-Werte gemessen wurden. Diese Anomalien werden oft als Beweis dafür angeführt, dass 5G-Strahlung stärker und gefährlicher ist als offiziell angegeben.

Es gibt Berichte, dass in der Nähe von 5G-Teststandorten Vögel und andere Tiere tot aufgefunden wurden. Diese Vorfälle werden von Kritikern als Beweis dafür angeführt, dass 5G-Strahlung negative Auswirkungen auf die Umwelt hat.

Sie argumentieren, dass diese Schäden ein Indiz
dafür sind, dass die Technologie auch schädliche
Auswirkungen auf den Menschen haben könnte.
Zusammenfassende Beweise und Argumente

Die 5G-Verschwörungstheorie ist reich an
verschiedenen Belegen und Argumenten, die von
ihren Anhängern vorgebracht werden. Diese reichen
von wissenschaftlichen Studien über gesundheitliche
Auswirkungen, über Beobachtungen von
Überwachungstechnologie bis hin zu geopolitischen
Spannungen und wirtschaftlichen Interessen.

Die Faszination und das Interesse an den Theorien
rund um 5G zeigen, wie stark das Bedürfnis der
Menschen ist, Antworten auf unerklärliche
Phänomene und komplexe technologische
Entwicklungen zu finden. Unabhängig davon, ob man
an die Verschwörungstheorien glaubt oder nicht, bleibt
klar, dass die Einführung von 5G tiefgreifende
Auswirkungen auf unsere Gesellschaft hat und
weiterhin intensiv diskutiert werden wird.

Die Idee des „menschengemachten" Klimawandels

Auf die Idee des menschengemachten Klimawandels baut die Politik eine preistreibende Energiepolitik auf, dabei sind die Treibhaus-Thesen längst widerlegt!

Alle Parteien der Industriestaaten, egal ob rechts oder links, übernehmen die CO_2-Erderwärmungs-**Theorie**, weil dies eine einmalige Chance bietet, die Luft zum Atmen zu besteuern, um angeblich die Welt vor dem sicheren Hitzetod zu bewahren.

„Kaum eine Partei wird dieser Versuchung widerstehen können!"

Die Ergebnisse aller Forscher, welche wissenschaftliche Arbeiten über die immensen Auswirkungen der Sonne und der Strahlungen aus dem Weltall auf unser Klima dargelegt haben, werden weiterhin systematisch unterdrückt und totgeschwiegen! Politiker können damit nichts anfangen, schließlich würde das bedeuten, dass all die bereits beschlossenen und noch für die Zukunft geplanten Gesetze, mit welchen die Bürger zu immer neuen Abgaben und Steuern gezwungen werden, um die Welt zu retten, überhaupt nicht mehr zu rechtfertigen wären!

„Anstatt durch sinnlose Steuern den Klimawandel vermeintlich positiv zu beeinflussen, müssten sich unsere Politiker wohl eher (wenn überhaupt) mit den Folgen des natürlichen Klimawandels beschäftigen!"

Eine faire und ausgeglichene Debatte über die Ursachen für den Klimawandel gibt es in Deutschland nicht. Bei uns wird einfach gesagt: **„der Ausstoß von Treibhausgasen führt zur Erderwärmung...!"**

Doch, was als unerschütterliche Wahrheit streng wissenschaftlich daherkommt, kann bei genauerer Betrachtung als simple **Propaganda** enttarnt werden. Es gibt beispielsweise allein aus den letzten Jahren ungefähr **800** wissenschaftliche Veröffentlichungen, welche die CO2-Treibhaus-Theorien allesamt widerlegen!

„Die Behauptungen der Politiker sind somit mit äußerster Vorsicht zu genießen!"

In Berlin haben sich bereits mehrfach anerkannte kritische Wissenschaftler aus aller Welt getroffen, um ihre neuen Ergebnisse vorzustellen, welche zu ganz anderen Ergebnissen kommen, als der **„Mainstream"** uns vermittelt... Doch kaum ein Bundestagsabgeordneter oder Journalist machte sich jemals die Mühe, sich zu informieren!

„Außer ihren manipulativen eigenen Hochrechnungen haben die CO2-Klimaerwärmer bis heute nichts Handfestes zu bieten!"

Dennoch baut die Bundesregierung weiterhin auf dem Modell eines menschengemachten Klimawandels eine preistreibende Energiepolitik auf, welche die deutsche Volkswirtschaft **dreistellige Milliardenbeträge kostet!**

Selbst wenn keiner anderer mehr mitmacht, so sind die deutschen Parteien trotzdem entschlossen, „die Besteuerung von CO2" weiterhin konsequent durchzuziehen, **angeblich um als Vorbild für die ganze Welt zu fungieren.**

> **Mit Energiewende und Umweltschutz hat das alles jedoch nichts zu tun, sondern eher mit systematischer Abzocke durch „arglistige Täuschung!"**

Am Anfang war die CO2- Erderwärmungstheorie eine Erfindung, welche massiv von der Nuklearindustrie gefördert wurde. Aber dann wurde daraus mehr und mehr ein Szenario für den Weltuntergang. Wenn es um den Weltuntergang geht, scheinen die Deutschen am besten dafür geeignet zu sein. So wurde die Klima-Treibhaus-Untergangstheorie schlussendlich uns Deutschen übergeben…!

Die Propagandamaschinerie der Bundesregierung, der EU und der UN leistet hervorragende Arbeit. Nach wie vor glaubt eine Mehrheit in Deutschland weiterhin, dass der Klimawandel maßgeblich oder sogar ausschließlich von uns Menschen verursacht wird.

> **„Wollen Sie wirklich unbedingt verarscht**

und betrogen werden?"

Wenn nicht, dann sollten Sie nicht einfach alles glauben, was Ihnen die meisten Politiker und die öffentlich-rechtlichen Medien vorbeten, sondern auch Gegenpositionen zur Kenntnis nehmen, Ihren gesunden Menschenverstand einschalten, Zusammenhänge erkennen und sich eine eigene Meinung bilden!

1. Das Klima lässt sich nicht vorhersagen!

Schon die Vorhersage, wie der nächste Sommer oder Winter wird, ist äußerst spekulativ. Wie will man also das weltweite Klima in zehn oder gar fünfzig Jahren vorhersagen? Bereits vor Jahrzehnten wurde vor einer neuen Eiszeit gewarnt, und seit einigen Jahren wird eine neue Kälteperiode in Europa durch die Abschwächung des Golfstroms diskutiert.

Im Widerspruch dazu soll nach neueren Behauptungen auch dieses Phänomen zur Erwärmung beitragen. Angesichts solcher Unsicherheiten erscheint der Fanatismus, mit dem an der Hypothese der Erderwärmung festgehalten wird, wobei keine Anstrengungen und Kosten gescheut werden, der vermeintlichen Katastrophe zu begegnen, nur noch absurd – oder eben politisch statt wissenschaftlich motiviert.

2. Die Meinung der Wissenschaft ist keineswegs so einheitlich wie behauptet!

Die oft zu lesende Zahl von 97 Prozent Übereinstimmung beruht auf einer Meta-Studie von John Cook (2013) und erweckt den Eindruck,

97 Prozent der Klimaforscher seien vom menschengemachten Klimawandel überzeugt. Tatsächlich aber wurden Studien, welche die Ursachen offen ließen, einfach herausgerechnet. Das bedeutet, es geht nur um 97 Prozent jener Studien in Wissenschaftsmagazinen, die überhaupt eine These zu Ursachen des Klimawandels aufstellten.

„Gemessen an der Gesamtheit der untersuchten Studien reduziert sich so die Zahl von 97 Prozent auf nur *32,6 Prozent!"

*(Aber auch diese Zahl umfasst alle Studien, die überhaupt einen Beitrag des Menschen zur Erderwärmung für möglich halten, sei er auch noch so klein und im Ergebnis kaum relevant!)

Tatsächlich hat eine spätere Überprüfung von Cooks Metastudie festgestellt, dass nur 41 bzw. 0,3 Prozent der von diesen untersuchten Studien zu der Ansicht kamen, „dass die meisten Erwärmungen seit 1950 anthropogen sind".

3. Studien, die einen menschlichen Einfluss anzweifeln, werden unterdrückt!

Nicht jeder Wissenschaftler kann so einfach eine Studie in einer Fachzeitschrift veröffentlichen! Die Texte werden von einem Gremium geprüft und dann erst freigegeben (oder auch nicht). Vordergründig soll dadurch die Veröffentlichung schlechter Artikel verhindert werden.

Wenn aber der Politik und den oft von ihr abhängigen Universitäten daran gelegen ist, bestimmte Ergebnisse zu unterdrücken, dann wird man jene Gremien mit linientreuen Wissenschaftlern besetzen, die nicht

334

zur Ideologie passende Texte **ablehnen!**

Dies könne „durchaus dazu führen, dass heftige und klare Klimafolgen in der Öffentlichkeit und der Presse stärker repräsentiert sind als weniger eindeutige oder sogar widersprüchliche Ergebnisse".

4. Der Weltklimarat, eine fragwürdige Autorität!

Maßgebliche wissenschaftliche Institution bei der Propaganda des menschengemachten Klimawandels ist der Weltklimarat (IPCC). Dieser ist jedoch keineswegs neutral, sondern wurde 1988 mit einem speziellen Auftrag gegründet:

„das Liefern international koordinierter wissenschaftlicher Bewertungen zu Ausmaß, zeitlicher Dimension und möglichen ökologischen und sozio-ökonomischen Auswirkungen des Klimawandels, sowie zu realistischen Reaktionsstrategien".

Der Klimawandel wurde also von vornherein als gegeben vorausgesetzt! Ohne Klimawandel kein Weltklimarat! Somit muss dieser den Klimawandel immer wieder bestätigen und möglichst dramatisch darstellen, damit die Gelder für die Bürokraten weiter fließen!

Die Wissenschaftler selbst arbeiten zwar angeblich ehrenamtlich mit, aber natürlich haben sie darüber hinaus gut bezahlte Professuren und Lehraufträge und sie wissen, was sie zu liefern haben, wenn sie die behalten wollen!

*Mehrere Prognosen des IPCC haben sich bereits
als falsch herausgestellt: zur Gletscherschmelze,
zum Schmelzen der Polkappen, zum klima-bedingten
Artensterben, zum Eintrittszeitpunkt der
„Klimakatastrophe"!*

**„Skeptiker sind im IPCC zwar vertreten, doch ihre
Stimmen werden in den Berichten unterdrückt…"**

*Den Wissenschaftlern wird vorgegeben, wie sie sich in
der Öffentlichkeit äußern sollen! Der IPCC-Gutachter
Dr. Sebastian Lüning erklärte bereits im Mai 2019
unmissverständlich, dass der IPCC nicht tatsächlich
politisch unabhängig sei!*

**„2007 gelangten interne E-Mails an die
Öffentlichkeit, welche die unseriöse Arbeitsweise
des IPCC belegen („Climategate")."**

*Ein Absender gestand: „Fakt ist, dass wir das
derzeitige Ausbleiben der Erwärmung einfach nicht
erklären können und es ist ein Hohn, dass wir es nicht
können!" Ein anderer schlug vor, „künftig jene
Zeitschriften, in denen Kritiker zu Wort kommen,
durch einen gemeinsamen Boykott unter Druck zu
setzen!"*

5. Weitere Manipulationen!

*Bereits seit 1990 wurden gezielt Messstationen in
großer Höhe und auf hohen Breitengraden, also in
natürlicherweise kälteren Regionen, abgebaut und
tatsächlich stiegen nach dieser Maßnahme die
gemessenen Durchschnittstemperaturen sprunghaft*

*an. Hinzu kommt, dass sich schon aus praktischen
Gründen besonders viele Messstationen in Städten
befinden, wo es durch die Emissionen von Maschinen,
Kraftfahrzeugen und Heizungsanlagen wärmer ist als
auf dem freien Land.*

Aber es gibt noch ein weiteres, nicht unwesentliches Detail, wie der Meteorologe Klaus Hager berichtet:

*„Glasthermometer wurden um das Jahr 1995 durch
elektronische Thermometer ersetzt. Und die reagieren
deutlich sensibler auf Temperaturunterschiede, zeigen
sie schneller an. Acht Jahre lang habe ich auf dem
Lechfeld Parallelmessungen durchgeführt. Das
Ergebnis war, dass die elektronischen Thermometer
im Vergleich zu ihren Vorgängern im Schnitt eine um
0,9 Grad höhere Temperatur angezeigt haben!"*

„Somit erscheint sogar fraglich, ob eine Klimaerwärmung überhaupt gegeben ist und falls ja, so ist sie mit Sicherheit wesentlich geringer als oft behauptet wird!"

*Die Systemmedien, wie die „Tagesschau", sorgen
zusätzlich für eine verzerrte Wahrnehmung, indem sie
jeden Hitzerekord melden, Kälte- oder Schneerekorde,
wie beispielsweise auf der Zugspitze, aber gerne
verschweigen! „Dabei sind ‚Hitzerekorde' völlig
normal, wenn die modernen elektronischen
Thermometer, wie eben dargestellt, von vornherein
fast ein Grad mehr anzeigen als die, welche man in
den Jahrzehnten davor verwendete!"*

6. Eine Lüge muss man nicht verbieten, wohl aber eine unbequeme Wahrheit!

Wundern Sie sich eigentlich nicht darüber, dass bei einem angeblich so wichtigen Thema wie dem Klimawandel keine öffentlichen Diskussionen zwischen „klimagläubigen" und „klima-skeptischen" Wissenschaftlern stattfinden? Gewiss gäbe das eine hohe Einschaltquote.

> *„Aber die Quote ist eben doch nicht alles, viel wichtiger ist das Verfolgen der vorgegebenen politischen Linie!"*

Zwar gab es noch vor einigen Jahren „klima-skeptische" Dokumentationen, aber diese dienten wohl nur dem Anschein der Ausgewogenheit, denn sie waren extrem selten und gingen in der Masse der Propaganda vollkommen unter!

> *„Inzwischen wird sogar schon gefordert, ‚Klimaleugnung' zu verbieten und unter Strafe zu stellen!"*

Das lässt kaum einen anderen Schluss zu, als dass die Propagandisten des menschengemachten Klimawandels wissen, dass sie im direkten Vergleich der Argumente unterliegen würden...!

7. Klimawandel gab es schon immer!

Gewiss ist die Rekonstruktion des Klimas vergangener Epochen mit Zweifeln behaftet. Gleichwohl gilt es als unumstritten, dass sich das Klima schon immer in

mehr oder weniger großen Abständen geändert hat,
dass es große und kleine Kalt- und Warmzeiten gab!

„Vor diesem Hintergrund ist die aktuelle
Wärmeperiode alles andere als ungewöhnlich!"

So gab es beispielsweise bereits im Mittelalter eine
Warmzeit, die keineswegs zu einer Katastrophe
geführt hat und sogar als „mittelalterliches
Klimaoptimum" in der Literatur zu finden ist!
Was wiederum zur Frage führt: ob eine neue
Warmzeit wirklich so katastrophal wäre, wie es
uns durch die Politik und die Medien suggeriert wird?

8. Die erhöhte CO2-Konzentration ist Folge, nicht Ursache einer Erwärmung!

Das meiste CO2 ist in den Meeren gespeichert.
Erwärmt sich die Atmosphäre, so erwärmen
Sich auch die Meere und geben als Folge dieser
Erwärmung mehr CO2 an die Atmosphäre ab.
Legt man die rekonstruierten Kurven der
Temperaturentwicklung und der CO2-Konzentration
übereinander, **so kann man feststellen, dass zuerst**
die Temperatur steigt und dann das CO2 folgt!

Doch das CO2 selbst verursacht keine Erwärmung;
<u>nach Ansicht einiger Wissenschaftler führt es im</u>
<u>Gegenteil sogar zu einer Abkühlung!</u>

Hohe Sonnenaktivität führt zu einer Erwärmung,
diese zu einem höheren CO2-Gehalt der Atmosphäre,
der wiederum für eine Abkühlung sorgt…

„Es wäre also ein natürlicher Zyklus!"

9. Die Sonne spielt die entscheidende Rolle!

Ohne die Sonne wäre die Temperatur der Erde nahe dem absoluten Nullpunkt, Leben wäre nicht möglich! Was liegt also näher, als die Annahme, dass das Klima auf der Erde vor allem von der Sonnenaktivität abhängt?

„Und genauso ist es auch...!"

Die Aktivität unseres Zentralsterns (die Sonne) schwankt stets in Zyklen und bestimmt so maßgeblich die Durchschnittstemperatur auf unserem Heimatplaneten Erde und das logischerweise nicht nur ausschließlich dort!

Seit kurzem konnte man den sogenannten „Klimawandel" ebenfalls auch auf anderen Planeten unseres Sonnensystems eindeutig nachweisen...

„Dies wird man kaum ebenfalls dem menschlichen Einfluss in die Schuhe schieben können!"

10. Die Klimalüge erfüllt politische Zwecke!

Jedes der zuvor genannten Argumente mag man für sich genommen anzweifeln, denn auch 31.000 Wissenschaftler können sich selbstverständlich dennoch irren. Vielleicht ist der Einfluss der Sonne doch nicht so groß und vielleicht ist es nur Zufall, dass die Temperatur auch auf anderen Planeten steigt.

Die „Aussteiger" und „Whistleblower" könnten geisteskrank sein oder im Auftrag der Ölindustrie Lügen verbreiten.

Andererseits: *Der Manipulation und Lüge überführt wurden nun einmal die Propagandisten des menschengemachten Klimawandels.*

„Hätten sie solche Methoden überhaupt nötig, wenn sie auf der Seite der Wahrheit stünden?"

Offenbar vorsätzlich geänderte Messorte und - Methoden lassen sogar zweifelhaft erscheinen, ob eine allgemeine Klimaerwärmung überhaupt existiert! Wenn man alle Argumente und Aussagen zusammen betrachtet, lassen sie bei vernünftiger Überlegung nur eine Feststellung zu:

„Wir werden in großem Stil von der Politik und vom IPCC belogen und betrogen!"

Die Chemtrail- Verschwörung

Die Chemtrail-Verschwörungstheorie ist eine
der umstrittensten und zugleich faszinierendsten
modernen Verschwörungstheorien. Sie behauptet,
dass die Kondensstreifen, die von Flugzeugen am
Himmel hinterlassen werden, in Wirklichkeit
chemische oder biologische Stoffe enthalten, die
absichtlich versprüht werden, um eine Vielzahl
von geheimen Zwecken zu erfüllen. Diese reichen von
der Wetterkontrolle über Bevölkerungsreduktion bis
hin zur Manipulation des menschlichen Geistes und
Körpers.

Trotz der Ablehnung durch die wissenschaftliche
Gemeinschaft hat diese Theorie eine beachtliche
Anzahl von Anhängern gewonnen, die zahlreiche
Beweise und Argumente vorlegen, um ihre Ansichten
zu stützen.

Ursprung der Theorie

Die Ursprünge der Chemtrail-Theorie lassen sich bis
in die 1990er Jahre zurückverfolgen, als Menschen
begannen, ungewöhnliche Muster und Veränderungen
in den Kondensstreifen am Himmel zu bemerken.
Diese Beobachtungen führten zu Spekulationen,
dass diese Streifen mehr als nur Wasser und
Eiskristalle enthalten könnten. Im Gegensatz zu
normalen Kondensstreifen, die sich relativ schnell
auflösen, schienen diese anomalen Streifen länger
in der Luft

zu bleiben, sich auszubreiten und den Himmel zu
verschleiern. Diese ungewöhnlichen Eigenschaften
wurden von Befürwortern der Theorie als Indiz dafür
gewertet, dass chemische oder biologische Substanzen
absichtlich versprüht werden.

Unterschied zwischen
Kondensstreifen und Chemtrails

Befürworter der Chemtrail-Theorie unterscheiden
zwischen normalen Kondensstreifen (Contrails)
und Chemtrails. Sie argumentieren, dass normale
Kondensstreifen sich innerhalb von Minuten auflösen,
während Chemtrails stundenlang bestehen bleiben
und sich zu einem dünnen, wolkenartigen Schleier
ausbreiten. Chemtrails sollen ein schimmerndes
Aussehen haben und häufig in ungewöhnlichen
Mustern wie Gitter, Kreuz oder parallelen Linien
am Himmel erscheinen.

Diese ungewöhnlichen Muster und die lange
Beständigkeit am Himmel werden als Beweise
dafür angeführt, dass Chemtrails mehr als
nur einfache Kondensstreifen sind.

Chemische Analysen und Umweltproben

Ein zentraler Punkt der Chemtrail-Theorie sind
Berichte über chemische Analysen von Wasser, Boden
und Luft, die angeblich erhöhte Konzentrationen von
Metallen wie **Aluminium, Barium und Strontium**
gefunden haben.

Befürworter der Theorie behaupten, dass diese
Chemikalien absichtlich in die Atmosphäre gesprüht
werden, um verschiedene Effekte zu erzielen.
Die häufigsten angeblichen Zwecke sind:

- **Wetterkontrolle:**
  *Die Idee, dass Regierungen oder private
  Organisationen das Wetter manipulieren,
  um Dürre, Regen oder Stürme zu erzeugen.
  Aluminium und Barium sollen in der Lage
  sein, Wolken zu bilden oder aufzulösen, was
  die Wetterbedingungen beeinflussen könnte.*

- **Sonnenlichtreflexion:**
  *Eine andere Theorie besagt, dass Chemtrails
  verwendet werden, um Sonnenlicht zu
  reflektieren und die Erderwärmung zu
  bekämpfen. Dies wird als Geoengineering
  bezeichnet und beinhaltet das Versprühen
  von reflektierenden Partikeln in die
  Atmosphäre.*

- **Gesundheitsbeeinträchtigung:**
  *Einige Anhänger der Theorie glauben,
  dass Chemtrails verwendet werden, um
  die Bevölkerung zu schädigen oder zu
  kontrollieren. Die angeblichen Chemikalien
  sollen Krankheiten verursachen oder die
  menschliche Gesundheit auf andere Weise
  beeinträchtigen.*

Befürworter zitieren oft Studien und Berichte, die
erhöhte Konzentrationen dieser Metalle in Boden

und Wasserproben nahe viel beflogener Gebiete nachweisen. Sie behaupten, dass solche Konzentrationen nicht durch natürliche Prozesse oder industrielle Verschmutzung erklärt werden können und dass sie stattdessen auf absichtliches Versprühen zurückzuführen sind.

Dokumentierte Projekte und Patente

Befürworter der Chemtrail-Theorie verweisen Oft auf Dokumente und Patente, die angeblich die Existenz und den Einsatz von Chemtrails belegen. Beispielsweise gibt es Patente für Technologien, die das Versprühen von Partikeln in die Atmosphäre zur Wettermodifikation oder zur Reduzierung der Sonneneinstrahlung vorsehen. Diese Patente werden als Beweis dafür angeführt, dass solche Technologien existieren und möglicherweise verwendet werden.

Ein bekanntes Beispiel ist das US-Patent Nr. 5003186, das ein Verfahren zur Reduzierung der globalen Erwärmung beschreibt, indem feine Partikel in die Atmosphäre eingebracht werden, um Sonnenlicht zu reflektieren. Anhänger der Theorie sehen dies als direkte Bestätigung ihrer Behauptungen. Sie argumentieren, dass solche Patente zeigen, dass die Technologie existiert und dass es zumindest theoretisch möglich ist, dass solche Maßnahmen bereits in die Praxis umgesetzt werden.

Whistleblower und Zeugenaussagen

Mehrere Personen, die behaupten, Insiderwissen zu besitzen, haben sich öffentlich zu Wort gemeldet und behauptet, dass Chemtrails real sind.

Diese Whistleblower berichten von geheimen Regierungsprogrammen, militärischen Operationen und privaten Initiativen, die Chemtrails verwenden. Sie beschreiben detailliert die Mechanismen und Absichten hinter diesen Programmen.

Ein prominenter Fall ist der von Kristen Meghan, einer ehemaligen US-Luftwaffenangehörigen, die behauptet, Beweise für Chemtrail-Operationen gesammelt zu haben.

Sie berichtet von ungewöhnlichen Lieferungen großer Mengen von Aluminium, Barium und Strontium zu Militärbasen und behauptet, dass diese Materialien zur Herstellung von Chemtrails verwendet wurden. Ihre Aussagen werden oft als starke Indizien für die Existenz solcher Programme zitiert.

Zusätzlich gibt es Berichte von Piloten, die anonym bleiben wollen und behaupten, sie seien beauftragt worden, Chemikalien in bestimmten Höhen und Gebieten zu versprühen. Diese Aussagen werden oft durch detaillierte Beschreibungen und technische Daten untermauert, die von diesen Piloten geliefert werden. Solche Zeugenaussagen tragen wesentlich zur Überzeugung der Chemtrail-Theorie bei.

Visuelle und fotografische Beweise

Befürworter der Chemtrail-Theorie haben
eine Vielzahl von Fotos und Videos gesammelt,
die ungewöhnliche Muster und Phänomene am
Himmel zeigen. Sie argumentieren, dass diese
Bilder Chemtrails zeigen, die sich deutlich von
normalen Kondensstreifen unterscheiden.

Es gibt auch zahlreiche Berichte von Augenzeugen,
die behaupten, dass sie Flugzeuge beobachtet haben,
die absichtlich Chemikalien versprühen.
Diese Beobachtungen beinhalten oft detaillierte
Beschreibungen der Flugrouten und der sichtbaren
Effekte der Chemtrails. Solche Berichte werden oft
durch visuelle und fotografische Beweise unterstützt,
die von diesen Augenzeugen geliefert werden.

Gesundheitsstudien und Krankheitsmuster

Einige Studien und Berichte weisen darauf hin,
dass es Korrelationen zwischen dem Auftreten von
Chemtrails und bestimmten Krankheitsmustern gibt.
Befürworter der Theorie führen erhöhte Fälle von
Atemwegserkrankungen, Allergien und anderen
gesundheitlichen Problemen in Gebieten an,
in denen Chemtrails häufig beobachtet werden.
Sie argumentieren, dass die in Chemtrails enthaltenen
Chemikalien die Ursache für diese gesundheitlichen
Probleme darstellen.

Ein bekanntes Beispiel ist die Studie von Dr. Marvin Herndon, die erhöhte Aluminiumkonzentrationen in Bodenproben nachgewiesen hat:

Herndon argumentiert, dass diese Konzentrationen auf das Versprühen von Aluminium in die Atmosphäre zurückzuführen sind, was seiner Meinung nach zu einem Anstieg von neurodegenerativen Erkrankungen wie Alzheimer führen könnte. Solche Studien werden oft als Beweise für die schädlichen Auswirkungen von Chemtrails angeführt.

Die Chemtrail-Verschwörungstheorie ist ein komplexes und vielschichtiges Thema, das auf einer Vielzahl von Beobachtungen, Berichten und angeblichen Beweisen basiert. Befürworter der Theorie argumentieren, dass die ungewöhnlichen Muster am Himmel, die chemischen Analysen und die Zeugenaussagen von Whistleblowern starke Indizien für die Existenz von Chemtrails sind.

Trotz der weit verbreiteten Ablehnung durch die wissenschaftliche Gemeinschaft bleibt die Theorie populär und hat eine engagierte Anhängerschaft, die weiterhin nach Beweisen sucht und die Öffentlichkeit über ihre Bedenken informiert.

7. Abschnitt

Der Black Knight-Satellit

Der Black Knight-Satellit ist ein faszinierendes und mysteriöses Objekt, das seit Jahrzehnten die Fantasie von Kritikern, Ufologen und neugierigen Forschern gleichermaßen beflügelt.

Die Legende besagt, dass dieses Objekt ein außerirdischer Satellit ist, der die Erde seit Tausenden von Jahren umkreist. Trotz der zahlreichen Fotos, Berichte und Theorien bleibt der Black Knight-Satellit eines der größten Rätsel des Weltraumzeitalters. In diesem Kapitel werden die verschiedenen Belege und Indizien untersucht, die die Existenz und den mysteriösen Charakter des Black Knight-Satelliten untermauern.

Die Geschichte des Black Knight-Satelliten begann in den 1950er Jahren, als das US-Militär und andere Organisationen begannen, ungewöhnliche Signale zu empfangen, die aus dem Weltraum zu kommen schienen. Diese Signale waren unregelmäßig und schienen nicht von bekannten menschlichen Satelliten oder Funkquellen zu stammen. Einige Forscher und Amateurastronomen spekulierten, dass diese Signale von einem außerirdischen Objekt stammen könnten, das die Erde umkreist.

Im Jahr 1954 berichtete der Forscher und Ufologe Donald Keyhoe, dass die US Air Force zwei Satelliten entdeckt habe, die die Erde umkreisen, obwohl zu dieser Zeit noch keine menschlichen Satelliten gestartet worden waren. Diese Berichte wurden von den Mainstream-Medien weitgehend ignoriert, aber sie legten den Grundstein für die Legende des Black Knight-Satelliten.

In den 1960er Jahren wurden weitere Berichte über den Black Knight-Satelliten veröffentlicht. Eine der bekanntesten Beobachtungen stammt aus dem Jahr 1960, als das US-Militär einen großen, dunklen Satelliten in einer polaren Umlaufbahn entdeckte. Zu dieser Zeit gab es keine bekannten menschlichen Satelliten, die eine solche Umlaufbahn hatten, was zu weiteren Spekulationen führte.

Das Interesse an dem Black Knight-Satelliten wurde **1998** erneut geweckt, als die Besatzung des Space Shuttle Endeavour während der STS-88-Mission Fotos eines seltsamen, dunklen Objekts machte, das die Erde umkreiste. Diese Fotos wurden schnell von Kritikern als Beweis dafür herangezogen, dass der Black Knight-Satellit tatsächlich existiert und von der NASA und anderen Raumfahrtbehörden vertuscht wird.

Es gibt zahlreiche Theorien über den Ursprung und den Zweck des Black Knight-Satelliten. Einige der populärsten Theorien umfassen:

- **Außerirdische Technologie:** Eine der weitverbreitetsten Theorien besagt, dass der Black Knight-Satellit ein außerirdischer Beobachtungssatellit ist, der von einer fortschrittlichen Zivilisation ins All geschickt wurde, um die Erde und ihre Bewohner zu überwachen. Befürworter dieser Theorie weisen auf die ungewöhnliche Umlaufbahn und das

unerklärliche Verhalten des Objekts hin, die ihrer
Meinung nach nicht von menschlicher
Technologie stammen können.

- **Antike menschliche Zivilisationen:** Eine andere
  Theorie besagt, dass der Black Knight-Satellit das
  Überbleibsel einer längst vergangenen
  menschlichen Zivilisation ist, die über
  fortschrittliche Technologie verfügte. Anhänger
  dieser Theorie glauben, dass unsere Vorfahren
  möglicherweise Raumfahrttechnologie entwickelt
  haben und dass der Black Knight-Satellit ein
  Überbleibsel ihrer Bemühungen ist.

- **Geheime militärische Projekte:** Einige Kritiker
  glauben, dass der Black Knight-Satellit
  tatsächlich ein geheimer Militärsatellit ist, der
  von den USA oder einer anderen großen Nation
  gestartet wurde und dessen Existenz aus Gründen
  der nationalen Sicherheit geheim gehalten wird.
  Diese Theorie wird oft als die wahrscheinlichste
  Erklärung angesehen, obwohl es keine konkreten
  Beweise dafür gibt.

Trotz der zahlreichen Theorien und Spekulationen gibt
es mehrere konkrete Belege für die Existenz des Black
Knight-Satelliten. Die meisten Beweise stammen aus
unbestätigten Berichten und Fotografien, die oft
schwer zu interpretieren sind. Einige der wichtigsten
Indizien, die für die Existenz des Black Knight-
Satelliten sprechen, umfassen:

- **Ungewöhnliche Signale:** Wie bereits erwähnt,
  wurden in den 1950er Jahren ungewöhnliche

Funksignale empfangen, die von keinem bekannten menschlichen Satelliten oder Funkquelle zu stammen schienen. Diese Signale wurden von einigen Forschern als Beweis für die Existenz des Black Knight-Satelliten interpretiert. Insbesondere wurden diese Signale in regelmäßigen Abständen empfangen und wiesen ein Muster auf, das nicht natürlich erschien.

- **Unidentifizierte Flugobjekte:** Im Laufe der Jahre wurden zahlreiche Berichte über unidentifizierte Flugobjekte (UFOs) veröffentlicht, die von Amateurastronomen und anderen Beobachtern gesehen wurden. Einige dieser Berichte beschreiben große, dunkle Objekte in einer polaren Umlaufbahn, die nicht mit bekannten menschlichen Satelliten übereinstimmen. Diese Beobachtungen wurden von verschiedenen Quellen unabhängig voneinander bestätigt, was die Glaubwürdigkeit dieser Berichte erhöht.

- **Fotografien der STS-88-Mission:** Die Fotos, die während der STS-88-Mission der Space Shuttle Endeavour im Jahr 1998 aufgenommen wurden, sind vielleicht die bekanntesten Beweise für die Existenz des Black Knight-Satelliten. Diese Fotos zeigen ein großes, dunkles Objekt, das die Erde umkreist. Obwohl die NASA erklärt hat, dass es sich bei dem Objekt um ein Stück Weltraummüll handelt, sind viele Kritiker überzeugt, dass es sich um den Black Knight-Satelliten handelt. Die Detailgenauigkeit und die ungewöhnliche Form des Objekts haben viele dazu veranlasst, es als etwas anderes als normalen Weltraummüll zu betrachten.

- **Militärische Berichte:** Es gibt einige Berichte aus den 1960er Jahren, die besagen, dass das US-Militär einen großen, dunklen Satelliten in einer polaren Umlaufbahn entdeckt hat. Diese Berichte wurden von den Mainstream-Medien weitgehend ignoriert, aber sie haben zur Legende des Black Knight-Satelliten beigetragen. Einige dieser Berichte stammen von hochrangigen Militärangehörigen, die glaubwürdig erscheinen und Zugang zu geheimen Informationen hatten.

- **Die Tether-Vorfälle:** Während der STS-75-Mission der Space Shuttle Columbia im Jahr 1996, bei der ein 20 Kilometer langer Tether (eine Art Seil) ins All ausgesetzt wurde, um elektrische Energie zu erzeugen, wurden mehrere seltsame Objekte in der Nähe des Tethers beobachtet. Diese Objekte, die von der NASA als Weltraummüll bezeichnet wurden, wurden von einigen als Beweis für die Existenz des Black Knight-Satelliten interpretiert. Die Nähe dieser Objekte zum Tether und ihr ungewöhnliches Verhalten wurden als Hinweise auf eine fortschrittliche Technologie betrachtet.

- **Hochauflösende Aufnahmen:** In den letzten Jahren wurden hochauflösende Aufnahmen von verschiedenen Satelliten und Raumsonden gemacht, die ein seltsames Objekt in der Erdumlaufbahn zeigen. Diese Aufnahmen, die von unabhängigen Quellen verifiziert wurden, zeigen ein dunkles, unregelmäßig geformtes

Objekt, das sich in einer stabilen Umlaufbahn um die Erde befindet. Diese Aufnahmen haben die Diskussion über die Natur und den Ursprung des Black Knight-Satelliten neu entfacht.

- **Historische Dokumente:** Es gibt Hinweise darauf, dass der Black Knight-Satellit bereits in historischen Dokumenten erwähnt wurde. Einige antike Texte und Manuskripte beschreiben ein mysteriöses Objekt am Himmel, das sich ungewöhnlich verhielt und nicht mit bekannten Himmelskörpern übereinstimmte.
Diese Beschreibungen wurden von einigen Forschern als Hinweise auf die Existenz des Black Knight-Satelliten interpretiert, der möglicherweise seit Jahrhunderten oder sogar Jahrtausenden die Erde umkreist.

- **Zeugenaussagen:** Zahlreiche Zeugen, darunter Astronomen, Militärangehörige und Raumfahrtingenieure, haben im Laufe der Jahre berichtet, dass sie den Black Knight-Satelliten gesehen oder ungewöhnliche Signale empfangen haben, die von ihm stammen könnten.
Diese Zeugenaussagen stammen aus verschiedenen Ländern und Zeiträumen, was die Möglichkeit einer koordinierten Täuschung unwahrscheinlich macht.

Das Tunguska-Ereignis

Geheimplan oder
kosmische Katastrophe?

Am Morgen des 30. Juni 1908 verwüstete eine gewaltige Explosion den Himmel über der Region Podkamennaya Tunguska in Sibirien, Russland.

Der Vorfall, bekannt als das Tunguska-Ereignis, hat seitdem eine Vielzahl von Theorien und Spekulationen hervorgebracht, die weit über die konventionellen wissenschaftlichen Erklärungen hinausgehen. Während einige glauben, dass ein Meteor oder Komet in der Atmosphäre explodierte, gibt es überzeugende Argumente und Beweise, die auf eine tiefere, verborgene Wahrheit hinweisen.

Was, wenn das Tunguska-Ereignis nicht nur eine natürliche Katastrophe war, sondern das Ergebnis eines geheimen Experiments oder einer unerklärlichen Technologie?

Zahlreiche Augenzeugenberichte aus der Region beschreiben eine unheimliche Feuerkugel, die den Himmel erhellte, gefolgt von einer verheerenden Explosion, die alles in einem Umkreis von mehreren hundert Kilometern niederbrannte. Die Zeugen sprachen von einer „zweiten Sonne", einem „blauen Lichtstrahl" und einem „harten Knall", der so laut war, dass er Fenster in einer Entfernung von mehr als 200 Kilometern zerbrach.

Diese Berichte klingen nicht nur nach einem einfachen Meteoritenfall, sondern eher nach einem technologischen Vorfall, der weit über das hinausgeht, was damals bekannt war.

Einige mögen argumentieren, dass die fehlenden Trümmer eines Meteoriten oder Kometen sowie das Fehlen eines Kraters das Ergebnis einer Luftdetonation sind. Doch diese Erklärungen greifen zu kurz. Trotz mehrerer Expeditionen und intensiver Forschung konnte bis heute kein einziger Meteoritensplitter geborgen werden.

Wo ist das außerirdische Material, das angeblich für diese Explosion verantwortlich war? Die Abwesenheit solcher Beweise lässt den Verdacht aufkommen, dass etwas anderes, möglicherweise von Menschenhand geschaffenes, der Auslöser war.

Die Rolle von Nikola Tesla

Eine der Theorien besagt, dass das Tunguska-Ereignis das Ergebnis eines fehlgeschlagenen Experiments des berühmten Erfinders Nikola Tesla war. Tesla, der für seine bahnbrechenden Erfindungen im Bereich der Elektrizität bekannt ist, arbeitete zu dieser Zeit an einem drahtlosen Energieübertragungssystem.

Einige Kritiker glauben, dass Tesla versuchte, seine Technologie zu testen, um Energie über große Entfernungen zu übertragen, und dass dies zu der katastrophalen Explosion führte. Es wird spekuliert, dass Tesla versucht haben könnte, Energie von seinem Labor in Wardenclyffe Tower, New York, nach Sibirien zu senden, um die Wirksamkeit seiner Erfindung zu beweisen. Diese Theorie wird durch die Tatsache gestützt, dass Tesla nach dem Tunguska-Ereignis in seinen Schriften andeutete, dass er eine gefährliche neue Technologie getestet habe.

Geheimprojekte und militärische Experimente

Ein weiterer Aspekt der Verschwörungstheorien rund um das Tunguska-Ereignis bezieht sich auf geheime militärische Experimente. Einige glauben, dass die Explosion das Ergebnis eines Experiments mit einer neuen Art von Waffe war, möglicherweise einer frühen Form der Atomenergie oder einer elektromagnetischen Waffe.

Die Region Sibirien war damals dünn besiedelt und bot daher einen idealen Ort für geheime Tests. Diese Theorie wird durch die Tatsache unterstützt, dass viele der Phänomene, die bei der Explosion beobachtet wurden, wie die intensive Hitzewelle und die magnetischen Störungen, typisch für nukleare Explosionen sind.

Kosmische oder außerirdische Intervention

Eine der am weitesten verbreiteten Verschwörungstheorien ist, dass das Tunguska-Ereignis durch eine außerirdische Intervention verursacht wurde. Anhänger dieser Theorie glauben, dass ein außerirdisches Raumschiff in der Atmosphäre explodierte oder dass ein außerirdisches Objekt absichtlich auf die Erde geschossen wurde.

Diese Theorie wird durch die Tatsache gestützt, dass einige der Augenzeugenberichte von metallischen Objekten am Himmel und seltsamen, leuchtenden Lichtern sprechen, die vor der Explosion gesehen wurden. Darüber hinaus deuten einige der gefundenen Spuren von Iridium und Nickel im Boden darauf hin, dass es sich um Materialien handelt, die nicht typisch für Meteoriteneinschläge sind, sondern möglicherweise auf eine außerirdische Herkunft hinweisen.

Astronomische Phänomene und geheimnisvolle Energien

Einige Kritiker vermuten, dass das Tunguska-Ereignis das Ergebnis eines seltenen astronomischen Phänomens oder einer geheimnis-vollen kosmischen Energie war. Sie argumentieren, dass eine Kombination aus Sonnenwinden, kosmischer Strahlung und Erdmagnetismus eine beispiellose Energieentladung in der Erdatmosphäre verursacht haben könnte. Diese Theorie wird durch die Tatsache unterstützt, dass es Berichte über ungewöhnliche magnetische und elektrische Phänomene in den Tagen und Wochen vor der Explosion gab, welche möglicherweise auf eine kosmische Anomalie hindeuten.

Ein wichtiger Aspekt der Verschwörungstheorien rund um das Tunguska-Ereignis ist die Vorstellung, dass die Wahrheit über das Ereignis absichtlich vertuscht wurde. Anhänger dieser Theorie glauben, dass Regierungen und wissenschaftliche Institutionen die wahren Ursachen des Tunguska-Ereignisses geheim gehalten haben, um ihre eigenen Interessen zu schützen. Diese Vertuschung könnte sowohl politische als auch wirtschaftliche Motive haben, da die Offenlegung eines solchen Ereignisses möglicherweise zu globalen Unruhen und einer Neuordnung der Machtverhältnisse geführt hätte.

Das Tunguska-Ereignis bleibt ein großes Rätsel der modernen Geschichte.

Während die wissenschaftliche Gemeinschaft weiterhin die Hypothese eines Meteoriten- oder Kometeneinschlags bevorzugt, gibt es zahlreiche Hinweise und Beweise, die auf eine tiefere, verborgene Wahrheit hindeuten. Von geheimen Experimenten und militärischen Tests bis hin zu außerirdischen Interventionen und kosmischen Phänomenen. Die möglichen Erklärungen für das Ereignis sind vielfältig und faszinierend.

Die fehlenden Beweise, widersprüchlichen Berichte und die offensichtlichen Vertuschungsversuche machen es schwierig, die wahre Natur dieser katastrophalen Explosion endgültig zu bestimmen. Doch eines ist sicher: Das Tunguska-Ereignis bleibt ein äußerst mysteriöses Kapitel in der Geschichte der Menschheit, das weiterhin sowohl Wissenschaftler als auch Kritiker gleichermaßen beschäftigt.

Die Nazi-UFO Verschwörung

Die Nazi-UFO-Verschwörungstheorie ist eine
der faszinierendsten und zugleich kontroversesten
Theorien, die sich um die vermeintlichen
technologischen Fortschritte des Dritten Reiches
ranken. Diese Theorie besagt, dass Nazi-Deutschland
während des Zweiten Weltkriegs fliegende
Untertassen oder UFOs entwickelte, die ihrer Zeit
technologisch weit voraus waren. Trotz des
Kriegsendes 1945 sollen einige dieser Technologien
weiterexistiert haben, entweder in geheimen Basen in
der Antarktis oder durch den Transfer von Wissen und
Wissenschaftlern nach Südamerika und in die
Vereinigten Staaten im Rahmen von Operationen wie
Paperclip. In diesem Kapitel konzentrieren wir uns auf
die Indizien und Belege, die die Theorie unterstützen,
und präsentieren eine ausführliche Darstellung der
verschiedenen Aspekte dieser faszinierenden
Verschwörung.

Historischer Hintergrund

Während des Zweiten Weltkriegs war Nazi-
Deutschland bekannt für seine fortschrittliche
Militärtechnologie, die von Düsenflugzeugen bis hin
zu ballistischen Raketen reichte. Die Vorstellung, dass
die Nazis auch an fortschrittlichen Fluggeräten wie
fliegenden Untertassen gearbeitet haben könnten,
entstand in den Jahren nach dem Krieg und wurde
durch verschiedene Berichte und Dokumente genährt.

Deutschland entwickelte während des Krieges eine
Vielzahl von fortschrittlichen Waffensystemen,
darunter die V-2-Rakete, die als die erste
Langstrecken-Boden-Boden-Rakete gilt. Der Erfolg
solcher Projekte lässt die Möglichkeit offen, dass die
Nazis auch an anderen, noch geheimnisvolleren
Projekten arbeiteten.

Geheime Projekte und Forschungseinrichtungen

Es gibt Berichte über geheime Forschungsanlagen
wie die „Glocke", ein angeblich hochgeheimes
Nazi-Projekt, das fortschrittliche Flug- und Energie-
technologien entwickelt haben soll.
Diese Einrichtungen waren oft gut verborgen
Und nur einem kleinen Kreis von hochrangigen
Wissenschaftlern und Militärs zugänglich.

Die Glocke, auch bekannt als „Die Glocke", ist eines
der am häufigsten genannten Objekte in der Nazi-
UFO-Theorie. Es soll sich um ein glockenförmiges
Gerät gehandelt haben, das möglicherweise
Antigravitations- oder Zeitreise-Technologien nutzte.
Die genauen Details und Funktionen der Glocke
bleiben bis heute spekulativ, doch Berichte von
ehemaligen Nazi-Offizieren und Wissenschaftlern
sowie Dokumente, die nach dem Krieg auftauchten,
bieten Einblicke in die möglichen Anwendungen
dieser Technologie.

Mehrere Augenzeugenberichte und Dokumente deuten
darauf hin, dass die Glocke tatsächlich existierte.
Der polnische Autor Igor Witkowski veröffentlichte
detaillierte Berichte über die Glocke, die auf Aussagen

eines polnischen Geheimdienstoffiziers basierten.
Diese Berichte beschreiben die Glocke als mit einem
flüssigen Metall namens „Xerum 525" gefüllt und in
der Lage, außergewöhnliche physikalische Phänomene
zu erzeugen.

Operation Paperclip und der Transfer von Wissen

Nach dem Zweiten Weltkrieg wurde eine beträchtliche
Anzahl deutscher Wissenschaftler im Rahmen der
Operation Paperclip in die USA gebracht. Diese
Wissenschaftler, darunter auch Wernher von Braun,
spielten eine entscheidende Rolle in der Entwicklung
der amerikanischen Raumfahrttechnologie. Es wird
spekuliert, dass einige dieser Wissenschaftler auch an
geheimen Nazi-Technologien wie der Glocke
gearbeitet haben könnten und ihr Wissen in die USA
transferierten.

Eine weitere weit verbreitete Theorie besagt, dass die
Nazis nach dem Krieg geheime Basen in der Antarktis
errichteten. Diese Basen, oft als Neuschwabenland
bezeichnet, sollen Heimat fortschrittlicher
Technologien und möglicherweise sogar von UFOs
sein. Berichte über deutsche Expeditionen in die
Antarktis in den 1930er Jahren und die angebliche
Operation Highjump der US-Marine im Jahr 1946, die
eine große militärische Präsenz in der Region aufwies,
werden oft als Belege für diese Theorie herangezogen.

Operation Highjump und Admiral Byrd

Operation Highjump, geleitet von Admiral Richard E. Byrd, war eine groß angelegte Expedition der US-Marine in die Antarktis. Offiziell war die Mission eine Forschungs- und Trainingsoperation, doch Kritiker behaupten, dass der wahre Zweck darin bestand, geheime Nazi-Basen zu lokalisieren und zu zerstören. Berichte von Admiral Byrd über die Begegnung mit feindlichen Fluggeräten, die weit fortschrittlicher waren als alles Bekannte, werden als Beweis für diese Theorie angeführt.

Geheime Technologien und UFO-Sichtungen

Es gibt zahlreiche Berichte über UFO-Sichtungen in der Antarktis, die von deutschen Basen stammen sollen. Diese Sichtungen umfassen fliegende Untertassen und andere ungewöhnliche Fluggeräte, die angeblich von fortschrittlichen Nazi-Technologien angetrieben werden. Unterstützer der Theorie glauben, dass diese Basen bis heute existieren und dass die Technologien weiterhin verwendet werden.

Viele hochrangige Nazis flohen nach dem Krieg nach Südamerika, insbesondere nach Argentinien. Es wird vermutet, dass einige dieser Flüchtlinge ihre technologischen Geheimnisse mitbrachten und weiterhin an fortschrittlichen Projekten arbeiteten. Berichte über geheime Nazi-Enklaven und fortschrittliche Technologien in Südamerika werden oft als Beweise für die Fortsetzung dieser Arbeiten angeführt.

Argentinien unterhielt nach dem Krieg enge
Verbindungen zu ehemaligen Nazis und führte
mehrere Militärprojekte durch, die von deutschen
Wissenschaftlern geleitet wurden.
Diese Projekte umfassen fortschrittliche Flugzeug-
und Raketenentwicklungen, die möglicherweise auf
geheimen Nazi-Technologien basierten.

Sichtungen und Berichte aus Südamerika

Es gibt zahlreiche Berichte über UFO-Sichtungen
in Südamerika, die auf fortschrittliche Technologien
hindeuten. Diese Sichtungen werden oft mit den
Aktivitäten ehemaliger Nazis in Verbindung gebracht
und dienen als Beweise für die Existenz und den
Einsatz dieser Technologien in der Region.
Geheime Dokumente und Zeugenaussagen

Mehrere freigegebene Dokumente und Zeugenaussagen unterstützen die Theorie der Nazi-UFOs.
Dokumente des britischen Geheimdienstes deuten
darauf hin, dass die Alliierten während des Krieges
Berichte über fliegende Untertassen untersuchten,
die von den Nazis entwickelt wurden. Zeugenaussagen
von ehemaligen Nazi-Offizieren und Wissenschaftlern
bieten ebenfalls Einblicke in die möglichen
technologischen Fortschritte des Dritten Reiches.

Ehemalige deutsche Wissenschaftler und Militärs
haben Berichte über die Entwicklung fortschrittlicher
Fluggeräte geliefert. Diese Berichte umfassen
detaillierte Beschreibungen der Technologie und ihrer
möglichen Anwendungen, was die Glaubwürdigkeit
der Theorie weiter stärkt.

Freigegebene Berichte des britischen MI6 und des amerikanischen OSS enthalten Hinweise auf fortschrittliche deutsche Fluggeräte.
Diese Berichte zeigen, dass die Alliierten die Bedrohung durch diese Technologien ernst nahmen und sie aktiv untersuchten.

Moderne UFO-Sichtungen und Kontinuität der Nazi-Technologie

Einige Theoretiker glauben, dass moderne UFO-Sichtungen eine direkte Fortsetzung der Nazi-Technologien darstellen. Sie argumentieren, dass die fortschrittlichen Technologien, die von den Nazis entwickelt wurden, weiterhin genutzt und weiterentwickelt werden, möglicherweise durch geheime Regierungsprogramme oder private Organisationen.

Berichte über UFO-Sichtungen in den USA und weltweit, die fortschrittliche Flugmanöver und Technologien zeigen, werden oft als Beweise für die Existenz dieser fortschrittlichen Technologien angeführt. Die Ähnlichkeiten zwischen den beschriebenen Fluggeräten und den angeblichen Nazi-UFOs unterstützen diese Theorie.

Es wird vermutet, dass geheime Regierungs-programme in den USA und anderen Ländern fortschrittliche Technologien entwickeln und testen, die auf den Nazi-UFOs basieren. Programme wie das **Advanced Aerospace Threat Identification Program** (AATIP) und andere geheim gehaltene

Projekte könnten Beweise für die Fortsetzung dieser technologischen Entwicklungen liefern.

Die Vielzahl von Berichten, Dokumenten und Zeugenaussagen bietet eine umfangreiche Grundlage für die Behauptung, dass Nazi-Deutschland während des Zweiten Weltkriegs fortschrittliche Flug-technologien entwickelte. Obwohl viele Aspekte dieser Theorie spekulativ bleiben, zeigen die zahlreichen Indizien und Belege, dass die Möglichkeit einer solchen technologischen Entwicklung nicht vollständig ausgeschlossen werden kann.

Die Fortsetzung dieser Technologien in geheimen Basen und durch den Transfer von Wissen nach dem Krieg bleibt ein faszinierendes Thema für weitere Untersuchungen und Spekulationen.

Die Roswell-Verschwörung

Die Wahrheit über Roswell ist eine Geschichte von Zeugenberichten, geheimen Militärprojekten, unterdrückten Informationen und einer unermüdlichen Suche nach der Wahrheit. In diesem umfassenden Kapitel werde ich die wichtigsten Belege und Argumente darlegen, die die Roswell-Verschwörung untermauern.

Alles begann am 8. Juli 1947,
als das Roswell Army Air Field (RAAF) eine Pressemitteilung herausgab, in der es hieß, dass man ein "fliegendes Untertassen"-Wrack auf einer Ranch in der Nähe von Roswell, New Mexico, geborgen habe. Diese Nachricht verbreitete sich wie ein Lauffeuer und sorgte für weltweites Aufsehen. Doch bereits am nächsten Tag zog die Air Force diese Aussage zurück und erklärte, dass es sich bei dem Wrack lediglich um einen abgestürzten Wetterballon handelte. Diese schnelle Wendung der Ereignisse war der erste Hinweis auf eine Vertuschung.

Ein zentraler Beleg für die Roswell-Verschwörung sind die zahlreichen Zeugenberichte. Menschen aus der Umgebung von Roswell, darunter Militärangehörige, Polizisten und Zivilisten, gaben an, Trümmerteile gesehen zu haben, die sie als außerirdisch beschrieben. Diese Materialien sollen unglaublich leicht, aber gleichzeitig extrem robust gewesen sein. Ein Zeuge, Major Jesse Marcel, der für die Bergung der Trümmer verantwortlich war, berichtete, dass die Trümmer aus einem Material bestanden, das nicht zerkratzt oder verbogen werden konnte, selbst wenn man es mit einem Hammer bearbeitete.

Mehrere hochrangige Militärangehörige bestätigten Marcel's Berichte. Lieutenant Colonel Philip J. Corso, ein ehemaliger Militärgeheimdienstoffizier, behauptete, dass die USA außerirdische Technologie von Roswell rückentwickelt und in die zivile Industrie integriert habe. In seinem Buch "The Day After Roswell" beschreibt Corso detailliert, wie Technologien wie Mikrochips, Faseroptik und Nachtsichtgeräte aus den außerirdischen Materialien entwickelt wurden.

Ein besonders eindrucksvolles und erschütterndes Element der Roswell-Verschwörung sind die Berichte über die Bergung von Leichen außerirdischer Wesen. Mehrere Zeugen, darunter Militärpersonal und Zivilisten, behaupteten, sie hätten kleine, graue Leichen mit großen Köpfen und mandelförmigen Augen gesehen. Diese Berichte wurden durch Aussagen von Krankenhauspersonal und Bestattungsunternehmen gestützt, die angeblich an der Untersuchung und dem Transport der Leichen beteiligt waren. Besonders hervorzuheben ist der Bericht von Glenn Dennis, einem Bestattungsunternehmer, der behauptete, eine Krankenschwester habe ihm erzählt, dass sie an der Autopsie der außerirdischen Körper beteiligt gewesen sei.

Dr. Jesse Marcel Jr., der Sohn von Major Marcel, berichtete, dass sein Vater ihm Teile der Trümmer zeigte und ihm von den Leichen erzählte. Später bestätigten Berichte, dass Autopsien an den Leichen durchgeführt wurden, um ihre Anatomie und mögliche Technologie zu untersuchen. Es gibt Dokumente, die auf geheime medizinische Experimente und Untersuchungen hinweisen, die jedoch streng geheim gehalten wurden.

Geheime Militärprojekte

Ein weiterer Beleg für die Roswell-Verschwörung ist die Existenz geheimer Militärprojekte, die darauf hinweisen, dass das US-Militär die Wahrheit über Roswell vertuscht hat. Die offizielle Erklärung von 1994, dass das abgestürzte Objekt Teil des geheimen "Project Mogul" war, ist nicht überzeugend. Project Mogul zielte darauf ab, akustische Sensoren in die Stratosphäre zu schicken, um sowjetische Atomtests zu überwachen. Diese Erklärung wird jedoch von vielen Kritikern als Ablenkungsmanöver angesehen. Es wird argumentiert, dass die Materialien und Berichte über außerirdische Leichen nicht durch einen Wetterballon erklärt werden können.

Neben Project Mogul gibt es Hinweise auf andere geheime Operationen wie "Operation Highjump" und "Operation Paperclip", die darauf hinweisen, dass die USA nach Technologien und Wissen suchten, das über irdische Fähigkeiten hinausging. Diese Operationen wurden genutzt, um Wissenschaftler und Technologien aus feindlichen Nationen zu extrahieren, aber es gibt Hinweise, dass auch außerirdische Technologie Teil dieser Bestrebungen war.

Majestic 12 und andere geheime Gruppen

Ein weiterer Beweis für die Vertuschung durch die US-Regierung sind die sogenannten Majestic 12-Dokumente. Diese Dokumente sollen von einer geheimen Regierungsgruppe namens Majestic 12 stammen, die von Präsident Harry S. Truman gegründet wurde, um UFO-Vorfälle zu untersuchen. Obwohl die Authentizität dieser Dokumente umstritten ist, enthalten sie detaillierte Berichte über die Roswell-Bergung und andere UFO-Ereignisse. Sie deuten darauf hin, dass hochrangige Regierungsbeamte und Militärs seit Jahrzehnten über die Existenz außerirdischen Lebens informiert sind und diese Informationen bewusst zurückhalten.

Die Majestic 12-Dokumente enthalten Hinweise auf Treffen, in denen die Top-Militärs und Wissenschaftler des Landes die Bergung und Untersuchung der Roswell-Trümmer diskutierten. Diese Treffen wurden streng geheim gehalten, und viele der beteiligten Personen hatten hohe Sicherheitsfreigaben. Einige der Dokumente enthalten sogar Handbücher und Protokolle zur Handhabung und Untersuchung von außerirdischen Materialien.

Wissenschaftliche Untersuchungen

Obwohl viele versuchen, die Roswell-Verschwörung zu widerlegen, gibt es auch wissenschaftliche Untersuchungen, die Zweifel an den offiziellen

Erklärungen aufkommen lassen. Einige
Wissenschaftler haben die Trümmerteile analysiert
und festgestellt, dass die Materialien nicht von einem
Wetterballon stammen können. Zudem gibt es
Berichte über ungewöhnliche elektromagnetische
Phänomene und Strahlungswerte an der Absturzstelle,
die auf eine außerirdische Herkunft hinweisen
könnten.
Analysen und Studien

Dr. Stanton Friedman, ein Kernphysiker und UFO-
Forscher, hat umfangreiche Untersuchungen zu
Roswell durchgeführt. Friedman hat zahlreiche
Zeugen interviewt und Beweise gesammelt, die die
außerirdische Herkunft der Trümmer unterstützen.
Seine Studien zeigen, dass die Materialien
fortschrittliche Eigenschaften aufweisen, die zu der
Zeit nicht von Menschen hergestellt werden konnten.

Die Roswell-Verschwörung hat nicht nur die Ufologie,
sondern auch die Popkultur tiefgreifend beeinflusst.
Zahlreiche Dokumentarfilme, Fernsehberichte und
Bücher haben die Theorie untersucht und die
verschiedenen Belege vorgestellt. Diese
Medienpräsenz hat dazu beigetragen, das Interesse und
die Spekulationen über das Ereignis
aufrechtzuerhalten. Filme wie "Independence Day"
und Serien wie "Akte X" haben das Thema populär
gemacht und einem breiten Publikum zugänglich
gemacht.

Unzählige Bücher und Dokumentationen haben die
Roswell-Verschwörung aufgegriffen. Autoren wie
Kevin D. Randle und Donald R. Schmitt haben

tiefgehende Recherchen durchgeführt und in ihren
Büchern zahlreiche Beweise und Zeugenaussagen
dokumentiert. Diese Veröffentlichungen tragen dazu
bei, dass das Thema immer wieder ins öffentliche
Bewusstsein rückt und die Suche nach der Wahrheit
weitergeht.

Aussagen von Insidern

Ein weiteres starkes Indiz für die Roswell-
Verschwörung sind die Aussagen von Insidern.
Zahlreiche ehemalige Militärangehörige und
Regierungsbeamte haben im Laufe der Jahre ihre
Geschichten erzählt, die auf eine großangelegte
Vertuschung hindeuten. Einer der bekanntesten
Whistleblower ist der pensionierte Oberst Philip J.
Corso, der in seinem Buch "The Day After Roswell"
detailliert beschreibt, wie die US-Regierung
außerirdische Technologien rückentwickelte und in
die zivile Industrie integrierte.

Neben Corso gibt es viele andere Whistleblower, wie
Dr. Edgar Mitchell, ein Apollo-14-Astronaut, der
offen über seine Überzeugung spricht, dass die US-
Regierung über außerirdischen Kontakt Bescheid
weiß. Diese Aussagen von hochrangigen und
respektierten Persönlichkeiten aus dem Militär- und
Wissenschaftsbereich verleihen der Roswell-
Verschwörung zusätzliche Glaubwürdigkeit.

Die offiziellen Berichte der US-Regierung über
Roswell weisen zahlreiche Unstimmigkeiten und
Widersprüche auf. Die anfängliche Meldung über eine
"fliegende Untertasse" wurde schnell zurückgezogen

und durch die Erklärung eines Wetterballons ersetzt. Spätere Berichte sprachen von Project Mogul. Diese wechselnden Erklärungen werfen die Frage auf, warum die Regierung ihre Geschichte immer wieder ändert und warum es so viele widersprüchliche Aussagen gibt.

Vertuschungsaktionen und Dokumentenvernichtung

Ein weiteres Indiz für die Vertuschung sind Berichte über die systematische Vernichtung und Zurückhaltung von Dokumenten. Zahlreiche Anfragen nach dem Freedom of Information Act (FOIA) wurden entweder abgelehnt oder die gelieferten Dokumente waren stark redigiert. Zudem gibt es Berichte, dass viele relevante Dokumente in den 1950er und 1960er Jahren zerstört wurden, was den Verdacht auf eine absichtliche Vertuschung durch die Regierung verstärkt.

In der Zeit nach dem Zweiten Weltkrieg wurden im Rahmen der Operation Paperclip zahlreiche deutsche Wissenschaftler in die USA gebracht. Einige Theoretiker glauben, dass diese Wissenschaftler bei der Rückentwicklung der außerirdischen Technologien halfen. Die schnellen technologischen Fortschritte in den 1950er und 1960er Jahren, insbesondere im Bereich der Luft- und Raumfahrt, könnten durch diese außerirdischen Erkenntnisse beschleunigt worden sein.

Die Theorie, dass viele moderne Technologien auf außerirdischen Funden basieren, wird durch verschiedene technologische Anomalien gestützt.

Technologien wie die Mikroelektronik, Faseroptik und verschiedene fortschrittliche Materialien erschienen relativ plötzlich und ohne klare Vorläufer in der menschlichen Entwicklung. Befürworter der Roswell-Verschwörung argumentieren, dass diese plötzlichen Fortschritte das Ergebnis von Rückentwicklungen außerirdischer Technologie sind.

Untersuchungen zeigen, dass viele der grundlegenden Patente für moderne Technologien von Personen und Organisationen stammen, die entweder direkt mit militärischen Projekten oder mit Regierungsaufträgen in Verbindung standen. Einige dieser Patente, wie die für Faseroptik und bestimmte Halbleitertechnologien, tauchten sehr kurz nach den Roswell-Ereignissen auf, was den Verdacht auf außerirdischen Ursprung verstärkt.

Wissenschaftliche Anomalien und unerklärte Phänomene

Zusätzlich zu den technologischen Fortschritten gibt es wissenschaftliche Anomalien und unerklärte Phänomene, die die Roswell-Theorie stützen. Physikalische und chemische Analysen von Materialien, die angeblich von der Absturzstelle stammen, haben gezeigt, dass sie außergewöhnliche Eigenschaften aufweisen, die mit den bekannten Materialien der 1940er Jahre nicht übereinstimmen.

Wissenschaftler, die Zugang zu diesen Materialien hatten, berichteten von außergewöhnlichen Festigkeiten, Hitze- und Strahlungsresistenzen sowie ungewöhnlichen elektromagnetischen Eigenschaften.

Diese Berichte legen nahe, dass die Materialien nicht irdischen Ursprungs sind und dass ihre Zusammensetzung und Struktur fortschrittliche Technologien widerspiegeln.

Globale Sichtungen und parallele Ereignisse

Roswell ist nicht der einzige Vorfall, bei dem es Berichte über abgestürzte UFOs und außerirdische Begegnungen gibt. Weltweit gibt es zahlreiche ähnliche Berichte und Sichtungen, die das Muster außerirdischer Aktivitäten und Vertuschungen durch Regierungen bestätigen. Diese parallelen Ereignisse stärken die Argumentation, dass Roswell Teil eines größeren globalen Phänomens ist.

Von den Rendlesham Forest-Zwischenfällen in Großbritannien bis hin zu den Vorfällen in Kecksburg, Pennsylvania, und Varginha, Brasilien, gibt es viele Berichte über UFO-Abstürze und geheim gehaltene Untersuchungen. Diese globalen Ereignisse weisen auf eine konzertierte Anstrengung hin, die Wahrheit über außerirdische Aktivitäten zu verschleiern.

Medienkontrolle und Desinformation

Ein wesentlicher Aspekt der Roswell-Verschwörung ist die Rolle der Medien bei der Verbreitung von Desinformation und der Kontrolle der öffentlichen Wahrnehmung. Viele Kritiker sind der Meinung, dass die Medien bewusst eingesetzt werden, um die Wahrheit zu verschleiern und die öffentliche Meinung zu manipulieren. Dokumentationen, Filme und Nachrichtenberichte, die das Roswell-Ereignis als bloße Verschwörung abtun, tragen zur Verwirrung und Desinformation bei.

Die kontrollierte Veröffentlichung von Informationen und die Verbreitung falscher Berichte sind gängige Taktiken, um die öffentliche Meinung zu beeinflussen. Regierungsnahe Medien und bezahlte Experten werden oft eingesetzt, um offizielle Versionen zu unterstützen und alternative Erklärungen lächerlich zu machen. Dies schafft ein Klima des Misstrauens und verhindert eine sachliche Diskussion über die wahren Ereignisse.

Trotz der Desinformationskampagnen gibt es viele unabhängige Forscher und Wissenschaftler, die weiter an der Aufdeckung der Wahrheit arbeiten. Diese Forscher haben bedeutende Fortschritte gemacht und zahlreiche Belege gesammelt, die die Roswell-Verschwörung unterstützen. Ihre Arbeiten bieten detaillierte Analysen und empirische Daten, die die offiziellen Erklärungen widerlegen.

Forschungsergebnisse und Veröffentlichungen

Bücher, Forschungsberichte und wissenschaftliche Artikel, die von unabhängigen Forschern veröffentlicht wurden, bieten eine Fülle von Informationen und Beweisen. Diese Werke dokumentieren Zeugenaussagen, materielle Beweise und historische Analysen, die die offizielle Darstellung in Frage stellen. Sie bilden eine wichtige Grundlage für das Verständnis und die Akzeptanz der Roswell-Verschwörung.

Die Roswell-Verschwörung ist ein komplexes und vielschichtiges Thema, das tief in die Geschichte, Technologie und Geopolitik eingreift. Die Beweise und Zeugenaussagen sind zahlreich und überzeugend. Von den Berichten über außerirdische Leichen und fortschrittliche Materialien bis hin zu den widersprüchlichen offiziellen Erklärungen und der systematischen Vertuschung durch die Regierung – alle diese Elemente deuten auf eine großangelegte Vertuschung hin. Die Wahrheit über Roswell mag noch immer im Verborgenen liegen, aber die unermüdlichen Anstrengungen von Forschern und Whistleblowern bringen uns immer näher an die vollständige Enthüllung dieses historischen Mysteriums.

Area 51
Das geheime Herz der
UFO-Verschwörungen

Area 51, offiziell bekannt als Groom Lake oder Homey Airport, ist ein hochgradig geheimer Luftwaffenstützpunkt in der Wüste von Nevada, etwa 130 Kilometer nordwestlich von Las Vegas. Die Basis wurde 1955 gegründet und ist seitdem Gegenstand zahlreicher Spekulationen und Verschwörungstheorien. Viele glauben, dass Area 51 das Epizentrum geheimer Experimente und Forschungen an außerirdischen Technologien und Lebensformen ist.

Kritiker sind überzeugt, dass Area 51 seit Jahrzehnten das Zentrum geheimer Regierungsoperationen ist, die weit über herkömmliche militärische Projekte hinausgehen. Die Theorie besagt, dass dort außerirdische Raumschiffe, die bei Abstürzen wie dem in Roswell geborgen wurden, untersucht und rückentwickelt werden. Diese Rückentwicklungsprozesse sollen dazu dienen, die Technologie außerirdischer Zivilisationen zu verstehen und für menschliche Zwecke nutzbar zu machen.

Mehrere ehemalige Mitarbeiter und Militärangehörige haben behauptet, in Area 51 gearbeitet und außerirdische Technologien gesehen zu haben. Einer der bekanntesten Whistleblower ist Bob Lazar, der

1989 an die Öffentlichkeit ging und erklärte, dass er an einem geheimen Projekt zur Rückentwicklung außerirdischer Raumschiffe gearbeitet habe. Lazar beschrieb detailliert, wie die Raumschiffe angetrieben wurden und welche außerirdischen Materialien dabei verwendet wurden. Er sprach von Antimateriereaktoren und Gravitationsmanipulationstechnologien, die weit über das hinausgehen, was zu jener Zeit öffentlich bekannt war. Obwohl seine Aussagen umstritten sind und seine Glaubwürdigkeit von vielen angezweifelt wird, haben sie viele Menschen überzeugt und die Area 51 Verschwörung weiter befeuert.

UFO-Sichtungen und außerirdische Technologie

Area 51 wird häufig mit UFO-Sichtungen in Verbindung gebracht. Die abgelegene Lage und die strengen Sicherheitsvorkehrungen um die Basis haben dazu geführt, dass viele glauben, die Regierung verstecke dort Beweise für außerirdische Besuche auf der Erde. Diese Sichtungen umfassen oft Berichte über ungewöhnliche Flugmanöver und Lichter am Himmel, die mit herkömmlichen Flugzeugen nicht erklärbar sind.

Zahlreiche Berichte von UFO-Sichtungen in der Nähe von Area 51 unterstützen die Theorie, dass die Basis für geheime Experimente mit außerirdischen Technologien genutzt wird. Diese Sichtungen beinhalten oft unidentifizierte Flugobjekte, die mit außergewöhnlicher Geschwindigkeit und Manövrierfähigkeit fliegen, was darauf hindeutet, dass sie Technologien verwenden, die weit über das hinausgehen, was öffentlich bekannt ist. Ufologen und Kritiker argumentieren, dass solche Phänomene auf Tests außerirdischer Raumschiffe oder Technologien hinweisen.

Projekte und Technologien

Eine zentrale Behauptung der Kritiker ist, dass Area 51 die Heimat zahlreicher geheimer Projekte ist, die auf außerirdischen Technologien basieren. Dazu gehören angeblich:

- **Project Aurora:** Ein angeblich hyperschnelles Spionageflugzeug, das Technologien verwendet, die nicht von dieser Welt stammen.

- **Reverse Engineering:** Die Rückentwicklung von außerirdischen Raumschiffen, um deren Antriebssysteme und Materialien zu verstehen und nachzubauen.

- **Biologische Experimente:** Untersuchungen und Experimente an außerirdischen Lebensformen, die bei UFO-Abstürzen geborgen wurden.

Diese Projekte sollen darauf abzielen, die außerirdischen Technologien zu verstehen und sie für militärische und zivile Anwendungen zu nutzen. Die angeblich entwickelten Technologien könnten revolutionäre Fortschritte in Bereichen wie Energie-erzeugung, Antriebssystemen und Materialien ermöglichen.

Die strengen Sicherheitsvorkehrungen rund um Area 51 tragen weiter zur Mystik und zu den Verschwörungstheorien bei. Das Gebiet ist durch zahlreiche Schilder, Kameras und Patrouillen gesichert, die neugierige Besucher abschrecken sollen. Diese Maßnahmen werden oft als Beweis dafür angesehen, dass die Regierung dort etwas sehr Wichtiges und möglicherweise Gefährliches versteckt.

Zutrittsbeschränkungen und Überwachung

Die gesamte Region um Area 51 ist militärisches Sperrgebiet, und der Zugang ist streng kontrolliert. Überwachungssysteme, Bewegungssensoren und bewaffnete Wachen stellen sicher, dass niemand unbefugt das Gelände betreten kann. Diese extremen Sicherheitsmaßnahmen verstärken den Verdacht, dass die Regierung etwas sehr Wichtiges zu verbergen hat. Berichten zufolge gibt es geheime unterirdische Anlagen und Labore, in denen die streng geheimen Projekte durchgeführt werden.

Die Geheimhaltung rund um Area 51 hat zu zahlreichen Spekulationen über Vertuschungen und Regierungsgeheimnisse geführt. Viele glauben, dass die Regierung systematisch Informationen über außerirdische Besuche und Technologien unterdrückt. Diese Vertuschungen sollen dazu dienen, die außerirdischen Technologien geheim zu halten und sie vor feindlichen Nationen zu schützen.

Geheimdienstakten und Dokumente, die im Rahmen des **Freedom of Information Act** veröffentlicht wurden, enthalten oft geschwärzte Passagen oder wurden vollständig zurückgehalten.

Solche Praktiken nähren den Verdacht, dass die Regierung mehr über außerirdische Kontakte und Technologien weiß, als sie zugibt. Es wird vermutet, dass diese Dokumente Beweise für außerirdische Raumschiffe und Technologien enthalten, die bei verschiedenen Abstürzen geborgen wurden.

Ehemalige Mitarbeiter und Whistleblower wie Bob Lazar und Philip Schneider haben behauptet, dass die Regierung nicht nur außerirdische Technologien rückentwickelt, sondern auch direkte Kontakte mit außerirdischen Zivilisationen hatte. Diese Berichte sind schwer zu überprüfen, tragen aber erheblich zur Popularität der Verschwörungstheorie bei. Philip Schneider behauptete, dass er in unterirdischen Anlagen gearbeitet habe, in denen er auf außerirdische Wesen traf und dass es zu gewalttätigen Auseinandersetzungen kam.

Modernere Entwicklungen und Enthüllungen

In den letzten Jahren hat die Diskussion über Area 51 eine neue Dimension erreicht, insbesondere durch die verstärkte Berichterstattung und Dokumentation in den Medien.

Storm Area 51

Im Jahr 2019 ging eine Facebook-Veranstaltung namens "Storm Area 51, They Can't Stop All of Us" viral und zog weltweite Aufmerksamkeit auf sich.

Die Veranstaltung, die ursprünglich als Scherz gedacht war, brachte Tausende von Menschen in die Wüste von Nevada. Obwohl der tatsächliche Sturm auf die Basis nicht stattfand, führte das Ereignis zu einer erneuten Debatte über die Geheimnisse von Area 51.

Im April 2020 veröffentlichte das Pentagon offiziell drei Videos von unidentifizierten Flugobjekten, die von Marinepiloten gefilmt wurden. Diese Videos, die zuvor von der New York Times veröffentlicht worden waren, zeigen Objekte, die mit außergewöhnlicher Geschwindigkeit und Manövrierfähigkeit fliegen. Obwohl diese Freigaben nicht direkt mit Area 51 verbunden sind, haben sie die allgemeine Aufmerksamkeit und das Interesse an UFOs und außerirdischen Phänomenen erheblich gesteigert.

Die Area 51 Verschwörung bleibt eine der faszinierendsten Theorien rund um UFOs und außerirdische Technologien. Die Mischung aus geheimen Regierungsprojekten, Zeugenaussagen von Whistleblowern, UFO-Sichtungen und strengen Sicherheitsmaßnahmen hat zu einer anhaltenden Mystik und zahlreichen Spekulationen geführt. Ob es sich um gut gehütete Geheimnisse der nationalen Sicherheit oder um Beweise für außerirdische Besuche handelt, bleibt ein Mysterium, das weiterhin Neugier und Debatten anregt.

Die andauernde Geheimhaltung und die strengen Sicherheitsvorkehrungen rund um Area 51 tragen nur dazu bei, die Verschwörungs-theorien am Leben zu erhalten und die Faszination für das, was dort wirklich vor sich geht, weiter zu schüren.

Die Robert Lazar Verschwörung

Robert Lazar, ein Name, der in Verschwörungskreisen für Aufsehen sorgt, brachte Ende der 1980er Jahre die Welt mit seinen Aussagen über geheime Regierungsprojekte und außerirdische Technologien in Aufruhr. Seine Behauptungen, dass er in der geheimen Basis Area 51 an außerirdischen Raumschiffen gearbeitet habe, haben eine Vielzahl von Theorien und Spekulationen ausgelöst. Lazar's Geschichte ist nicht nur faszinierend, sondern bietet auch eine Fülle von Details und Indizien, die von vielen als Beweise für die Existenz außerirdischer Technologien und Vertuschungen durch die US-Regierung angesehen werden.

Lazar's Hintergrund und Enthüllungen

Robert Lazar behauptete, dass er in den späten 1980er Jahren als Physiker im Sektor S-4, einem hochgeheimen Bereich von Area 51, gearbeitet habe. Er erzählte, dass er an der Umkehrung außerirdischer Technologie gearbeitet habe, welche in neun verschiedenen Raumschiffen enthalten sei, die in der Basis gelagert wurden. Lazar beschrieb detailliert das Innenleben dieser Schiffe, die Technologie, die sie antrieb, und die physikalischen Prinzipien, die sie nutzten.

Eine der bekanntesten Aussagen Lazar's ist die über den Antrieb der außerirdischen Raumschiffe, die er als auf **Element 115** basierend beschrieb. Dieses Element, damals noch nicht entdeckt, sollte laut Lazar eine außergewöhnliche Stabilität besitzen und in der Lage sein, die Schiffe durch Manipulation der Schwerkraft anzutreiben. Er beschrieb den Antrieb als "Gravitationswellen-Verzerrungstechnologie", die es den Schiffen ermöglichte, die Raumzeit zu krümmen und somit interstellare Reisen zu ermöglichen.

Belege und Indizien für Lazar's Behauptungen

1. Element 115

Eines der stärksten Indizien für Lazar's Glaubwürdigkeit ist seine Beschreibung von Element 115, lange bevor es offiziell entdeckt wurde. Obwohl es heute als Moscovium bekannt ist und in der Tat existiert, bleibt seine Stabilität und seine Anwendung als Antriebsmittel umstritten. Die Tatsache, dass Lazar dieses Element genau beschrieb, bevor es in der wissenschaftlichen Gemeinschaft bekannt wurde, verleiht seinen Behauptungen eine gewisse Glaubwürdigkeit.

2. Polygraph-Tests

Lazar unterzog sich mehreren Polygraph-Tests (Lügendetektortests), um die Wahrhaftigkeit seiner Aussagen zu überprüfen. Während die Ergebnisse dieser Tests gemischt sind und in der wissenschaftlichen Gemeinschaft oft als unzuverlässig angesehen werden, deuten einige darauf hin, dass Lazar die Wahrheit gesagt haben könnte.

Diese Tests wurden von verschiedenen unabhängigen Prüfern durchgeführt, die zum Teil zu dem Schluss kamen, dass Lazar glaubwürdig sei.

3. Wissenschaftliche Details

Lazar lieferte zahlreiche technische Details über die Funktionsweise der außerirdischen Technologie, die er angeblich studierte. Dazu gehörten detaillierte Erklärungen zur Gravitationsmanipulation und zur Konstruktion der Antriebsreaktoren. Diese technischen Beschreibungen wurden von einigen Wissenschaftlern als plausibel angesehen, auch wenn sie sehr spekulativ bleiben. Die Präzision und Konsistenz seiner Aussagen in Interviews und Vorträgen sind bemerkenswert und deuten darauf hin, dass er zumindest über ein tiefes Verständnis der beschriebenen Technologie verfügt.

4. Unterstützung durch Kollegen

Einige von Lazar's ehemaligen Kollegen und Freunden haben seine Geschichte teilweise unterstützt. Sie berichten, dass Lazar ihnen gegenüber schon vor seinen öffentlichen Enthüllungen von seiner Arbeit und den außerirdischen Technologien erzählt habe. Diese Aussagen, auch wenn sie indirekt sind, unterstützen die Möglichkeit, dass Lazar tatsächlich Zugang zu geheimem Wissen hatte.

5. Veränderung seiner Lebensumstände

Lazar's Leben änderte sich drastisch nach seinen Enthüllungen. Er behauptete, dass er und seine Familie von Regierungsagenten bedroht und überwacht wurden.

Berichte über Einbrüche in sein Zuhause und seine Labore sowie über mysteriöse Aktivitäten um ihn herum bieten zusätzliche Hinweise darauf, dass er möglicherweise Informationen preisgegeben hat, die einige mächtige Institutionen geheim halten wollten.

Obwohl es zahlreiche Indizien gibt, die Lazar's Behauptungen stützen, bleibt die Kontroverse um seine Person groß. Kritiker weisen darauf hin, dass viele seiner Behauptungen schwer zu überprüfen sind und dass einige seiner akademischen und beruflichen Qualifikationen fragwürdig sind. Lazar behauptete beispielsweise, Abschlüsse vom MIT und Caltech zu haben, doch keine dieser Institutionen hat Aufzeichnungen über seine Einschreibung oder seinen Abschluss.

Weiterführende Beweise und Dokumentationen

In den letzten Jahren haben Dokumentarfilme wie "Bob Lazar: Area 51 & Flying Saucers" von Jeremy Corbell dazu beigetragen, Lazar's Geschichte einem breiteren Publikum bekannt zu machen und neue Diskussionen über die Echtheit seiner Behauptungen anzustoßen. Diese Filme präsentieren Interviews, historische Aufnahmen und neue Zeugenaussagen, welche die Glaubwürdigkeit von Lazar's Geschichte weiter untersuchen.

Robert Lazar's Behauptungen über seine Arbeit an außerirdischen Raumschiffen und Technologien in Area 51 bleiben eines der umstrittensten Themen in der Welt der Verschwörungstheorien.

Trotz erheblicher Skepsis und Kritik gibt es zahlreiche Indizien, die seine Geschichte unterstützen und die Vorstellung befeuern, dass die US-Regierung möglicherweise mehr über außerirdische Technologien weiß, als sie zugeben möchte.

Ob man Lazar glaubt oder nicht, seine Geschichte hat zweifellos die Art und Weise beeinflusst, wie viele Menschen über außerirdisches Leben und geheime Regierungsprojekte denken.

8. Abschnitt

Der NASA-Weltraum-Hoax

Die Verschwörungstheorie des NASA-Weltraum-Hoaxes besagt, dass die NASA und andere Weltraumagenturen weltweit die Öffentlichkeit über ihre Aktivitäten im Weltraum systematisch täuschen. Die Theorie behauptet, dass viele, wenn nicht alle, der Weltraummissionen, einschließlich der Mondlandung und Marsmissionen, gefälscht wurden. Im Folgenden werden die verschiedenen Indizien und Belege, die diese Theorie stützen, detailliert untersucht.

Ein zentrales Argument der Kritiker betrifft die Schatten in den Mondfotos der Apollo-Missionen. Kritiker weisen darauf hin, dass die Schatten in den Bildern in unterschiedliche Richtungen verlaufen. In einer Umgebung, die nur von einer Lichtquelle – der Sonne – beleuchtet wird, sollten alle Schatten parallel verlaufen. Die abweichenden Schattenrichtungen werden als Beweis dafür gewertet, dass mehrere Lichtquellen verwendet wurden, was auf eine Studioaufnahme hindeutet.

Ein weiteres häufig genanntes Argument ist das Fehlen von Sternen in den Mondfotos. Der Himmel auf den Bildern ist völlig schwarz und zeigt keine Sterne. Kritiker behaupten, dass die Fotos in einem Studio mit einem künstlichen schwarzen Hintergrund aufgenommen wurden. Sie argumentieren, dass die NASA die Sterne absichtlich weggelassen hat, weil es schwierig gewesen wäre, ihre Positionen korrekt zu simulieren.

Ein bekanntes Argument betrifft die US-Flagge, die auf dem Mond aufgestellt wurde. In den Videoaufnahmen scheint die Flagge zu wehen, obwohl es auf dem Mond keine Atmosphäre und somit keinen Wind gibt. Kritiker behaupten, dass dies ein weiterer Beweis dafür ist, dass die Aufnahmen auf der Erde gemacht wurden, wo Wind die Flagge bewegt haben könnte.

Technologische Zweifel

In den 1960er Jahren war die Computertechnologie noch sehr rudimentär. Die Bordcomputer der Apollo-Missionen hatten nur einen Bruchteil der Rechenleistung moderner Smartphones. Kritiker behaupten, dass es unmöglich gewesen wäre, eine so komplexe Mission mit der damaligen Technologie erfolgreich zu planen und durchzuführen. Sie argumentieren, dass die NASA die technischen Möglichkeiten überschätzt hat und die Missionen daher gefälscht sein müssen.

Strahlungsgürtel

Die Van-Allen-Strahlungsgürtel, die die Erde umgeben, enthalten gefährliche Strahlungsniveaus, die für Menschen tödlich sein können. Kritiker behaupten, dass die Apollo-Astronauten diese Gürtel nicht durchquert haben könnten, ohne tödliche Strahlungsdosen abzubekommen. Sie argumentieren, dass die NASA die Gesundheitsrisiken verschwiegen hat und die Missionen daher gefälscht sein müssen.

Bill Kaysing, ein ehemaliger technischer Schriftsteller für einen NASA-Zulieferer, ist einer der bekanntesten Befürworter der Mondlandung-Verschwörungstheorie. In seinem Buch "We Never Went to the Moon: America's Thirty Billion Dollar Swindle" behauptet Kaysing, dass die Mondlandungen gefälscht wurden und dass die NASA zahlreiche Beweise manipuliert hat, um die Täuschung aufrechtzuerhalten. Er führt detaillierte Analysen der technischen Unmöglichkeiten und angeblichen Manipulationen in den NASA-Aufnahmen an.

David Icke, ein bekannter Kritiker, hat ebenfalls die Theorie verbreitet, dass die Mondlandungen gefälscht wurden. Icke argumentiert, dass die Mondlandungen Teil einer größeren Verschwörung sind, um die Öffentlichkeit zu kontrollieren und zu manipulieren. Er verweist auf angebliche Inkonsistenzen in den Aussagen und Verhaltensweisen der Astronauten und stellt die Glaubwürdigkeit der NASA infrage.

Geheimhaltungsstrategien und Desinformation

Kritiker behaupten, dass die NASA und die US-Regierung die Medien kontrollieren und manipulieren, um sicherzustellen, dass die offizielle Version der Weltraummissionen nicht in Frage gestellt wird. Sie argumentieren, dass kritische Berichterstattung und alternative Meinungen systematisch unterdrückt werden. Diese Kontrolle soll verhindern, dass die Öffentlichkeit Zugang zu Informationen erhält, die die Authentizität der Missionen widerlegen könnten. Ein weiteres Argument betrifft die angebliche Geheimhaltung von wichtigen Dokumenten und

Beweisen durch die NASA. Kritiker behaupten, dass die NASA zahlreiche Dokumente und Aufnahmen entweder zerstört oder als geheim klassifiziert hat, um zu verhindern, dass die Wahrheit ans Licht kommt. Sie verweisen auf fehlende oder verschwundene Originalaufnahmen der Apollo-Missionen und argumentieren, dass dies ein Beweis für eine systematische Vertuschung ist.

Einige Kritiker gehen noch weiter und behaupten, dass die NASA aktiv Desinformation verbreitet und Spionage betreibt, um Kritiker zum Schweigen zu bringen und die öffentliche Meinung zu kontrollieren. Sie argumentieren, dass die NASA gezielt falsche Informationen verbreitet, um die wahre Natur ihrer Missionen zu verschleiern.

Anomalien bei Weltraummissionen

Ein weiteres Feld der Verschwörungstheorie betrifft die Marsmissionen der NASA. Kritiker behaupten, dass viele der Bilder und Daten, die von Mars-Rovern wie dem Curiosity-Rover übermittelt wurden, gefälscht sind. Sie argumentieren, dass die NASA Bilder von der Erde verwendet und als Marsfotos ausgegeben hat. Einige verweisen auf angebliche Anomalien in den Bildern, wie ungewöhnliche Felsformationen und Schatten, die darauf hindeuten, dass die Fotos auf der Erde aufgenommen wurden.

Kritiker behaupten, dass die Zusammenarbeit zwischen verschiedenen Weltraumagenturen, wie der NASA, Roskosmos und der ESA, Teil eines größeren Plans ist, die Öffentlichkeit zu täuschen. Sie argumentieren, dass diese Agenturen gemeinsam an der Vertuschung beteiligt sind und dass die internationale Raumstation ISS ebenfalls Teil dieser Täuschung ist.

Wissenschaftliche Anomalien

Ein weiteres zentrales Argument der Kritiker betrifft die Proben von Mondgestein, die von den Apollo-Missionen zur Erde gebracht wurden. Kritiker behaupten, dass einige dieser Proben als Fälschungen entlarvt wurden. Ein bekanntes Beispiel ist ein angebliches Mondgestein, das der niederländischen Regierung übergeben wurde und sich später als versteinertes Holz herausstellte.

Landeplätze und Krater

Kritiker verweisen auch auf angebliche Anomalien bei den Landeplätzen der Apollo-Missionen. Sie behaupten, dass die Landeplätze und Krater nicht den Erwartungen entsprechen, die man von einer echten Mondlandung hätte. Insbesondere wird darauf hingewiesen, dass die Landestellen keine signifikanten Krater oder Spuren aufweisen, die von der Landung der Mondlandefähre hinterlassen worden sein müssten.

Technische Unstimmigkeiten

Ein weiteres zentrales Argument der Kritiker betrifft die Kommunikation während der Apollo-Missionen. Kritiker behaupten, dass die Funksignale und die Echtzeitkommunikation zwischen den Astronauten auf dem Mond und der Missionskontrolle auf der

Erde aufgrund der Entfernung und der technischen Beschränkungen der damaligen Zeit nicht möglich gewesen wären. Sie argumentieren, dass die Kommunikationssysteme nicht ausgereift genug waren, um eine zuverlässige und kontinuierliche Verbindung über diese Entfernungen zu gewährleisten.

Die Raumanzüge und Lebensunterstützungssysteme, die von den Apollo-Astronauten verwendet wurden, sind ebenfalls Gegenstand von Skepsis. Kritiker argumentieren, dass die Anzüge nicht in der Lage gewesen wären, die extremen Temperaturen und Strahlungsbedingungen auf dem Mond zu überstehen. Sie behaupten, dass die Technologie der 1960er Jahre nicht ausgereicht hätte, um solche fortschrittlichen Anzüge zu entwickeln und zu testen.

Neil Armstrong, der erste Mensch, der den Mond betrat, ist eine Schlüsselfigur in vielen Verschwörungstheorien. Einige Theoretiker behaupten, dass Armstrong in seinen späten Jahren Andeutungen gemacht habe, die darauf hindeuten, dass die Mondlandungen gefälscht wurden. Sie verweisen auf kryptische Aussagen und Verhaltensweisen Armstrongs, die als Hinweise auf eine große Lüge interpretiert werden.

Es gibt auch Berichte über angebliche Whistleblower und Insider, die behaupten, Beweise für den NASA-Weltraum-Hoax zu haben. Diese Personen geben an, in der NASA oder in verbundenen Organisationen gearbeitet zu haben und bezeugen, dass die Weltraummissionen inszeniert wurden. Obwohl viele dieser Berichte anonym sind und keine konkreten Beweise liefern, tragen sie zur Mystik und zum Misstrauen um die offiziellen Berichte bei.

Die Theorie des NASA-Weltraum-Hoaxes bleibt eine der umstrittensten und am weitesten verbreiteten Verschwörungstheorien unserer Zeit. Trotz zahlreicher wissenschaftlicher Untersuchungen und Bestätigungen der Authentizität der NASA-Missionen gibt es eine Vielzahl von Indizien und Argumenten, die Kritiker vorbringen, um ihre Behauptungen zu untermauern.

Diese Theorie stützt sich auf eine breite Palette von Indizien, darunter fotografische Beweise, technologische Zweifel, Zeugenaussagen und angebliche Geständnisse sowie Behauptungen über Geheimhaltungsstrategien und Desinformation durch die NASA. Zu den zentralen Argumenten gehören die Anomalien in den Mondfotos, die technologische Unzulänglichkeit der damaligen Computertechnologie, die potenziell tödlichen Strahlungsniveaus in den Van-Allen-Gürteln und die mysteriösen Umstände um die Landeplätze und die Proben von Mondgestein.

Weitere Beweise und Argumente

Ein weiteres Argument betrifft die angeblichen zeitlichen Unstimmigkeiten in den Start- und Landesequenzen der Apollo-Missionen. Kritiker behaupten, dass die Zeitpläne und die Geschwindigkeit, mit der die Raketen gestartet und gelandet sind, nicht mit den physikalischen Gesetzen und den technischen Fähigkeiten der 1960er Jahre übereinstimmen. Sie argumentieren, dass die NASA die Zeiten manipuliert hat, um eine reibungslose Mission vorzutäuschen.

Einige Kritiker haben sich auch auf astronomische Daten und Berechnungen gestützt, um die Authentizität der Mondlandungen in Frage zu stellen. Sie behaupten, dass die Positionen von Sternen und anderen Himmelskörpern in den NASA-Fotos nicht mit den tatsächlichen Positionen zum Zeitpunkt der Mondlandungen übereinstimmen. Diese Diskrepanzen werden als Beweis dafür gewertet, dass die Bilder auf der Erde aufgenommen und nachträglich manipuliert wurden.

Ungereimtheiten in den offiziellen Berichten

Kritiker weisen darauf hin, dass viele der Originalaufnahmen und Daten der Apollo-Missionen fehlen oder unzugänglich sind. Sie argumentieren, dass die NASA diese Beweise absichtlich zurückhält oder zerstört hat, um die Täuschung zu verschleiern. Insbesondere wird die Vernichtung der originalen Telemetrie-Daten der Apollo-11-Mission als verdächtig angesehen.

Ein weiteres häufiges Argument betrifft die Wiedereintritts- und Landeverfahren der Apollo-Kapseln. Kritiker behaupten, dass die Kapseln und die Astronauten den extremen Temperaturen und Kräften des Wiedereintritts in die Erdatmosphäre nicht hätten standhalten können. Sie argumentieren, dass die Technologie der damaligen Zeit nicht ausgereicht hätte, um eine sichere Rückkehr zur Erde zu gewährleisten.

Politische und wirtschaftliche Motive

Ein zentrales Element der Verschwörungstheorie ist die Behauptung, dass die Mondlandungen Teil eines größeren Propagandakriegs während des Kalten Krieges waren. Die USA standen unter immensem Druck, die Sowjetunion im Wettlauf ins All zu übertreffen. Kritiker behaupten, dass die Mondlandungen inszeniert wurden, um der Welt die technologische Überlegenheit der USA zu demonstrieren und die nationale Moral zu stärken.

Ein weiteres Argument betrifft die finanziellen Aspekte der NASA-Missionen. Kritiker behaupten, dass die enormen Summen, die für die Apollo-Missionen bereitgestellt wurden, nie tatsächlich für Weltraummissionen verwendet wurden. Stattdessen, so argumentieren sie, wurde das Geld für andere geheime Projekte umgeleitet, und die Mondlandungen wurden als Vorwand genutzt, um die Gelder zu rechtfertigen.

Einige Wissenschaftler haben alternative Erklärungen für die Anomalien und Unstimmigkeiten in den

offiziellen Berichten der NASA angeboten. Diese
Erklärungen stützen oft die Theorien der Kritiker und
bieten weitere Belege für die Behauptung, dass die
Mondlandungen und andere Weltraummissionen
gefälscht wurden.

Unabhängige Studien und Untersuchungen haben
ebenfalls Beweise geliefert, die die
Verschwörungstheorien stützen. Diese Studien
analysieren oft die technischen und wissenschaftlichen
Aspekte der NASA-Missionen und kommen zu dem
Schluss, dass viele der offiziellen Berichte und
Erklärungen ungenau oder unvollständig sind.

Mysterien um Neil Armstrong

Neil Armstrong, der erste Mensch, der den Mond
betrat, ist eine Schlüsselfigur in vielen
Verschwörungstheorien. Einige Theoretiker
behaupten, dass Armstrong in seinen späten Jahren
Andeutungen gemacht habe, die darauf hindeuten,
dass die Mondlandungen gefälscht wurden. Sie
verweisen auf kryptische Aussagen und
Verhaltensweisen Armstrongs, die als Hinweise auf
eine große Lüge interpretiert werden.

Es gibt auch Berichte über angebliche Whistleblower
und Insider, die behaupten, Beweise für den NASA-
Weltraum-Hoax zu haben. Diese Personen geben an,
in der NASA oder in verbundenen Organisationen
gearbeitet zu haben und bezeugen, dass die
Weltraummissionen inszeniert wurden. Obwohl viele
dieser Berichte anonym sind und keine konkreten

Beweise liefern, tragen sie zur Mystik und zum Misstrauen um die offiziellen Berichte bei.

Die Theorie des NASA-Weltraum-Hoaxes bleibt eine der umstrittensten und am weitesten verbreiteten Verschwörungstheorien unserer Zeit. Trotz zahlreicher wissenschaftlicher Untersuchungen und Bestätigungen der Authentizität der NASA-Missionen gibt es eine Vielzahl von Indizien und Argumenten, die Kritiker vorbringen, um ihre Behauptungen zu untermauern.

Diese Theorie stützt sich auf eine breite Palette von Indizien, darunter fotografische Beweise, technologische Zweifel, Zeugenaussagen und angebliche Geständnisse sowie Behauptungen über Geheimhaltungsstrategien und Desinformation durch die NASA. Zu den zentralen Argumenten gehören die Anomalien in den Mondfotos, die technologische Unzulänglichkeit der damaligen Computertechnologie, die potenziell tödlichen Strahlungsniveaus in den Van-Allen-Gürteln und die mysteriösen Umstände um die Landeplätze und die Proben von Mondgestein.

Die Flache Erde Theorie

Die Flache Erde Theorie ist eine der umstrittensten und meistdiskutierten Ideen der modernen Zeit, die behauptet, dass die Erde keine Kugel, sondern eine flache Scheibe ist. Diese Theorie steht im krassen Gegensatz zur überwältigenden wissenschaftlichen Beweise für eine kugelförmige Erde. Dennoch hat sie eine beachtliche Anhängerschaft gewonnen, die verschiedene "Beweise" präsentiert, um ihre Ansichten zu untermauern. Diese Theorie behauptet, dass die etablierten wissenschaftlichen Erklärungen und Bilder gefälscht sind und dass die Wahrheit über die Form der Erde absichtlich verheimlicht wird.

Historischer Hintergrund

Bereits in der Antike hatten viele Kulturen Vorstellungen von einer flachen Erde. Die Babylonier, Ägypter, nordischen Völker und auch die alten Chinesen hielten die Erde für flach. Diese Vorstellungen wurden durch verschiedene Mythen und religiöse Texte unterstützt, die oft eine flache Erde beschrieben, die von einem Ozean umgeben ist. Erst im Laufe der Jahrhunderte, mit den Arbeiten von Pythagoras und später Aristoteles, begann sich die Vorstellung einer kugelförmigen Erde durchzusetzen. Flacherdler argumentieren, dass die weit verbreiteten antiken Ansichten nicht einfach als Aberglauben abgetan werden sollten, sondern als ernsthafte Hinweise darauf, dass die Erde tatsächlich flach ist.

Visuelle Wahrnehmung und Alltagserfahrung

Befürworter der Flachen Erde Theorie argumentieren, dass die Erde flach erscheint, wenn man sich auf ihr bewegt. Ein häufig vorgebrachtes Argument ist die Beobachtung des Horizonts. Egal, wie hoch man sich befindet, der Horizont erscheint immer gerade und steigt auf Augenhöhe, was nach Ansicht der Flacherdler bei einer kugelförmigen Erde nicht der Fall wäre. Sie betonen, dass bei einer kugelförmigen Erde der Horizont bei steigender Höhe nach unten sinken müsste, was jedoch nicht beobachtet wird.

Um dies zu belegen, führen Flacherdler Experimente durch, bei denen sie Fotos und Videos aus großer Höhe aufnehmen. Sie argumentieren, dass der Horizont in diesen Aufnahmen flach bleibt und keine Krümmung zeigt. Diese Experimente werden oft mit Wetterballons oder Drohnen durchgeführt, die mit Kameras ausgestattet sind, um die Erdoberfläche in verschiedenen Höhen zu dokumentieren.

Fehlen der Erdkrümmung

Ein zentrales Argument der Flacherdler ist das angebliche Fehlen einer wahrnehmbaren Erdkrümmung. Sie behaupten, dass die Krümmung der Erde auf großen Wasserflächen oder offenen Feldern nicht sichtbar ist. Experimente, bei denen über große Distanzen hinweg Objekte wie Boote oder Gebäude beobachtet werden, sollen zeigen, dass diese nicht hinter einer Krümmung verschwinden, sondern bis zum Horizont sichtbar bleiben. Solche Beobachtungen werden als Beweis dafür angeführt, dass die Erde flach und nicht gekrümmt ist.

Flacherdler verweisen oft auf Beobachtungen an großen Seen wie dem Lake Michigan, wo die Skyline von Chicago bei klaren Wetterbedingungen über große Entfernungen hinweg sichtbar ist. Nach ihrer Ansicht wäre diese Sichtbarkeit bei einer gekrümmten Erdoberfläche nicht möglich. Sie führen auch Experimente durch, bei denen sie leistungsstarke Teleskope und Kameras verwenden, um weit entfernte Objekte zu beobachten, die ihrer Meinung nach aufgrund der Erdkrümmung nicht sichtbar sein sollten.

Flugrouten und Navigation

Ein weiteres starkes Argument der Flacherdler betrifft die Flugrouten und Navigationsmethoden. Sie behaupten, dass bestimmte Flugrouten, insbesondere zwischen südlichen Hemisphären, auf einer flachen Erde logischer erscheinen als auf einer Kugel. So sollen die tatsächlichen Entfernungen und Flugzeiten nicht mit denen übereinstimmen, die bei einer kugelförmigen Erde erwartet würden. Sie argumentieren, dass die direkte Flugroute zwischen bestimmten Städten nicht erklärt werden kann, wenn die Erde eine Kugel wäre.

Beispiele für solche Flugrouten sind Verbindungen zwischen Südamerika, Afrika und Australien. Flacherdler behaupten, dass die Flugzeiten und Routen auf einer flachen Erde kürzer und direkter erscheinen. Sie analysieren Flugpläne und Entfernungen und vergleichen diese mit den Modellen einer kugelförmigen und einer flachen Erde, um ihre Argumente zu stützen.

Technische Aspekte von Wasseroberflächen

Befürworter der Flachen Erde Theorie weisen darauf hin, dass große Wasserflächen immer flach und horizontal erscheinen. Sie argumentieren, dass Wasser sich immer in einem flachen Niveau ausbreitet und dass es keine Beweise für eine gekrümmte Wasseroberfläche gibt. Diese Beobachtungen sollen besonders bei großen Seen und Ozeanen bemerkenswert sein, wo nach ihrer Meinung jede Krümmung offensichtlich sein müsste.

Flacherdler führen Experimente durch, bei denen sie Laser über große Wasserflächen projizieren, um die Ebenheit des Wassers zu messen. Diese Experimente sollen zeigen, dass Wasseroberflächen über lange Distanzen hinweg keine Krümmung aufweisen. Sie argumentieren, dass die Ergebnisse dieser Experimente im Widerspruch zu den Erwartungen einer kugelförmigen Erde stehen.

Antarktis und die Eismauer

Eine zentrale Komponente der Flachen Erde Theorie ist die Vorstellung, dass die Antarktis eine riesige Eismauer ist, die die Scheiben-Erde umgibt und verhindert, dass das Wasser über den Rand fließt. Diese Eismauer soll angeblich Tausende von Metern hoch sein und die Grenze der bewohnbaren Welt bilden. Berichte und Fotos von Expeditionen zur Antarktis werden von Flacherdlern oft herangezogen, um diese Theorie zu untermauern. Sie argumentieren, dass die Antarktis in Wahrheit keine Kontinentmasse wie allgemein angenommen, sondern eine umgebende Barriere ist.

Einige Flacherdler behaupten, dass es geheime Verträge und Abkommen gibt, die verhindern, dass normale Bürger die Antarktis frei erforschen können. Diese Vereinbarungen sollen angeblich verhindern, dass die Wahrheit über die Eismauer ans Licht kommt. Expeditionen, die in der Vergangenheit von Flacherdlern oder unabhängigen Forschern organisiert wurden, berichten von restriktiven Maßnahmen und geheimnisvollen Militärpräsenz, die den Zugang zu bestimmten Bereichen der Antarktis verwehren.

NASA und gefälschte Weltraumbilder

Flacherdler behaupten, dass die NASA und andere Weltraumagenturen systematisch falsche Bilder und Videos der Erde verbreiten, um die kugelförmige Erde zu propagieren. Sie weisen auf angebliche Unstimmigkeiten und Fehler in den veröffentlichten Bildern hin, wie zum Beispiel identische Wolkenformationen in verschiedenen Bildern, die Verwendung von "Green Screens" und die Manipulation von Fotos.

Ein häufig genanntes Beispiel ist das berühmte "Blue Marble"-Bild der Erde, das von der NASA veröffentlicht wurde. Flacherdler argumentieren, dass dieses Bild digital erstellt wurde und keine echten Fotos der Erde darstellt. Sie analysieren Schatten, Lichteffekte und perspektivische Verzerrungen, um ihre Behauptungen zu untermauern.

Gyroskope und technische Experimente

Ein weiterer technischer Beweis, den Flacherdler anführen, betrifft die Verwendung von Gyroskopen. Sie argumentieren, dass mechanische Gyroskope, die die Erdrotation messen sollen, in Wirklichkeit keine Rotation der Erde zeigen. Experimente mit hochpräzisen Gyroskopen sollen nach ihrer Ansicht belegen, dass es keine Erdrotation gibt.

Ein prominentes Experiment, das oft zitiert wird, ist das von Bob Knodel, einem bekannten Flacherdler, der ein Glasfaser-Gyroskop verwendet hat. Knodel behauptet, dass das Gyroskop keine 15-Grad-Drehung pro Stunde zeigte, wie es bei einer rotierenden Erde erwartet würde, sondern stattdessen eine statische Position beibehielt.

Sonnen- und Mondbewegungen

Flacherdler haben alternative Modelle für die Bewegungen von Sonne und Mond entwickelt, die sie als Beweise für eine flache Erde anführen. In ihren Modellen bewegen sich Sonne und Mond in konzentrischen Kreisen über der flachen Erde und beleuchten sie ähnlich wie ein Scheinwerfer, was die wechselnden Tages- und Nachtzeiten sowie die Jahreszeiten erklärt.

Sie argumentieren, dass die Perspektive und Winkel der Sonne und des Mondes, wie sie von verschiedenen Punkten der Erde aus gesehen werden, besser mit einem flachen Modell übereinstimmen als mit einem kugelförmigen. Experimente und Beobachtungen zur

Höhe und Position der Sonne über dem Horizont
sollen diese Modelle unterstützen.

Charles Hapgood und Graham Hancock

- Charles Hapgood, ein bekannter Gelehrter, und
  Graham Hancock, ein populärer Autor, haben
  beide Theorien vorgebracht, die von einigen
  Flacherdlern als unterstützend betrachtet werden.
  Hapgoods Theorie der Erdkrustenverschiebung
  schlägt vor, dass Teile der Erdkruste sich in
  geologischer Vergangenheit verschoben haben,
  was die Position von Kontinenten und
  geologischen Merkmalen verändert hat.
  Diese Theorie wird oft verwendet, um
  unkonventionelle geologische Phänomene zu
  erklären, die in das flache Erde Narrativ passen.

- Graham Hancock hat umfangreiche Forschungen
  über antike Zivilisationen und deren Wissen über
  Astronomie und Geographie veröffentlicht.
  Er argumentiert, dass frühere Zivilisationen
  über fortgeschrittenes Wissen verfügten, das
  im Widerspruch zu dem steht, was die moderne
  Wissenschaft akzeptiert. Flacherdler nutzen
  Hancocks Arbeiten, um zu behaupten, dass
  diese alten Zivilisationen eine flache Erde
  kannten und ihre Monumente und Strukturen
  entsprechend ausrichteten.

Die Flache Erde Theorie ist reich an Argumenten und Beweisen, die von ihren Befürwortern präsentiert werden. Diese Argumente umfassen visuelle Beobachtungen, Experimente mit Wasseroberflächen, Flugroutenanalysen, technische Experimente und alternative Modelle für die Bewegungen von Sonne und Mond. Trotz der breiten Ablehnung durch die wissenschaftliche Gemeinschaft haben diese Theorien eine beachtliche Anhängerschaft gewonnen.

Es ist wichtig zu betonen, dass viele der vorgebrachten "Beweise" und Experimente von der etablierten Wissenschaft widerlegt wurden. Dennoch bleibt die Flache Erde Theorie ein faszinierendes Beispiel dafür, wie alternative Sichtweisen und Skepsis gegenüber etablierten Erklärungen an Bedeutung gewinnen können. Die Diskussion über diese Theorie zeigt, wie komplex und vielschichtig unsere Versuche sind, die Welt um uns herum zu verstehen.

Projekt Blue Beam

Das Projekt Blue Beam ist eine der bekanntesten und zugleich umstrittensten Verschwörungstheorien der letzten Jahrzehnte. Diese Theorie, die erstmals in den 1990er Jahren vom kanadischen Journalisten Serge Monast formuliert wurde, behauptet, dass die NASA in Zusammenarbeit mit anderen internationalen Organisationen wie den Vereinten Nationen eine groß angelegte Täuschungsoperation plant. Ziel dieser Operation soll es sein, eine Neue Weltordnung zu etablieren, indem eine Reihe von technologisch inszenierten Ereignissen die Menschheit manipuliert und kontrolliert.

Die Phasen des Projekts

Monast beschrieb das Projekt Blue Beam als einen Plan, der in vier detaillierte Phasen unterteilt ist, jede davon konzipiert, um die Menschheit Schritt für Schritt zu täuschen und zu unterwerfen.

Phase 1: Archäologische Entdeckungen

In der ersten Phase sollen künstlich erzeugte Erdbeben an strategisch wichtigen Orten weltweit ausgelöst werden. Diese Erdbeben sollen gezielt so platziert werden, dass sie zur Entdeckung längst vergessener archäologischer Funde führen. Diese „neuen" Entdeckungen würden absichtlich falsch interpretiert und der Öffentlichkeit präsentiert werden, um die Grundlagen der etablierten Religionen zu untergraben und Verwirrung sowie Unsicherheit zu stiften. Es wird behauptet, dass diese Funde so gestaltet sind, dass sie religiöse Lehren und Mythen diskreditieren, wodurch ein erster Riss im Vertrauen der Menschen in ihre traditionellen Glaubenssysteme entsteht.

Phase 2: Gigantische Hologramm-Show

Die zweite Phase sieht die Verwendung hochentwickelter holografischer Technologien vor, um realistische und beeindruckende Bilder von Gottheiten und religiösen Figuren in den Himmel zu projizieren. Diese Projektionen sollen kulturell und religiös abgestimmt sein, sodass jede Region der Welt das Bild ihrer spezifischen Gottheit sieht. Monast behauptete, dass diese holografischen Darstellungen durch ein Netzwerk globaler Satelliten projiziert werden könnten, die in der Lage sind, dreidimensionale Bilder über große Entfernungen hinweg zu erzeugen.

Diese spektakulären Himmelserscheinungen sollen dann zusammenkommen, um eine einheitliche Botschaft zu vermitteln: die Geburt einer neuen universellen Religion. Diese Religion würde als Werkzeug dienen, um die Menschheit unter einer einzigen globalen Regierung zu vereinen, indem sie die Menschen glauben lässt, dass ihre jeweiligen Gottheiten ihnen eine Botschaft übermitteln.

Phase 3: Gedankenkontrolle und künstliche Telepathie

Die dritte Phase beinhaltet die Einführung fortschrittlicher Technologien zur Gedankenkontrolle. Monast behauptete, dass diese Technologie

Funkwellen nutzen würde, um direkt in das menschliche Gehirn projiziert zu werden. Diese Funkwellen würden den Eindruck erwecken, als ob die Menschen direkte telepathische Kommunikation mit ihrer Gottheit hätten.

Die Technologie soll so weit fortgeschritten sein, dass sie die Menschen glauben lässt, ihre Gedanken würden von einer höheren Macht kontrolliert. Dies würde eine kollektive Panik und Verwirrung auslösen, wodurch die Menschen dazu gezwungen würden, die neue Weltordnung zu akzeptieren. Monast ging so weit zu behaupten, dass diese Art der Gedankenkontrolle dazu verwendet werden könnte, um den Menschen spezifische Botschaften und Anweisungen zu übermitteln, die sie in ihrem täglichen Leben befolgen sollen.

Phase 4: Supernatürliche Manifestationen

In der letzten Phase sollen verschiedene übernatürliche Phänomene inszeniert werden, um den Eindruck zu erwecken, dass eine Invasion von außerirdischen Kräften stattfindet. Diese Phänomene könnten alles umfassen, von UFO-Sichtungen bis hin zu physischen Begegnungen mit außerirdischen Wesen. Ziel dieser Phase ist es, eine globale Krise zu erzeugen, die es den Drahtziehern hinter dem Projekt Blue Beam ermöglicht, die volle Kontrolle über die Welt zu übernehmen.

Die Menschen würden in Panik geraten und sich bereitwillig der neuen Weltregierung unterwerfen, in der Hoffnung, Schutz und Sicherheit zu finden. Diese

412

Phase soll den endgültigen Schritt zur Implementierung der Neuen Weltordnung darstellen, indem sie die Menschheit in einem Zustand ständiger Angst und Unsicherheit hält.

Befürworter der Projekt Blue Beam-Theorie führen eine Reihe von Indizien und angeblichen Beweisen an, um ihre Behauptungen zu stützen:

- **Technologische Fortschritte:** Die rasanten Entwicklungen in der Holografie und der Satellitentechnologie werden oft als Beweise dafür angeführt, dass die technischen Voraussetzungen für das Projekt Blue Beam bereits vorhanden sind. Es gibt zahlreiche Demonstrationen von realistischen holografischen Projektionen auf Technologiemessen und Konferenzen, die zeigen, dass es möglich ist, beeindruckende und realistische Bilder zu erzeugen.

- **Militärische Experimente:** Berichte über militärische Experimente und Programme zur Gedankenkontrolle, wie das berüchtigte MK-Ultra-Programm der CIA, werden ebenfalls als Beweise dafür angeführt, dass Regierungen seit Jahrzehnten an solchen Technologien arbeiten. Diese Programme, die darauf abzielen, das menschliche Bewusstsein zu manipulieren, werden als direkte Vorläufer der Technologien angesehen, die im Projekt Blue Beam zum Einsatz kommen sollen.

- **Seltsame Himmelsphänomene:** Berichte über unerklärliche Lichterscheinungen und UFO-Sichtungen werden oft im Zusammenhang mit dem Projekt Blue Beam diskutiert. Anhänger der Theorie glauben, dass diese Phänomene Tests oder Vorbereitungen für die endgültige Umsetzung des Plans sein könnten. Diese Himmelsphänomene sollen den Menschen auf subtile Weise darauf vorbereiten, die holografischen Projektionen in der zweiten Phase des Projekts zu akzeptieren.

Die Rolle der Medien und der Wissenschaft

Ein zentraler Punkt der Theorie ist die angebliche Rolle der Medien und der wissenschaftlichen Gemeinschaft bei der Verbreitung und Aufrechterhaltung der Täuschung. Monast und seine Anhänger behaupten, dass Mainstream-Medien und prominente Wissenschaftler Teil einer groß angelegten Desinformationskampagne sind, die darauf abzielt, die Wahrheit über das Projekt Blue Beam zu verschleiern. Diese Medien und Wissenschaftler sollen absichtlich falsche Informationen verbreiten und die Bevölkerung davon abhalten, die wahren Absichten derjenigen, die das Projekt Blue Beam steuern, zu erkennen.

Obwohl das Projekt Blue Beam eine faszinierende und komplexe Theorie ist, gibt es keine belastbaren Beweise, die ihre Existenz belegen.
Viele der angeblichen Beweise basieren auf spekulativen Interpretationen und unbestätigten Berichten. Kritiker weisen darauf hin, dass die Theorie

typische Merkmale von Verschwörungstheorien aufweist, einschließlich der Tendenz, widersprüchliche Informationen zu ignorieren und logische Lücken durch immer komplexere Erklärungen zu füllen.

Das Projekt Blue Beam bleibt eine der bekanntesten und umstrittensten Verschwörungstheorien der letzten Jahrzehnte. Während es keine stichhaltigen Beweise für seine Existenz gibt, zeigt die anhaltende Popularität der Theorie, wie tief das Misstrauen gegenüber Regierungen und Institutionen in Teilen der Gesellschaft verwurzelt ist. Ob es sich um eine tatsächliche Bedrohung oder nur um eine komplexe Erzählung handelt, die Debatte um das Projekt Blue Beam wird wahrscheinlich noch lange weitergehen.

Die HAARP- Verschwörung

Die HAARP-Verschwörung ist eine der bekanntesten und umstrittensten modernen Verschwörungstheorien. Sie dreht sich um das High-Frequency Active Auroral Research Program (HAARP), eine wissenschaftliche Einrichtung in Gakona, Alaska. Offiziell wird das Projekt zur Erforschung der Ionosphäre und ihrer Auswirkungen auf die Kommunikation und Navigation betrieben. Kritiker hingegen behaupten, dass HAARP für eine Vielzahl geheimer und potentiell gefährlicher Experimente und Operationen verwendet wird, darunter Wettermanipulation, Erdbeben-verursachung und sogar Gedankenbeeinflussung.

Die Ursprünge der HAARP-Verschwörungstheorie lassen sich bis in die 1990er Jahre zurückverfolgen, als das Projekt erstmals bekannt wurde. Die Tatsache, dass HAARP von der US Air Force und der Navy finanziert wurde, trug wesentlich zur Entstehung der Theorie bei. In einer Zeit, in der Misstrauen gegenüber militärischen und geheimdienstlichen Aktivitäten weit verbreitet war, schürte die Geheimhaltung um HAARP Verdächtigungen und Spekulationen.

Diese Geheimhaltung und die starke militärische Beteiligung weckten das Interesse und die Besorgnis vieler Menschen. Viele fragten sich, warum ein Projekt, das angeblich der wissenschaftlichen Erforschung dient, solch ein hohes Maß an Geheimhaltung und militärische Unterstützung benötigt. Dies legte den Grundstein für die

416

weitreichenden und oft beängstigenden Spekulationen über die tatsächlichen Ziele und Fähigkeiten von HAARP.

Wettermanipulation

Eine der am häufigsten zitierten Behauptungen ist, dass HAARP zur Wettermanipulation verwendet wird. Befürworter der Theorie argumentieren, dass die hochfrequenten Radiowellen, die von HAARP ausgesendet werden, die Ionosphäre erhitzen und somit das Wetter beeinflussen können. Diese Technologie könnte angeblich verwendet werden, um Dürren, Überschwemmungen, Hurrikane und andere extreme Wetterereignisse zu erzeugen oder zu verhindern.

Die Vorstellung, dass Menschen das Wetter kontrollieren könnten, ist seit langem ein fester Bestandteil vieler Science-Fiction-Geschichten. In der Realität gibt es jedoch auch historische Beispiele für Versuche der Wettermodifikation, wie das Cloud-Seeding, bei dem Chemikalien in die Atmosphäre eingebracht werden, um Regen zu erzeugen. Diese realen Technologien verleihen den Behauptungen über HAARP eine gewisse Glaubwürdigkeit.

Belege für Wettermanipulation

- **Patente und Dokumente:**
  Kritiker weisen auf Patente hin, die Technologien zur Wetterkontrolle beschreiben. Ein häufig zitiertes Patent ist

417

*das von Bernard Eastlund, das eine Methode
zur Änderung der Ionosphäre mittels
hochfrequenter Strahlung beschreibt.
Befürworter der Theorie sehen in diesen
Patenten Beweise dafür, dass HAARP
tatsächlich zur Wettermanipulation
verwendet wird. Eastlunds Patent beschreibt
eine Technologie, die in der Lage ist, große
Mengen an Energie in die Ionosphäre zu
übertragen, was theoretisch das Wetter
beeinflussen könnte.*

- **Ungewöhnliche Wetterphänomene:**
  *Es wird behauptet, dass ungewöhnliche
  und extreme Wetterereignisse zeitlich und
  geografisch mit den Aktivitäten von HAARP
  korrelieren. Beispielsweise wurden extreme
  Wetterlagen wie der Hurrikan Katrina oder
  die Dürre in Kalifornien mit HAARP in
  Verbindung gebracht. Befürworter der
  Theorie argumentieren, dass diese
  Ereignisse kein Zufall sind und durch
  HAARP verursacht wurden. Sie weisen auf
  Zeiträume hin, in denen HAARP aktiv war,
  und vergleichen diese mit ungewöhnlichen
  Wetterphänomenen, um ihre Behauptungen
  zu untermauern.*

- **Aussagen von Whistleblowern:**
  *Verschiedene angebliche Whistleblower
  haben erklärt, dass HAARP tatsächlich für
  Wettermanipulation verwendet wird. Einer
  der bekanntesten ist Dr. Nick Begich, der in
  seinem Buch "Angels Don't Play This*

HAARP" ausführlich darlegt, wie HAARP genutzt werden könnte, um das Wetter zu beeinflussen. Er beruft sich auf interne Dokumente und Aussagen von Insidern, um seine Behauptungen zu stützen.

Erdbebenverursachung

Eine weitere verbreitete Behauptung ist, dass HAARP Erdbeben auslösen kann. Die Theorie besagt, dass die hochfrequenten Radiowellen, die von HAARP ausgesendet werden, tief in die Erdkruste eindringen und seismische Aktivitäten auslösen können. Diese Technologie könnte angeblich verwendet werden, um Erdbeben in bestimmten Regionen der Welt zu erzeugen. Die Vorstellung, dass menschliche Aktivitäten Erdbeben auslösen können, ist nicht völlig unbegründet. Es gibt dokumentierte Fälle, in denen das Einpumpen von Flüssigkeiten in den Untergrund seismische Aktivitäten ausgelöst hat.

Belege für Erdbebenverursachung

- **Zeitliche Korrelation:**
  Kritiker weisen auf zeitliche Korrelationen zwischen HAARP-Aktivitäten und großen Erdbeben hin. Beispielsweise wird behauptet, dass das verheerende Erdbeben in Haiti im Jahr 2010 und das Erdbeben in Fukushima im Jahr 2011 in zeitlicher Nähe zu HAARP-Experimenten stattfanden. Diese Korrelationen werden als Beweise dafür angeführt, dass HAARP in der Lage ist, Erdbeben zu verursachen. Die Theorie stützt

sich auf Berichte über erhöhte HAARP-
Aktivitäten vor diesen Katastrophen.

- **Ungewöhnliche Himmelsphänomene:**
  Es wird berichtet, dass kurz vor einigen
  Erdbeben ungewöhnliche Lichter oder
  andere atmosphärische Phänomene am
  Himmel beobachtet wurden. Befürworter
  der Theorie argumentieren, dass diese
  Phänomene auf die HAARP-Aktivitäten
  zurückzuführen sind, die die Ionosphäre
  und die Erdkruste beeinflussen. Diese
  Lichter könnten das Ergebnis von
  elektromagnetischen Aktivitäten sein,
  die von HAARP ausgehen.

- **Berichte und Studien:**
  Einige Wissenschaftler und Forscher haben
  Berichte und Studien veröffentlicht, die
  nahelegen, dass elektromagnetische Wellen
  seismische Aktivitäten beeinflussen können.
  Diese Studien werden oft von Kritikern
  zitiert, um ihre Behauptungen zu
  untermauern. Es wird argumentiert, dass die
  von HAARP ausgesendeten Wellen ähnliche
  Effekte haben könnten wie die in diesen
  Studien beschriebenen.

Gedankenbeeinflussung

Eine der kontroversesten Behauptungen ist, dass
HAARP zur Gedankenkontrolle verwendet wird.
Die Theorie besagt, dass die ausgesendeten
Radiowellen menschliche Gehirnströme beeinflussen
können und somit das Verhalten und die Gedanken
der Menschen manipulieren. Diese Technologie
könnte angeblich verwendet werden, um große
Menschenmengen zu kontrollieren oder gezielt
einzelne Personen zu beeinflussen. Die Vorstellung
der Gedankenkontrolle durch elektromagnetische
Wellen ist ein Konzept, das in vielen Science-Fiction-
Werken vorkommt und Ängste über staatliche
Kontrolle und Überwachung widerspiegelt.

Belege für Gedankenbeeinflussung

- **Technologische Machbarkeit:**
  *Befürworter der Theorie argumentieren,
  dass es bereits Technologien gibt, die auf
  elektromagnetischen Wellen basieren und
  das menschliche Gehirn beeinflussen
  können. Sie verweisen auf militärische
  Forschungen und Experimente, die sich mit
  der Beeinflussung von Gehirnströmen durch
  elektromagnetische Felder beschäftigen.
  Diese Technologien werden als Beweise
  dafür angeführt, dass HAARP für ähnliche
  Zwecke verwendet werden könnte. Es gibt
  Berichte über militärische Experimente, die
  darauf abzielen, das Verhalten von Soldaten
  durch elektromagnetische Felder zu
  beeinflussen.*

- **Berichte und Zeugenaussagen:**
  Es gibt Berichte von Personen,
  die behaupten, dass sie durch
  elektromagnetische Wellen beeinflusst
  oder kontrolliert wurden. Diese Berichte
  werden oft als Beweise dafür zitiert, dass
  HAARP in der Lage ist, Gedanken zu
  beeinflussen. Einige Menschen behaupten
  sogar, dass sie spezifische Stimmen oder
  Befehle in ihrem Kopf hören, die durch
  HAARP induziert wurden. Diese
  Zeugenaussagen werden oft von Kritikern
  zitiert,
  um ihre Behauptungen zu untermauern.

- **Militärische Anwendungen:**
  Es gibt Hinweise darauf, dass das Militär
  Technologien zur Beeinflussung des
  menschlichen Geistes erforscht hat. Diese
  Technologien könnten theoretisch von
  HAARP genutzt werden, um
  Gedankenkontrolle zu betreiben. Berichte
  über militärische Forschungsprojekte, die
  sich mit der Manipulation des menschlichen
  Geistes durch elektromagnetische Felder
  befassen, werden oft als Beweise angeführt.

Whistleblower und Insiderberichte

Ein weiterer wichtiger Aspekt der HAARP-Verschwörungstheorie sind die Aussagen von Whistleblowern und angeblichen Insidern, die behaupten, detaillierte Kenntnisse über die geheimen Aktivitäten von HAARP zu haben. Diese Personen berichten von Experimenten und Operationen, die weit über die offiziellen Ziele der Ionosphärenforschung hinausgehen.

Ein prominentes Beispiel ist **Dr. Nick Begich,** ein bekannter Autor und Forscher, der umfangreiche Untersuchungen zu HAARP durchgeführt hat. In seinem Buch "Angels Don't Play This HAARP" beschreibt er detailliert die möglichen militärischen und geheimdienstlichen Anwendungen von HAARP und stellt die offizielle Darstellung des Projekts infrage. Er stützt seine Behauptungen auf eine Vielzahl von Dokumenten, Patenten und Aussagen von Insidern, die angeblich aus dem Inneren des Projekts stammen.

Ein weiterer Whistleblower ist **Dr. Bernard Eastlund,** der das berühmte Patent für eine Methode zur Veränderung der Ionosphäre durch hochfrequente Radiowellen hielt. Eastlund selbst hat darauf hingewiesen, dass seine Technologie potenziell zur Wettermanipulation und zur Erzeugung von Erdbeben verwendet werden könnte. Obwohl er keine direkten Verbindungen zu HAARP hatte, wird sein Patent oft als Beweis dafür angeführt, dass solche Technologien existieren und genutzt werden könnten.

Die technologische Machbarkeit der HAARP-
Theorien wird auch durch historische Parallelen
untermauert. Bereits im Kalten Krieg forschten sowohl
die USA als auch die Sowjetunion an Technologien
zur Wetterbeeinflussung und psychologischen
Kriegsführung.

Operation Popeye, ein geheimes US-Militärprojekt
während des Vietnamkriegs, zielte darauf ab, durch
Cloud-Seeding den Monsunregen zu verstärken und
die Bewegungen des Feindes zu erschweren.
Diese historischen Beispiele zeigen, dass die Idee
der Wettermanipulation und der psychologischen
Kriegsführung keineswegs neu ist und von
militärischen Einrichtungen ernsthaft in Betracht
gezogen wurde.

Ein weiteres häufig zitiertes Element der HAARP-
Verschwörung sind Berichte über ungewöhnliche
Phänomene, die in Verbindung mit HAARP gebracht
werden. Augenzeugenberichte über mysteriöse
Lichtphänomene am Himmel, unerklärliche Geräusche
und plötzliche Wetterumschwünge in der Nähe der
HAARP-Anlage werden oft als Indizien für geheime
Experimente angeführt.

Ein berühmtes Beispiel ist das sogenannte
"Haarp-Phänomen", bei dem Zeugen von seltsamen
Lichterscheinungen und lauten Geräuschen berichten,
die in der Nähe der Anlage aufgetreten sein sollen.
Diese Phänomene werden von Befürwortern der
Theorie als direkte Folge der ionosphärischen
Experimente von HAARP interpretiert.

Die HAARP-Verschwörung wird oft in einen größeren Kontext der globalen Kontrolle und Macht eingebettet:

Kritiker behaupten, dass HAARP Teil eines umfassenden Netzwerks geheimer Technologien und Programme ist, die von mächtigen Eliten genutzt werden, um die Weltbevölkerung zu kontrollieren. Diese Theorien umfassen oft andere bekannte Verschwörungstheorien wie die Neue Weltordnung (NWO) und geheime militärische Projekte.

Laut diesen Theorien könnte HAARP genutzt werden, um politische und wirtschaftliche Vorteile zu erlangen, indem es Naturkatastrophen in feindlichen Ländern auslöst oder das Wetter manipuliert, um landwirtschaftliche Erträge zu beeinflussen.
Diese Manipulationen könnten verwendet werden, um politische Instabilität zu erzeugen oder wirtschaftlichen Druck auf bestimmte Regionen auszuüben.

Ein Hauptkritikpunkt und gleichzeitig ein wichtiger Punkt für die Befürworter der HAARP-Verschwörung ist die mangelnde Transparenz seitens der Betreiber. Die Geheimhaltung um HAARP, die Beteiligung des Militärs und die spärlichen Informationen, die der Öffentlichkeit zur Verfügung gestellt werden, tragen wesentlich zur Glaubwürdigkeit der Theorien bei.

Offizielle Stellen haben wiederholt erklärt, dass HAARP ein rein wissenschaftliches Projekt ist, das der Erforschung der Ionosphäre dient. Dennoch haben diese Erklärungen nicht alle

Zweifel ausräumen können, insbesondere weil
viele Dokumente und Informationen weiterhin
unter Verschluss gehalten werden. Die mangelnde
Transparenz verstärkt das Misstrauen und führt dazu,
dass viele Menschen glauben, dass mehr hinter dem
Projekt steckt, als offiziell zugegeben wird.

Die HAARP-Verschwörungstheorie bleibt ein
komplexes und vielschichtiges Thema, das zahlreiche
Fragen und Bedenken aufwirft. Trotz der offiziellen
Erklärungen und der wissenschaftlichen
Untersuchungen, die HAARP als harmloses
Forschungsprojekt darstellen, bleiben viele Menschen
misstrauisch.

Unabhängig davon, ob diese Theorien wahr sind
oder nicht, bleibt die Diskussion um HAARP ein
faszinierendes Beispiel dafür, wie Technologie
und Geheimhaltung zusammenwirken können.
Solange die Betreiber von HAARP nicht bereit sind,
vollständige Transparenz zu gewähren, wird
die Debatte um die wahren Ziele und Fähigkeiten
der Anlage somit wahrscheinlich weitergehen.

9. Abschnitt

Die Agententheorie

Die Idee, dass Regierungen oder geheime
Organisationen Agenten einsetzen, um andere
Gruppen zu infiltrieren und zu kontrollieren, ist nicht
neu. Historisch gesehen haben viele Regierungen,
einschließlich totalitärer und demokratischer Staaten,
solche Taktiken angewendet. Die CIA, der KGB, das
FBI und andere Geheimdienste haben Agenten
eingesetzt, um sowohl feindliche als auch inländische
Gruppen zu überwachen und zu beeinflussen.

Eine der häufigsten Taktiken ist die Infiltration von
politischen oder sozialen Bewegungen. Agenten
werden in diese Gruppen eingeschleust, um
Informationen zu sammeln, die Aktivitäten der Gruppe
zu überwachen und möglicherweise die Richtung der
Bewegung zu beeinflussen. Dies kann durch das
Einbringen falscher Informationen, das Schüren von
Misstrauen unter Mitgliedern oder das Verhindern von
Aktionen geschehen, die der Regierung oder
Organisation schaden könnten.

Provokateure

Provokateure sind Agenten, die absichtlich
extremistische oder gewalttätige Aktionen innerhalb
einer Bewegung anstiften. Dies kann dazu dienen,
die Bewegung in ein schlechtes Licht zu rücken,
öffentliche Unterstützung zu untergraben oder
Rechtfertigungen für harte staatliche Maßnahmen
gegen die Bewegung zu liefern. Beispiele dafür sind
Provokationen bei friedlichen Demonstrationen,

die zu Gewaltausbrüchen führen, oder die Anstiftung
zu illegalen Aktivitäten, um die Bewegung zu
kriminalisieren.

Eine andere Taktik besteht darin, Führer von
Bewegungen oder prominente Persönlichkeiten zu
manipulieren oder zu erpressen. Dies kann durch
finanzielle Anreize, Erpressung, Rufschädigung oder
sogar physische Bedrohungen geschehen. Ziel ist es,
die Führung der Bewegung zu schwächen oder ihre
Ziele zu verändern. Führer können gezwungen
werden, Entscheidungen zu treffen, die der Bewegung
schaden, oder sie können diskreditiert werden, um das
Vertrauen der Anhänger zu untergraben.

Berichte und Enthüllungen

Das Counter Intelligence Program (COINTELPRO)
des FBI in den 1950er bis 1970er Jahren ist eines
der bekanntesten Beispiele für eine staatliche
Operation, die darauf abzielte, politische
Organisationen in den USA zu infiltrieren und zu
destabilisieren. Zielgruppen waren unter anderem
die Bürgerrechtsbewegung, die Black Panther Party,
feministische Gruppen und die Anti-Vietnam-
Kriegsbewegung. Dokumente, die durch den Freedom
of Information Act (FOIA) veröffentlicht wurden,
belegen, dass das FBI diese Gruppen als Bedrohung
ansah und umfangreiche Maßnahmen ergriff, um sie
zu überwachen und zu zersetzen.

Operation CHAOS

Die CIA führte in den 1960er und 1970er Jahren die Operation CHAOS durch, um die Aktivitäten der amerikanischen Anti-Kriegsbewegung und anderer dissidenter Gruppen zu überwachen. Diese Operation umfasste das Sammeln von Informationen und die Infiltration von Gruppen, die als subversiv betrachtet wurden. Berichte und freigegebene Dokumente zeigen, dass die CIA umfangreiche Akten über tausende Amerikaner anlegte und verdeckte Operationen durchführte, um die Bewegung zu stören.

Gladio

In Europa wurde das NATO-Programm „Operation Gladio" enthüllt, das während des Kalten Krieges als Stay-behind-Operation konzipiert wurde. Es gibt Berichte und Spekulationen, dass Gladio-Agenten an Terroranschlägen und politischen Unruhen beteiligt waren, um linke Gruppen zu diskreditieren und eine stärkere staatliche Kontrolle zu rechtfertigen. Zeugenaussagen und Untersuchungen legen nahe, dass diese Operation weitreichende Konsequenzen hatte und möglicherweise zu einer Destabilisierung ganzer Länder beitrug.

Es gibt umfangreiche dokumentierte Beweise für verschiedene Infiltrationsoperationen, wie COINTELPRO und Operation CHAOS, die zeigen, dass solche Taktiken von Regierungen tatsächlich angewendet wurden. Diese Beweise umfassen freigegebene Regierungsdokumente, Berichte von

Untersuchungsausschüssen und Zeugenaussagen von Beteiligten.

Mehrere ehemalige Agenten und Whistleblower haben zugegeben, an Infiltrations- und Provokationsoperationen beteiligt gewesen zu sein. Diese Aussagen bieten zusätzliche Belege für die Existenz und die Methoden solcher Operationen. Berühmte Whistleblower wie Daniel Ellsberg (Pentagon-Papiere) und Edward Snowden (NSA-Überwachung) haben gezeigt, wie weit Regierungen bereit sind zu gehen, um Kontrolle auszuüben und Informationen zu sammeln.

Freigegebene Regierungsdokumente und offizielle Untersuchungen haben viele der Taktiken und Ziele dieser Infiltrationsprogramme enthüllt, einschließlich der spezifischen Gruppen und Personen, die ins Visier genommen wurden. Diese Dokumente zeigen, dass die Regierung systematisch daran gearbeitet hat, oppositionelle Bewegungen zu schwächen und zu kontrollieren.

Auswirkungen und Folgen

Die Enthüllungen über staatliche Infiltrations-programme haben in vielen sozialen und politischen Bewegungen zu einem tiefen Misstrauen gegenüber der Regierung und sogar gegenüber den eigenen Mitgliedern geführt. Dieses Misstrauen kann die Effektivität und den Zusammenhalt von Bewegungen erheblich beeinträchtigen. Gruppen müssen ständig damit rechnen, dass ihre Reihen infiltriert sind, was zu internen Konflikten und einer allgemeinen Atmosphäre des Misstrauens führt.

Infiltrations- und Provokationsoperationen können Bewegungen diskreditieren und ihre öffentliche Unterstützung untergraben. Wenn Bewegungen als gewalttätig oder extremistisch wahrgenommen werden, sinkt die Bereitschaft der Öffentlichkeit, ihre Ziele zu unterstützen. Medienberichte über angebliche Gewalttaten oder kriminelle Aktivitäten innerhalb der Bewegung können das öffentliche Bild verzerren und die Glaubwürdigkeit der Bewegung beschädigen.

Durch die Schaffung oder Verstärkung von Gewalt innerhalb einer Bewegung können Regierungen härtere Repressionsmaßnahmen rechtfertigen. Dies kann zur Einschränkung bürgerlicher Freiheiten und zur Stärkung staatlicher Kontrolle führen. Gesetze, die ursprünglich zum Schutz der nationalen Sicherheit verabschiedet wurden, können genutzt werden, um oppositionelle Bewegungen zu unterdrücken und die staatliche Überwachung auszuweiten.

Theorien und Spekulationen

Einige Kritiker glauben, dass Infiltrations- und Provokationsoperationen auch heute noch weit verbreitet sind. Sie vermuten, dass moderne soziale Bewegungen, wie die Occupy-Bewegung oder Black Lives Matter, von Agenten unterwandert wurden, um ihre Ziele zu untergraben. Es gibt Berichte und Spekulationen, dass provokative Aktionen bei Protesten absichtlich von Agenten initiiert wurden, um die Bewegung zu diskreditieren.

Es gibt Spekulationen, dass einige prominente Persönlichkeiten, die sich als Aktivisten oder Führungspersönlichkeiten präsentieren, in Wirklichkeit Agenten oder Provokateure sind. Diese Theorien stützen sich oft auf ungewöhnliches Verhalten oder widersprüchliche Aussagen dieser Personen. Kritiker behaupten, dass einige prominente Aktivisten gezielt eingesetzt werden, um Bewegungen in eine bestimmte Richtung zu lenken oder zu spalten.

Mit der zunehmenden Digitalisierung und Überwachung wird vermutet, dass Regierungen jetzt auch digitale Infiltrationsmethoden anwenden. Dies könnte den Einsatz von Online-Provokateuren, die Verbreitung von Desinformationen und die Überwachung von Aktivisten durch soziale Medien und andere digitale Plattformen umfassen. Berichte über staatliche Überwachung und Datenanalysen, die auf soziale Bewegungen abzielen, unterstützen diese Annahmen.

Die Agententheorie ist tief in historischen Fakten verwurzelt und wird durch zahlreiche dokumentierte Fälle von Infiltrations- und Provokationsoperationen gestützt. Während viele dieser Operationen in der Vergangenheit stattfanden, bleibt die Möglichkeit bestehen, dass ähnliche Taktiken auch heute noch angewendet werden. Die Existenz solcher Operationen hat zu einem tiefen Misstrauen gegenüber staatlichen Institutionen und oft auch innerhalb sozialer Bewegungen selbst geführt. Die Agententheorie verdeutlicht die Macht und die Gefahr staatlicher Kontrolle und Manipulation, besonders in Zeiten politischer und sozialer Unruhen.

Die Erkenntnis, dass Regierungen und Geheimdienste bereit sind, weitreichende Maßnahmen zu ergreifen, um ihre Interessen zu schützen, lässt vermuten, dass Infiltration und Manipulation auch in der modernen Welt weiterhin eine Rolle spielen könnten.

Die Montauk-Projekt Verschwörung

Die Montauk-Projekt Verschwörung ist eine der faszinierendsten und komplexesten Theorien, die in der Welt der Geheimnisse und versteckten Regierungsprojekte kursiert. Diese Theorie behauptet, dass auf der Montauk Air Force Station (später Camp Hero) auf Long Island, New York, geheime Experimente durchgeführt wurden, die sich auf Zeitreisen, Gedankenkontrolle und außerirdische Technologien konzentrierten. Die Details sind so umfangreich und vielschichtig, dass sie wie ein Kapitel aus einem Science-Fiction-Roman wirken, und dennoch gibt es viele, die fest an die Wahrheit dieser Ereignisse glauben.

Ursprung und Hintergrund

Das Montauk-Projekt wird oft als Fortsetzung der berühmten Philadelphia-Experiment-Verschwörung betrachtet. Das Philadelphia-Experiment soll angeblich 1943 durchgeführt worden sein und drehte sich um die Unsichtbarmachung eines Zerstörers der US-Marine, der USS Eldridge. Während des Experiments soll das Schiff kurzzeitig verschwunden und an einem anderen Ort wieder aufgetaucht sein, was als erster Versuch von Zeitreisen interpretiert wurde.

Laut der Theorie wurde das Montauk-Projekt in den 1970er Jahren ins Leben gerufen,

um die Arbeit des Philadelphia-Experiments fortzusetzen. Die US-Regierung soll unter der Leitung des Militärs und mit Hilfe von Wissenschaftlern und Ingenieuren, die an dem ursprünglichen Experiment beteiligt waren, ein geheimes Forschungslabor auf der Montauk Air Force Station eingerichtet haben.

Die Ziele des Montauk-Projekts waren vielfältig und ehrgeizig. Dazu gehörten die Entwicklung von Zeitreise-Technologien, die Manipulation von Raum und Zeit, die Erforschung von Gedankenkontrolle und Telepathie sowie der Kontakt zu außerirdischen Wesen. Es wird behauptet, dass die Experimente so erfolgreich waren, dass die Wissenschaftler tatsächlich Portale zu anderen Zeiten und Dimensionen öffnen konnten.

Zeitreisen und Dimensionsportale

Eine der faszinierendsten Behauptungen über das Montauk-Projekt ist die Entwicklung und Nutzung von Zeitreise-Technologien. Diese Technologien sollen es ermöglicht haben, Personen und Objekte durch die Zeit zu transportieren und sogar Portale zu anderen Dimensionen zu öffnen.

- **Die Montauk-Stuhl-Technologie:** Im Zentrum vieler Berichte über das Montauk-Projekt steht der sogenannte Montauk-Stuhl. Dieser Stuhl soll auf außerirdischer Technologie basieren und in der Lage sein, die Gedanken und Erinnerungen einer Person zu lesen und zu manipulieren. Durch die Verstärkung von Gedankenwellen mit speziellen Verstärkern konnten Wissenschaftler

angeblich Portale zu anderen Zeiten und
Dimensionen öffnen.

- **Berichte von Zeitreisenden:**
  Einige Personen, die behaupten, am Montauk-
  Projekt teilgenommen zu haben, berichten
  von ihren Erfahrungen mit Zeitreisen.
  Einer der bekanntesten ist Preston B. Nichols,
  der in seinem Buch "The Montauk Project:
  Experiments in Time" detaillierte
  Beschreibungen von Zeitreise-Experimenten
  gibt. Er behauptet, dass Menschen in
  verschiedene Epochen geschickt wurden,
  um historische Ereignisse zu beobachten sowie
  zu beeinflussen.

**Neben Zeitreisen ist die Gedankenkontrolle ein
weiterer zentraler Aspekt der Montauk-Projekt-
Verschwörung.** Es wird behauptet, dass das Projekt
fortgeschrittene Techniken zur Manipulation des
menschlichen Geistes entwickelte, um Menschen zu
kontrollieren und ihre Gedanken und Handlungen zu
beeinflussen.

- **Experimente mit Telepathie und Hypnose:**
  Berichten zufolge führten die Wissenschaftler des
  Montauk-Projekts umfangreiche Experimente mit
  Telepathie, Hypnose und anderen Formen der
  Gedankenkontrolle durch. Der Montauk-Stuhl
  spielte auch hier eine zentrale Rolle, da er
  angeblich die telepathischen Fähigkeiten von
  Individuen verstärken konnte.

- **Programmierung von "Schläfern":**
  Eine der beunruhigendsten Behauptungen ist,
  dass das Montauk-Projekt sogenannte "Schläfer"
  programmierte – Personen, die durch mentale
  Programmierung bestimmte Befehle und
  Aufgaben ausführen konnten, ohne sich dessen
  bewusst zu sein. Diese Schläfer sollen später in
  die Gesellschaft integriert worden sein, um bei
  Bedarf aktiviert zu werden.

**Ein weiterer faszinierender Aspekt der Montauk-
Projekt-Verschwörung sind die Berichte über
Begegnungen mit außerirdischen Wesen.** Es wird
behauptet, dass die Wissenschaftler des Projekts nicht
nur Kontakt zu Außerirdischen herstellten, sondern
auch ihre Technologien nutzten und mit ihnen
zusammenarbeiteten.

- **Zusammenarbeit mit Außerirdischen:**
  Laut einigen Theorien arbeiteten die Montauk-
  Wissenschaftler eng mit außerirdischen Wesen
  zusammen, die fortschrittliche Technologien und
  Wissen über Raum und Zeit zur Verfügung
  stellten. Diese Zusammenarbeit soll es ermöglicht
  haben, die Grenzen des menschlichen
  Verständnisses von Physik und Technologie zu
  überschreiten.

- **Begegnungen mit Außerirdischen:**
  Personen, die behaupten, am Montauk-Projekt
  beteiligt gewesen zu sein, berichten von direkten
  Begegnungen mit Außerirdischen. Diese Wesen
  sollen in verschiedenen Formen und aus
  verschiedenen Teilen des Universums stammen.

Einige Berichte beschreiben freundliche und kooperative Interaktionen, während andere von feindseligen und bedrohlichen Begegnungen erzählen.

Wie bei vielen anderen Verschwörungstheorien gibt es auch beim Montauk-Projekt Berichte über eine umfassende Vertuschung und Unterdrückung von Beweisen durch die Regierung und das Militär.

- **Geheimhaltung und Desinformation:**
  Laut den Theorien haben die US-Regierung und das Militär alles daran gesetzt, die Existenz und die Ergebnisse des Montauk-Projekts geheim zu halten. Dies umfasst die Zerstörung von Beweisen, die Verweigerung von Zeugenaussagen sowie die Verbreitung von Desinformation, um die Glaubwürdigkeit der Whistleblowern und Zeugen zu untergraben.

- **Bedrohung und Einschüchterung:**
  Einige Personen, die behaupten, Informationen über das Montauk-Projekt zu haben, berichten von Einschüchterungen und Bedrohungen durch Regierungsagenten. Diese Maßnahmen sollen sicherstellen, dass keine sensiblen Informationen an die Öffentlichkeit gelangen und die Geheimhaltung des Projekts gewahrt bleibt.

Das Montauk-Projekt bleibt eine der umstrittensten Verschwörungstheorien der modernen Zeit. Trotz der zahlreichen Berichte und Bücher, die von ehemaligen Teilnehmern und Forschern veröffentlicht wurden, gibt es keine unwiderlegbaren Beweise für die Existenz oder die beschriebenen Experimente. Dennoch bieten die Geschichten über Zeitreisen, Gedankenkontrolle und außerirdische Begegnungen eine spannende und mysteriöse Perspektive auf die verborgenen Aktivitäten von Regierungen und Militärs.

Obwohl viele Aspekte der Montauk-Projekt-Verschwörung als reine Fiktion oder übertriebene Berichte abgetan werden, bleibt die Faszination für diese Theorien bestehen. Sie erinnern uns daran, dass die Grenze zwischen Realität und Fantasie oft verschwommen ist und dass die menschliche Vorstellungskraft in der Lage ist, die unglaublichsten Geschichten zu erschaffen.

Die Wahrheit über das Montauk-Projekt mag für immer im Dunkeln bleiben, aber die Legenden und Theorien werden weiterhin die Neugier und das Interesse von Kritikern und Abenteurern gleichermaßen wecken.

Das Philadelphia- Experiment

Das Philadelphia-Experiment ist eine der bekanntesten und umstrittensten Verschwörungstheorien des 20. Jahrhunderts. **Diese Theorie behauptet, dass die US Navy während des Zweiten Weltkriegs im Jahr 1943 ein geheimes Experiment durchgeführt habe, um ein Kriegsschiff unsichtbar zu machen.** Das Experiment, das angeblich in der Marinewerft von Philadelphia stattfand, wird oft als Beispiel für die Anwendung fortschrittlicher Technologie und geheimen Wissens dargestellt. In diesem Kapitel werden die verschiedenen Belege und Indizien untersucht, welche die Existenz und die mysteriösen Ereignisse rund um das Philadelphia-Experiment untermauern.

Die Geschichte des Philadelphia-Experiments begann in den 1950er Jahren, als der UFO-Forscher Morris K. Jessup einen Brief von einem Mann namens Carlos Allende erhielt. In diesem Brief behauptete Allende, Zeuge eines Experiments gewesen zu sein, bei dem ein Schiff der US Navy, **die USS Eldridge, unsichtbar gemacht und anschließend teleportiert wurde.** Allende gab an, dass das Experiment katastrophale Folgen für die Besatzung hatte, darunter schwere physische und psychische Schäden. Jessup war fasziniert von den Behauptungen und begann, Nachforschungen anzustellen.

Er veröffentlichte ein Buch mit dem Titel "The Case for the UFO," in dem er die Möglichkeit diskutierte, dass die US Navy fortschrittliche

Technologien zur Manipulation von Raum und Zeit entwickelt haben könnte.

Diese Veröffentlichung zog die Aufmerksamkeit von Kritikern und UFO-Enthusiasten auf sich und legte den Grundstein für die Legende des Philadelphia-Experiments.

Laut den Berichten sollte das Philadelphia-Experiment am **28. Oktober 1943** in der Marinewerft von Philadelphia stattgefunden haben. Die USS Eldridge, ein Zerstörer-Eskortschiff, wurde angeblich mit speziellen Geräten ausgestattet, die starke elektromagnetische Felder erzeugen konnten. Ziel des Experiments war es, das Schiff für Radar und möglicherweise sogar für das bloße Auge unsichtbar zu machen.

Während des Experiments soll die USS Eldridge von einem grünen Nebel umgeben worden sein und kurzzeitig verschwunden sein. Augenzeugen berichteten, dass das Schiff plötzlich in Norfolk, Virginia, erschien, **etwa 600 Kilometer von Philadelphia entfernt!**

Nach einigen weiteren Minuten sei es dann wieder in Philadelphia aufgetaucht. Die Besatzung der USS Eldridge habe jedoch schwerwiegende Folgen erlitten, darunter **Desorientierung, Wahnsinn und körperliche Verschmelzungen mit dem Schiff!**

**Es gibt mehrere Belege und Indizien,
die die Theorie des Philadelphia-Experiments
unterstützen:**

- **Carlos Allendes Briefe:**
  Die Briefe von Carlos Allende an Morris K.
  Jessup sind der Ausgangspunkt der Theorie.
  Allende behauptete, detaillierte Kenntnisse über
  das Experiment zu haben und beschrieb die
  Ereignisse auf der USS Eldridge. Obwohl die
  Identität von Allende umstritten ist, haben seine
  Briefe viele Forscher und Kritiker überzeugt.
  Allende berichtete von schrecklichen physischen
  Konsequenzen für die Besatzung, darunter
  Männer, die in die Stahlwände des Schiffs
  eingelassen waren, was durch die enorme
  elektromagnetische Energie verursacht wurde.

- **Der "Varo Edition" von Jessups Buch:**
  Jessup erhielt von der US Navy eine bearbeitete
  Ausgabe seines Buches, die als "Varo Edition"
  bekannt ist. Diese Ausgabe enthielt hand-
  schriftliche Anmerkungen von Allende,
  die weitere Details und Hinweise zum
  Philadelphia-Experiment und anderen geheimen
  Projekten der US Navy lieferten. Die Existenz
  dieser Ausgabe und das Interesse der Navy an
  Jessups Forschung wurden oft als Beweis für
  die Glaubwürdigkeit der Theorie angesehen.
  Die Notizen in der Varo Edition sprechen von
  Technologien und physischen Phänomenen,
  die weit über das hinausgehen, was zu jener
  Zeit öffentlich bekannt war.

- **Augenzeugenberichte:** Mehrere Personen, darunter ehemalige Mitglieder der US Navy, haben behauptet, Zeugen des Philadelphia-Experiments gewesen zu sein. Einige dieser Berichte beschreiben ähnliche Ereignisse, wie die plötzliche Teleportation der USS Eldridge und die schrecklichen Folgen für die Besatzung. Diese übereinstimmenden Berichte haben die Glaubwürdigkeit der Theorie gestärkt. Ein bekannter Augenzeuge, Al Bielek, gab detaillierte Berichte über seine Erlebnisse während des Experiments und behauptete, dass er und andere Besatzungsmitglieder durch die Zeit gereist seien.

- **Technologische Experimente:** Während des Zweiten Weltkriegs führte die US Navy tatsächlich Experimente zur Tarnung von Schiffen durch. Das "Project Rainbow," das die Anwendung von Entmagnetisierungs- und Entstörungstechniken untersuchte, um Schiffe vor Magnetminen zu schützen, ist ein bekanntes Beispiel. Einige Forscher glauben, dass das Philadelphia-Experiment eine Erweiterung oder ein Nebeneffekt solcher Experimente war. Die Technologie, die für das Experiment verwendet wurde, könnte auf den Theorien von Nikola Tesla basieren, welcher Methoden zur drahtlosen Energieübertragung und zur Manipulation von elektromagnetischen Feldern entwickelte.

- **Quantenphysik und Teleportation:**
  In den letzten Jahrzehnten haben Fortschritte
  in der Quantenphysik und der Erforschung
  der Teleportation die Möglichkeit von Raum-
  Zeit-Manipulationen theoretisch untermauert.
  Einige Wissenschaftler argumentieren, dass die
  in den Berichten beschriebenen Effekte, wie die
  Teleportation der USS Eldridge, prinzipiell durch
  Phänomene wie Quantenverschränkung und
  Wurmlöcher erklärbar sein könnten. Dies würde
  bedeuten, dass die US Navy möglicherweise
  Zugang zu fortgeschrittener Technologie hatte,
  die der Öffentlichkeit nicht bekannt ist.

- **Geheime Regierungsdokumente:**
  Einige Forscher und Kritiker behaupten, dass
  geheime Regierungsdokumente existieren,
  die das Philadelphia-Experiment bestätigen.
  Obwohl diese Dokumente nicht öffentlich
  zugänglich sind, gibt es Hinweise auf ihre
  Existenz durch Aussagen von Insidern und
  durchgesickerte Informationen.
  Diese Dokumente sollen detaillierte
  Beschreibungen der Experimente, die verwendete
  Technologie und die katastrophalen
  Auswirkungen auf die Besatzung enthalten.

Technologische Theorien

Ein wesentlicher Aspekt der Theorie um das
Philadelphia-Experiment ist die behauptete
Verwendung fortschrittlicher Technologie.
Hier sind einige der technologischen Theorien,
die oft im Zusammenhang mit dem Experiment
diskutiert werden:

- **Elektromagnetische Felder:** Es wird vermutet,
  dass die US Navy starke elektromagnetische
  Felder erzeugte, um die Licht- und Radar-
  signaturen der USS Eldridge zu verändern.
  Diese Felder könnten durch leistungsstarke
  Generatoren und spezielle Spulen erzeugt worden
  sein, die in das Schiff eingebaut wurden. Solche
  Felder könnten theoretisch auch dazu genutzt
  werden, die Raum-Zeit-Struktur zu manipulieren,
  was zu Phänomenen wie Unsichtbarkeit oder
  Teleportation führen könnte.

- **Tarnungstechnologie:** Die Theorie besagt, dass
  das Ziel des Experiments darin bestand, eine
  Tarnungstechnologie zu entwickeln, die Schiffe
  unsichtbar machen konnte. Diese Technologie
  könnte auf Prinzipien der Elektromagnetik und
  Optik beruhen, um das Licht um das Schiff
  herum zu lenken und es so unsichtbar zu machen.
  Dies könnte durch die Erzeugung eines starken
  elektromagnetischen Feldes erreicht worden sein,
  das das Licht um das Schiff herum ablenkte.

- **Teleportation:** Eine der faszinierendsten
  Behauptungen ist, dass das Philadelphia-
  Experiment die Teleportation der USS Eldridge

446

ermöglichte. Dies könnte durch die Erzeugung eines Wurmlochs oder eines anderen Raum-Zeit-Portals erreicht worden sein, das das Schiff vorübergehend in eine andere Dimension versetzte. Die Idee, dass die US Navy solche fortschrittlichen Technologien entwickeln könnte, mag unglaublich klingen, aber sie stützt sich auf theoretische Konzepte der Quantenphysik.

- **Zeitreisen:** Einige Theorien gehen noch weiter und behaupten, dass das Philadelphia-Experiment Zeitreisen ermöglichte. Durch die Manipulation von Raum und Zeit könnte die USS Eldridge in die Zukunft oder Vergangenheit transportiert worden sein. Al Bielek, einer der bekanntesten Befürworter dieser Theorie, behauptete, dass er nach dem Experiment in das Jahr 1983 transportiert wurde und später in seine ursprüngliche Zeit zurückkehrte.

Neben den bereits genannten Belegen gibt es weitere Indizien, die die Theorie des Philadelphia-Experiments untermauern:

- **Das Verschwinden von Dokumenten:** Berichte über das Experiment und seine Auswirkungen wurden angeblich in geheimen Regierungs-archiven aufbewahrt. Einige Forscher behaupten, dass wichtige Dokumente, die das Experiment belegen könnten, absichtlich entfernt oder zerstört wurden, um die Wahrheit zu verbergen. Das Fehlen offizieller Aufzeichnungen über die USS Eldridge und ihre Besatzung während des fraglichen Zeitraums wird oft als Hinweis auf eine Vertuschung angesehen.

- **Zeugenaussagen und Hypnoseberichte:** Einige ehemalige Besatzungsmitglieder der USS Eldridge haben unter Hypnose Berichte über das Experiment und seine Folgen abgegeben. Diese Berichte enthalten detaillierte Beschreibungen der Ereignisse und der physischen und psychischen Auswirkungen auf die Besatzung. Obwohl solche Aussagen umstritten sind, haben sie doch dazu beigetragen, das Bild des Philadelphia-Experiments weiter zu formen und zu festigen.

- **Ungewöhnliche elektromagnetische Phänomene:** Es gibt Berichte über ungewöhnliche elektromagnetische Phänomene in der Nähe der Marinewerft von Philadelphia während des fraglichen Zeitraums. Zeugen behaupten, dass sie starke elektromagnetische Felder und seltsame Lichter beobachtet haben, die mit dem Experiment in Verbindung stehen könnten. Diese Phänomene könnten durch die verwendeten Geräte und Technologien verursacht worden sein.

- **Veränderte Militärtechnologie:** Einige Forscher weisen darauf hin, dass die US Navy und andere Militärorganisationen in den Jahrzehnten nach dem Philadelphia-Experiment erhebliche Fortschritte in der Tarn- und Technologie-entwicklung gemacht haben. Dies könnte darauf hindeuten, dass die während des Experiments gewonnenen Erkenntnisse weiterentwickelt und

angewendet wurden, um fortschrittliche
Militärtechnologie zu entwickeln.

- **Wissenschaftliche Unterstützung:**
  Einige Wissenschaftler haben theoretische
  Modelle und Erklärungen entwickelt, die die
  Möglichkeit von Raum-Zeit-Manipulationen
  und Teleportation unterstützen. Diese Modelle
  basieren auf Prinzipien der Quantenphysik und
  Relativitätstheorie und bieten eine mögliche
  Grundlage für die Phänomene, die während des
  Philadelphia-Experiments beschrieben wurden.

- **Anomalien in der Schiffslogistik:** Es gibt
  Berichte über Anomalien in den offiziellen
  Aufzeichnungen der USS Eldridge, die darauf
  hindeuten, dass das Schiff während des fraglichen
  Zeitraums ungewöhnliche Bewegungen und
  Einsätze hatte. Diese Anomalien könnten ein
  Hinweis darauf sein, dass das Schiff tatsächlich
  an geheimen Experimenten beteiligt war, die
  nicht in den offiziellen Aufzeichnungen vermerkt
  wurden.

Einige der prominentesten Namen in der Wissenschaft
werden mit dem Philadelphia-Experiment in
Verbindung gebracht. Darunter ist der berühmte
Physiker **Nikola Tesla,** der angeblich vor seinem Tod
an der Entwicklung der Technologien gearbeitet haben
soll, die für das Experiment verwendet wurden. Tesla
war bekannt für seine Arbeit an Hochfrequenz- und
Hochspannungsstrom, und seine Theorien zur
drahtlosen Energieübertragung könnten eine

Grundlage für die Technologien des Experiments gebildet haben.

Auch Albert Einstein wird oft in Zusammenhang mit dem Philadelphia-Experiment erwähnt. Seine allgemeine Relativitätstheorie und seine Arbeiten zur Vereinheitlichung von Elektromagnetismus und Gravitation könnten theoretische Grundlagen für das Experiment geliefert haben. Einige Kritiker glauben, dass Einstein direkt oder indirekt an den Forschungen beteiligt war, die zur Durchführung des Experiments führten.

Die Theorie des Philadelphia-Experiments wird weiter durch Berichte über gezielte Vertuschungen und Desinformationen gestützt. Es gibt Hinweise darauf, dass die US-Regierung und das Militär Maßnahmen ergriffen haben, um die Wahrheit über das Experiment zu verbergen und Zeugen zum Schweigen zu bringen.

Diese Maßnahmen könnten Folgendes umfasst haben:

- **Manipulation von Dokumenten:** Wie bereits erwähnt, gibt es Berichte über das Verschwinden oder die Zerstörung von Dokumenten, die das Experiment belegen könnten. Forscher haben behauptet, dass offizielle Aufzeichnungen gefälscht oder manipuliert wurden, um die Existenz des Experiments zu leugnen.

- **Druck auf Zeugen:** Einige Zeugen, die über das Experiment gesprochen haben, berichteten, dass sie von Regierungsbeamten unter Druck gesetzt

oder bedroht wurden. Dies könnte darauf
hindeuten, dass es eine koordinierte Anstrengung
gab, die Verbreitung von Informationen über das
Experiment zu verhindern.

- **Desinformation:** Es gibt Hinweise darauf, dass
  die US-Regierung absichtlich Desinformation
  verbreitet hat, um die Glaubwürdigkeit der
  Berichte über das Experiment zu untergraben.
  Dies könnte die Veröffentlichung falscher
  Informationen und die Diskreditierung von
  Zeugen und Forschern umfasst haben.

Trotz der zahlreichen Berichte und Indizien, die auf
die Existenz des Experiments hindeuten, bleibt die
Wahrheit unklar. Die Kombination aus
Augenzeugenberichten, technologischen Theorien
und angeblichen Vertuschungen hat jedoch dazu
geführt, dass das Philadelphia-Experiment weiterhin
ein wichtiges Thema in der Welt der
Verschwörungstheorien ist.

Obwohl viele der Behauptungen rund um das
Experiment unglaublich erscheinen, gibt es genügend
Belege und Indizien, die darauf hindeuten, dass etwas
Außergewöhnliches passiert sein könnte.
Die Frage, ob die US Navy tatsächlich in der Lage
war, ein Schiff unsichtbar zu machen und zu
teleportieren, bleibt offen, aber die fortwährenden
Untersuchungen und Diskussionen zu diesem Thema
sorgen dafür, dass das Philadelphia-Experiment ein
dauerhaftes Mysterium bleibt.

MK-Ultra
Das geheime Gedanken-
kontrollprogramm der CIA

Das MK-Ultra-Programm wurde **1953** von der CIA
ins Leben gerufen, offiziell genehmigt vom damaligen
CIA-Direktor Allen Dulles. Das Programm zielte
darauf ab, Methoden der Gedankenkontrolle zu
erforschen, die genutzt werden könnten, um feindliche
Agenten zu befragen, Gedächtnis zu manipulieren und
das Bewusstsein zu verändern. Es wird oft als eine
Antwort auf angebliche sowjetische, chinesische und
nordkoreanische Techniken der Gedankenkontrolle
während des Kalten Krieges gesehen.

Umfang und Methoden

- **Verwendung von Drogen:** Eine der
  bekanntesten Methoden, die im Rahmen
  von MK-Ultra untersucht wurden, war die
  Verwendung von psychoaktiven Substanzen,
  insbesondere LSD. Die CIA experimentierte
  mit der Verabreichung von LSD an ahnungslose
  Personen, um die Auswirkungen auf das
  menschliche Bewusstsein und Verhalten zu
  untersuchen. Andere verwendete Substanzen
  umfassten Barbiturate, Amphetamine, Mescalin
  und Heroin.

- **Hypnose und Gedächtnis-Manipulation:**
  Neben Drogen wurden auch Hypnose und
  verschiedene psychologische Techniken

untersucht, um das Gedächtnis und das Verhalten von Personen zu manipulieren. Ziel war es, Menschen zu programmieren, damit sie bestimmte Befehle ausführen, sich an bestimmte Dinge erinnern oder sie vergessen konnten.

- **Elektroschocks und sensorische Deprivation:** Weitere Methoden umfassten die Anwendung von Elektroschocks und Techniken der sensorischen Deprivation, bei denen Personen über längere Zeiträume hinweg von allen äußeren Sinneseindrücken abgeschirmt wurden. Diese Methoden sollten den psychischen Zustand der Testpersonen beeinflussen und ihre Widerstandskraft brechen.

Berichte und Enthüllungen

Über die Jahre meldeten sich mehrere Whistleblower und behaupteten, an MK-Ultra-Experimenten beteiligt gewesen zu sein oder Opfer solcher Experimente geworden zu sein. Diese Berichte lieferten schockierende Details über die grausamen und unethischen Praktiken des Programms. Besonders hervorzuheben sind die Aussagen von Personen wie Dr. Sidney Gottlieb, einem Chemiker der CIA, der eine Schlüsselrolle im MK-Ultra-Programm spielte.

Im Jahr 1977 enthüllte eine Anfrage gemäß dem Freedom of Information Act (FOIA) eine Fülle von Dokumenten, die das Ausmaß und die Methoden des MK-Ultra-Programms bestätigten. Diese Dokumente zeigten, dass das Programm weit verbreitet und tief in verschiedene Aspekte der Gesellschaft und der wissenschaftlichen Gemeinschaft integriert war.

In den 1970er Jahren führten das Church Committee und die Rockefeller Commission offizielle Untersuchungen zu den Aktivitäten der CIA durch, einschließlich MK-Ultra. Diese Untersuchungen brachten viele der dunklen Geheimnisse des Programms ans Licht und führten zu öffentlichen Enthüllungen und politischen Konsequenzen.

Belege und Indizien

- **Dokumentierte Experimente:**
  Es gibt umfangreiche Beweise in Form von freigegebenen CIA-Dokumenten, welche die Durchführung von MK-Ultra-Experimenten belegen. Diese Dokumente beschreiben detailliert die Methoden und Ziele der Experimente, einschließlich der Verwendung von LSD und anderen Drogen.

- **Opferberichte und Zeugenaussagen:**
  Zahlreiche Personen haben sich als Opfer von MK-Ultra-Experimenten gemeldet und ihre Geschichten öffentlich gemacht. Diese Berichte stimmen oft überein und bieten starke Hinweise auf die Art der durchgeführten Experimente.

- **Wissenschaftliche Veröffentlichungen:**
  Einige der unter MK-Ultra durchgeführten Forschungen wurden in wissenschaftlichen Zeitschriften veröffentlicht, oft ohne Angabe der Verbindung zur CIA. Diese Veröffentlichungen bieten zusätzliche Beweise für die Existenz und die Methoden des Programms.

Ethische und rechtliche Implikationen

Die Enthüllungen über MK-Ultra hatten weitreichende ethische und rechtliche Konsequenzen. Sie führten zu einer breiten öffentlichen Debatte über die Grenzen der wissenschaftlichen Forschung und die Verantwortung der Regierung gegenüber ihren Bürgern.

Einfluss auf Kultur und Medien

Die Geschichten über MK-Ultra haben die Popkultur tief beeinflusst und finden sich in vielen Büchern, Filmen und Fernsehserien wieder. Werke wie "The Manchurian Candidate" und "Stranger Things" sind stark von den Themen und Berichten rund um MK-Ultra inspiriert.

Fortgesetzte Forschung und Überwachung

Obwohl MK-Ultra offiziell in den 1970er Jahren beendet wurde, gibt es Bedenken, dass ähnliche Forschungsprogramme möglicherweise weiterhin unter anderen Namen und in anderer Form existieren. Dies hat zu anhaltender Skepsis und Misstrauen gegenüber staatlichen Geheimprogrammen geführt.

Einige Kritiker glauben, dass MK-Ultra nur die Spitze des Eisbergs war und dass es weiterhin geheime Experimente zur Gedankenkontrolle gibt. Sie vermuten, dass moderne Techniken und Technologien, wie die Verwendung von Mikrowellen und elektromagnetischen Feldern, in diesen neuen Programmen genutzt werden.

Es gibt Spekulationen, dass einige prominente Persönlichkeiten entweder Opfer von MK-Ultra-Experimenten wurden oder als Versuchspersonen in die Programme involviert waren. Diese Theorien stützen sich oft auf ungewöhnliches Verhalten oder unerklärliche Veränderungen im Leben dieser Personen.

Theorien über Verbindungen zwischen MK-Ultra und anderen geheimen Regierungsprojekten, wie dem Montauk-Projekt oder Operation Paperclip, sind weit verbreitet. Diese Verbindungen deuten auf ein umfassenderes Netzwerk von geheimen Experimenten und Forschungen hin, die alle ähnliche Ziele und Methoden verfolgen.

Die MK-Ultra-Verschwörung ist eine der am besten dokumentierten und zugleich schockierendsten Theorien über geheime Regierungsprogramme. Die umfassenden Beweise und Zeugenaussagen zeichnen ein düsteres Bild von den ethischen Verstößen und Menschenrechtsverletzungen, die im Namen der nationalen Sicherheit und wissenschaftlichen Forschung begangen wurden. Während viele Aspekte von MK-Ultra enthüllt wurden, bleiben die vollen Ausmaße und die langfristigen Auswirkungen des Programms ein Geheimnis, das weiterhin die Neugier und das Misstrauen der Öffentlichkeit anheizt.

Das Russische Schlafexperiment

Das Russische Schlafexperiment ist eine besonders schaurige und faszinierende Verschwörungstheorie, die tief in das Reich des Horrors eintaucht. Die Geschichte besagt, dass **in den späten 1940er** Jahren russische Forscher fünf politische Gefangene für ein Experiment verwendeten, um die Auswirkungen von Schlafentzug zu untersuchen. Die Forscher versprachen den Gefangenen ihre Freiheit, wenn **sie 30 Tage lang wach** blieben, und setzten sie dabei einem gasförmigen Stimulans aus, das sie davon abhalten sollte, einzuschlafen.

Eines der stärksten Argumente für die Existenz des Experiments ist die angebliche Vertuschung durch die sowjetische Regierung. Es wird behauptet, dass alle Aufzeichnungen des Experiments vernichtet oder streng geheim gehalten wurden, um die schrecklichen Ergebnisse zu verbergen. Diese Vertuschung wäre typisch für das sowjetische Regime, das bekanntlich Informationen streng kontrollierte und Geheimnisse bewahrte, insbesondere wenn es um militärische oder wissenschaftliche Experimente ging. Die sowjetische Praxis, unangenehme Wahrheiten zu vertuschen, ist gut dokumentiert und gibt dieser Theorie eine Grundlage.

Einige Kritiker berufen sich auf Berichte angeblicher Zeitzeugen, die behaupten, in der Nähe des Forschungslabors gewesen zu sein oder von

Beteiligten des Experiments gehört zu haben. Diese Berichte sind oft anonym und schwer zu verifizieren, aber sie tragen zur Mystik und Glaubwürdigkeit der Geschichte bei. Beispielsweise gibt es Geschichten von ehemaligen KGB-Agenten oder Militärärzten, die über die unheimlichen Schreie und die unnatürlichen Zustände der Gefangenen berichten. Solche Berichte bieten eine narrative Tiefe, die das Experiment plausibel erscheinen lässt.

Physiologische und psychologische Auswirkungen von Schlafentzug

Die wissenschaftlich dokumentierten Auswirkungen von extremem Schlafentzug stützen einige Aspekte der Geschichte. Schlafentzug kann schwerwiegende psychologische und physiologische Konsequenzen haben, einschließlich Halluzinationen, Paranoia, Wahnvorstellungen und körperlicher Zusammenbruch. Diese bekannten Effekte geben der Theorie eine gewisse Glaubwürdigkeit, da die beschriebenen Symptome der Gefangenen – Wahnvorstellungen, Selbstverstümmelung und extreme Gewalt – im Bereich des Möglichen liegen. Die detaillierte Beschreibung dieser Zustände passt gut zu den bekannten wissenschaftlichen Erkenntnissen über die Auswirkungen von Schlafentzug.

Es gibt historische Parallelen zu ähnlichen Experimenten, die während des Kalten Krieges sowohl von den USA als auch von der Sowjetunion durchgeführt wurden. Die CIA führte zum Beispiel das berüchtigte MKUltra-Programm durch, bei dem Menschen bewusstseinsverändernden Drogen und psychologischer Manipulation ausgesetzt wurden. Solche historischen Tatsachen verstärken die Vorstellung, dass auch die Sowjets bereit waren, extrem unethische Experimente durchzuführen. Diese Parallelen zeigen, dass die Supermächte der Zeit bereit waren, extreme Maßnahmen für wissenschaftliche und militärische Vorteile zu ergreifen. Anatomische und forensische Unstimmigkeiten

Berichte über die körperlichen Zustände der Gefangenen nach dem Experiment weisen auf unnatürliche Verletzungen und physiologische Anomalien hin, die durch Schlafentzug allein nicht erklärt werden können. Beispielsweise wurden den Gefangenen angeblich Organe und Muskelgewebe entfernt, ohne dass sie bewusstlos wurden, und sie sollen danach noch bei Bewusstsein gewesen sein. Solche Berichte deuten auf fortgeschrittene medizinische Techniken oder eine unbekannte Technologie hin, die damals eingesetzt worden sein könnten. Diese Details bieten einen gruseligen Einblick in die möglichen Methoden und Techniken, die verwendet wurden.

Weitere Beweise und Argumente

Einige Kritiker behaupten, dass es fotografische Beweise für das Experiment gibt, die in geheimen Archiven aufbewahrt werden oder von Insidern durchgesickert sind. Diese Bilder zeigen angeblich die grauenhaften Zustände der Gefangenen und die brutalen Konsequenzen des Experiments. Obwohl diese Fotos oft schwer zu verifizieren sind und ihre

Echtheit angezweifelt wird, dienen sie als starkes visuelles Argument für die Existenz des Experiments.

Das Russische Schlafexperiment hat auch Einzug in die populäre Kultur gefunden, was für einige Kritiker ein Indiz für seine Authentizität ist. Romane, Filme und Dokumentationen, die auf dem Experiment basieren oder es erwähnen, tragen dazu bei, die Geschichte im kollektiven Bewusstsein zu verankern. Solche kulturellen Verweise können die Idee verstärken, dass das Experiment tatsächlich stattgefunden hat, und die Details der Geschichte weiter verbreiten.

Es gibt auch Hinweise darauf, dass einige wissenschaftliche Veröffentlichungen indirekt auf das Russische Schlafexperiment Bezug nehmen. Artikel über extreme Schlafentzugsexperimente und ihre Auswirkungen auf den menschlichen Körper / Geist können als indirekte Bestätigung der beschriebenen Phänomene interpretiert werden. Einige Forscher könnten ihre Erkenntnisse aus solchen geheimen Experimenten gewonnen haben, ohne die wahren Quellen ihrer Daten preiszugeben.

Parallelen zu anderen geheimen Experimenten

Die Geschichte des Russischen Schlafexperiments weist auch Parallelen zu anderen gut dokumentierten geheimen Experimenten auf, wie den MKUltra-Experimenten der CIA, bei denen Menschen Drogen und psychologische Manipulationen ausgesetzt wurden. Diese Parallelen geben der Theorie eine gewisse Glaubwürdigkeit, da sie zeigen, dass ähnliche

grausame und unethische Experimente in der
Vergangenheit tatsächlich durchgeführt wurden.

Ein weiterer Aspekt, der die Theorie stützt, ist die
angebliche Verwendung fortschrittlicher Technologien
und Methoden, die damals nicht öffentlich bekannt
waren. Die Fähigkeit, Gefangene über einen so langen
Zeitraum wach zu halten und die beschriebenen
physiologischen Veränderungen zu verursachen,
deutet auf eine fortschrittliche medizinische und
wissenschaftliche Technik hin, die möglicherweise
geheim gehalten wurde. Kritiker argumentieren, dass
solche Technologien in geheimen militärischen oder
wissenschaftlichen Einrichtungen entwickelt wurden
und die beschriebenen Effekte erklären könnten.

Das Russische Schlafexperiment bleibt eine der
gruseligsten Verschwörungstheorien. Trotz zahlreicher
Zweifel gibt es eine Vielzahl von Indizien und
Argumenten, die Kritiker vorbringen, um die Existenz
dieses Experiments zu untermauern. Berichte über
offizielle Vertuschungen, Zeitzeugenberichte,
wissenschaftlich dokumentierte Auswirkungen,
historische Parallelen, anatomische sowie forensische
Unstimmigkeiten, fotografische Beweise,
wissenschaftliche Veröffentlichungen, Parallelen zu
anderen geheimen Experimenten sowie die angebliche
Verwendung fortschrittlicher Technologien und
Methoden.

All diese Faktoren tragen dazu bei, die Geschichte des
Russischen Schlafexperiments am Leben zu erhalten
und weiterhin Diskussionen und Spekulationen
darüber anzuregen.

10. Abschnitt

Jeffrey Epsteins Selbstmord

Am 10. August 2019 wurde der amerikanische Finanzier und verurteilte Sexualstraftäter Jeffrey Epstein um 06:30 Uhr mit einem Leintuch erhängt in seiner Gefängniszelle im Metropolitan Correctional Center, einem der sichersten Gefängnisse der USA, tot aufgefunden.

„Der verurteilte Sexualstraftäter hat Suizid begangen, gaben die Behörden bekannt."

Trotzdem zweifeln viele Kritiker dies bis heute noch an. Epsteins Verbindungen waren so weitreichend und die Umstände seines Todes wirken gleichzeitig so rätselhaft.

„War es tatsächlich Selbstmord oder wurde er am Ende doch getötet?"

Epstein saß in Untersuchungshaft, weil er über etliche Jahre hinweg junge Frauen und Mädchen über ein weit verzweigtes Netzwerk als Prostituierte vermittelt und dutzende Frauen sexuell missbraucht haben soll. Wegen Verstoßes gegen das Prostitutionsgesetz in Florida war Epstein bereits vor mehr als zehn Jahren verurteilt worden und hatte 13 Monate im Gefängnis gesessen.

„Die New Yorker Justiz hatte Epstein im Juli wegen sexuellen Missbrauchs dutzender, teils 14-jähriger Mädchen angeklagt."

Ähnliche Vorwürfe hatten Epstein bereits 2008 ins Gefängnis gebracht. Er konnte diese Strafe jedoch in einem Provinzgefängnis absitzen, durfte tagsüber zuhause arbeiten und wurde bereits nach 13 Monaten frühzeitig entlassen.

„Der damalige US-Staatsanwalt Alexander Acosta begründete dies mit dem Druck höherer Stellen, für die Epstein wichtig gewesen sei. Ermittler gehen von Komplizen und Mitwissern aus."

Aufgrund der Umstände, den Verstößen gegen die Aufsichtspflicht der Wärter in der Nacht seines Todes, dass das Überwachungsvideo von Epsteins erstem Suizidversuch in seiner Zelle im Juli 2019 versehentlich gelöscht worden sein soll und die Sicherung dieser Videoaufnahme aufgrund eines technischen Fehlers nicht mehr abrufbar sei, entstanden Zweifel daran, dass er sich selbst getötet hat.

„Nicht mal 24 Stunden vor Epsteins Tod hatte ein Gericht Dokumente publik gemacht, die Epstein und mehrere Prominente belasteten. Darin behauptete eine Frau, Epstein habe sie als Minderjährige zum Geschlechtsverkehr mit seinen Freunden Bill Clinton, sowie den britischen Prinz Andrew und den Anwalt Alan Dershowitz gezwungen."

„Sie sagen, es war Selbstmord", in Wirklichkeit aber hatte Epstein gewaltsam sterben müssen, da er „Geheimnisse" aus höchsten Kreisen gekannt habe. Diese hätten die britische, die US- und vielleicht auch noch andere Regierungen betroffen.

Tatsächlich hatte der Milliardär zahlreiche Prominente und mächtige Freunde.

Beispielsweise:

- *Leslie H. Wexner, dem obersten Chef von L Brands, der Mutterfirma von Victoria's Secret,*
- *Tom Pritzker, den Hyatt-Chef,*
- *Jean-Luc Brunel, den Gründer der Modelagentur MC2,*
- *Ex-US-Präsident Bill Clinton,*
- *Donald Trump,*
- *Woody Allen,*
- *Prinz Andrew,*
- *der Psychologe Steven Pinker,*
- *der Ökonomieprofessor und ehemalige Finanzminister Larry Summers*
- *der Rechtsprofessor Alan Dershowitz.*

Der anstehende Prozess gegen Epstein
drohte, unangenehme Dinge über viele dieser Menschen ans Licht zu bringen. Epstein hatte in seinem privaten Anwesen in New York und auf seiner berüchtigten Privatinsel sämtliche Zimmer mit Kameras ausstatten lassen und soll dort heimlich Gäste beim Sex gefilmt haben.

Laut der offiziellen Erklärung der Rechtsabteilung des Federal Bureau of Prisons „wurde er zur Behandlung lebensbedrohlicher Verletzungen in ein örtliches Krankenhaus gebracht und dort anschließend vom Krankenhauspersonal für tot erklärt."

Doch Epsteins Bruder Mark wird nicht müde zu betonen, er würde Zweifel an der offiziellen Version der Geschichte haben:

Er beauftragte deshalb den renommierten Pathologen und früheren Leiter der New Yorker Gerichtsmedizin, Michael Baden, mit der Überwachung der Obduktion.

„Baden gab bekannt, dass seine fachmännische Analyse des Sachverhaltes seiner Meinung nach eher auf eine fremdverschuldete Strangulation als auf Suizid hindeuten würden, da die Verletzung am Genick des Toten klar auf eine Strangulation hinweise."

„Die Indizien deuten in Richtung Mord."

Einem Bericht der New York Post sowie der Agentur American Press zufolge soll Epstein zwei Tage vor seinem Tod noch ein Testament aufgesetzt haben. „Darin habe er sein Vermögen in Höhe von 578 Millionen Dollar einem Treuhandfonds vermacht. **Wer von diesem profitiert, sei allerdings bislang unklar."**

Bei einer Pressekonferenz sagte die Anwältin Gloria Allred, die mehrere mutmaßliche Opfer vertritt, **bei Epsteins Tod gebe es noch einige „verdächtige Umstände."**

US-Justizminister William Barr sagte der Nachrichtenagentur AP, **auch ihm sei Epsteins Tod verdächtig vorgekommen!**

Der republikanische Senator John Kennedy sagte bei einer Anhörung über die Aufsichtsführung von Gefängnissen:

Trockenmauerwerk, Weihnachtsbaumschmuck und Epstein seien „drei Dinge, die sich nicht selbst aufhängen."

Kathleen Hawk Sawyer, die neue Direktorin der Bundesbehörde für Gefängnisse, erklärte während der Anhörung, **der Tod Epsteins sei „ein blaues Auge für die gesamte Gefängnisbehörde."**

Der Satz „Epstein didn't kill himself"
(zu Deutsch: „Epstein hat sich nicht selbst getötet")

steht für die Hypothese, der amerikanische Finanzier und Sexualstraftäter Jeffrey Epstein habe nicht, wie offiziell dargestellt, Suizid begangen, sondern sei in seiner Gefängniszelle ermordet worden, um seine Aussagen vor Gericht zu verhindern.

Die radikale „Vertuschung" und ein Komplott „mächtiger Männer", die Angst gehabt hätten, Epstein könnte ihnen etwas anhängen, wird ebenfalls vermutet.

Ein Teil der Verschwörung zu sein
wurde auch den beiden Gefängnisaufsehern des New Yorker Metropolitan Correctional Center unterstellt. Die beiden Wärter, die den Amerikaner in seiner Gefängniszelle beaufsichtigen sollten, haben einem Bericht zufolge während dessen Todesnacht im Dienst geschlafen.

Statt wie vorgeschrieben alle 30 Minuten nach dem Inhaftierten zu schauen, seien die zwei Beamten in der Gefängniseinheit Epsteins eingeschlafen und hätten dessen Zustand für rund drei Stunden nicht

kontrolliert, wie die „New York Times" unter
Berufung auf Ermittlungs- und Gefängnisbeamte
schildert.

**„Die Wärter stünden auch unter Verdacht, ihren
Arbeitsbericht gefälscht zu haben, um ihr fatales
Versäumnis zu verschleiern", berichtete der US-
Sender CBS.**

Die Obama Verschwörung

Barack Hussein Obama II, der 44. Präsident der
Vereinigten Staaten, war nicht nur für seine
politischen Reformen und seine historische
Präsidentschaft bekannt, sondern auch für die
zahlreichen Verschwörungstheorien, die ihn während
und nach seiner Amtszeit umgaben. Diese Theorien
variieren von Fragen zu seiner Geburtsurkunde bis
hin zu Behauptungen über seine politische Agenda.
In diesem Text werden wir die bekanntesten
Verschwörungstheorien rund um Barack Obama
untersuchen und die Belege anführen, die ihre
Anhänger vorbringen.

Die Geburtsurkunden-Kontroverse

Eine der bekanntesten Verschwörungstheorien
behauptet, dass Barack Obama nicht in den
Vereinigten Staaten geboren wurde und daher nicht
berechtigt war, Präsident zu werden. Diese Theorie,
oft als "Birther-Theorie" bezeichnet, wurde von
prominenten Persönlichkeiten wie Donald Trump
unterstützt.

Kritiker behaupteten lange, dass Obama keine
originale Geburtsurkunde vorlegen konnte. Erst 2011
veröffentlichte das Weiße Haus die Langform seiner
Geburtsurkunde aus Hawaii, was die Kontroverse
jedoch nicht beendete.

Einige Theoretiker behaupten, Obama sei in Kenia
geboren worden. Diese Behauptung stützt sich auf

falsche oder irreführende Interpretationen von Aussagen und Dokumenten. Es wurde argumentiert, dass die Mikrofilm-Kopien von Zeitungsankündigungen seiner Geburt in Hawaii manipuliert worden seien.

Ein weiteres häufiges Thema in den Verschwörungstheorien über Obama betrifft seine angeblichen Verbindungen zu radikalen politischen und religiösen Ideologien.

Belege und Argumente

- **Jeremiah Wright:** Obama besuchte über 20 Jahre lang die Kirche von Pastor Jeremiah Wright, der für einige seiner umstrittenen Aussagen bekannt ist. Kritiker argumentieren, dass Obamas lange Verbindung zu Wright seine Sympathie für radikale Ansichten beweise.

- **Bill Ayers:** Obama hatte in den 1990er Jahren Kontakt zu Bill Ayers, einem ehemaligen Mitglied der radikalen Gruppe Weather Underground. Obwohl ihre Beziehung beruflicher Natur war, wurde dies von Kritikern als Beweis für Obamas angebliche radikale Gesinnung herangezogen.

- **Muslimische Identität:** Trotz Obamas wiederholter Beteuerung, dass er Christ ist, behaupten einige Theoretiker, dass er insgeheim ein Muslim sei. Dies stützen sie auf seine frühen Jahre in Indonesien und die islamischen Namen seiner Familienmitglieder.

Die Sozialismus-Agenda

Kritiker behaupten oft, dass Obama eine geheime sozialistische Agenda verfolge, um die Vereinigten Staaten in einen sozialistischen Staat zu verwandeln.

Belege und Argumente:

- **Obamacare:** Das Affordable Care Act, oft als "Obamacare" bezeichnet, wird von einigen als Schritt in Richtung einer sozialistischen Gesundheitsversorgung gesehen.

- **Redistribution of Wealth:** Obamas Aussage, dass er die Reichtümer umverteilen wolle, wird als Beweis für seine sozialistischen Absichten interpretiert.

- **Regulierungen:** Die Zunahme von Regierungsregulierungen während seiner Amtszeit wird als Versuch gewertet, die Kontrolle über die Wirtschaft zu übernehmen.

Ein weiterer Strang der Verschwörungstheorien dreht sich um die angebliche Geheimhaltung und Vertuschung von Informationen durch die Obama-Regierung.

- **Fast and Furious:** Die Operation Fast and Furious, ein fehlgeschlagenes Waffenschmuggelprogramm, wurde von Kritikern als Beispiel für Obamas heimliche Agenda gegen das zweite Zusatzgesetz (Recht auf Waffenbesitz) verwendet.

- **Bengasi:** Der Angriff auf das amerikanische Konsulat in Bengasi, Libyen, im Jahr 2012 führte zu Behauptungen, die Obama-Regierung habe Informationen verschwiegen oder falsch dargestellt, um politische Konsequenzen zu vermeiden.

- **IRS-Skandal:** Der Skandal um die angebliche gezielte Prüfung konservativer Gruppen durch den Internal Revenue Service (IRS) wird oft als Beweis für die politisch motivierte Machtmissbrauch während Obamas Präsidentschaft angeführt.

Ein besonders komplexer Aspekt der Verschwörungstheorien um Obama betrifft den sogenannten **"tiefen Staat",** eine angeblich einflussreiche und geheime Fraktion innerhalb der US-Regierung, die die eigentliche Kontrolle ausübt.

- **Verbindungen zur CIA:** Einige Theoretiker behaupten, Obama habe enge Verbindungen zur CIA, was seine politische Karriere und sein Aufstieg zur Präsidentschaft unterstützt habe.

- **Politische Ernennungen:** Die Ernennung von ehemaligen Geheimdienstmitarbeitern in Schlüsselpositionen während seiner Amtszeit wird als Beweis für die Existenz und den Einfluss des tiefen Staates interpretiert.

Michelle Obama: Eine umstrittene Figur

Neben Barack Obama selbst ist auch seine Frau
Michelle Obama oft Ziel von Verschwörungstheorien
geworden. Eine der skurrilsten und gleichzeitig
hartnäckigsten Theorien behauptet, dass Michelle
Obama eigentlich ein Mann sei.

Kritiker weisen auf bestimmte körperliche Merkmale
wie Schultern und Körperbau hin, die ihrer Meinung
nach männlich wirken.

- **Freudscher Versprecher:**
  In einem Interview soll Barack Obama
  Michelle einmal als "Michael" bezeichnet
  haben, was als Bestätigung für diese Theorie
  interpretiert wurde.

- **Fehlende Schwangerschaftsfotos:**
  Einige Theoretiker behaupten, es gäbe keine
  öffentlichen Fotos von Michelle Obama
  während ihrer Schwangerschaften, was sie
  als Beweis für eine Vertuschung werten.

Die Verschwörungstheorien rund um Barack und
Michelle Obama sind zahlreich und vielfältig.
Sie reichen von Fragen zu seiner Geburtsurkunde über
Behauptungen zu radikalen politischen Verbindungen
bis hin zu Vorwürfen der Geheimhaltung und
Vertuschung. Obwohl einige dieser Theorien durch
überprüfbare Beweise widerlegt wurden, bleiben sie
dennoch ein fester Bestandteil des Diskurses um seine
Präsidentschaft.

Diese Theorien bieten einen faszinierenden Einblick in die Art und Weise, wie politische und persönliche Angriffe in der modernen Ära formuliert und verbreitet werden. Unabhängig von der Wahrheit hinter diesen Behauptungen ist klar, dass die Obamas polarisierende Figuren bleiben, die sowohl bewundert als auch heftig kritisiert werden.

MH370

Das Verschwinden von Malaysia Airlines Flug 370

Am 8. März 2014 verschwand Malaysia Airlines Flug
370 (MH370) spurlos auf dem Weg von Kuala
Lumpur nach Peking. Das mysteriöse Verschwinden
des Boeing 777-200ER Flugzeugs mit 239 Menschen
an Bord hat seitdem zahlreiche Theorien und
Verschwörungsgeschichten hervorgebracht. Trotz
intensiver Suchaktionen und Untersuchungen bleibt
der endgültige Verbleib von MH370 unbekannt, was
Kritikern Raum für Spekulationen gibt.

Die offizielle Untersuchung konzentrierte sich auf die
südliche Region des Indischen Ozeans, basierend auf
Satellitendaten, die signifikante Abweichungen von
der geplanten Flugroute aufzeigten. Die Suche, die
von mehreren Ländern koordiniert wurde, war eine der
umfangreichsten in der Luftfahrtgeschichte, erstreckte
sich über mehrere Jahre und kostete Hunderte
Millionen Dollar. Dennoch konnten nur wenige
Wrackteile, die an den Stränden von Inseln im
Indischen Ozean angespült wurden, eindeutig als
Teile von MH370 identifiziert werden.

Eine der am weitesten verbreiteten Theorien besagt,
dass das Flugzeug entführt und an einem unbekannten
Ort sicher gelandet wurde. Anhänger dieser Theorie
argumentieren, dass es zahlreiche Militärbasen und
abgelegene Landebahnen gibt, auf denen ein großes

Flugzeug wie die Boeing 777 unbemerkt landen könnte. Sie spekulieren, dass der Transponder des Flugzeugs absichtlich deaktiviert wurde, um es vom Radar zu verbergen, und dass Passagiere und Besatzung möglicherweise als Geiseln gehalten wurden. Einige Theoretiker verweisen auf Diego Garcia, eine abgelegene Insel im Indischen Ozean, die eine geheime US-Militärbasis beherbergt, als möglichen Landeplatz.

Theorie 2: Cyber-Hijacking

Einige Experten und Theoretiker vermuten, dass MH370 das Opfer eines **"Cyber-Hijackings"** wurde, bei dem Hacker die Kontrolle über das Flugzeug aus der Ferne übernahmen. Diese Theorie basiert auf der Annahme, dass moderne Flugzeuge stark auf Computersysteme angewiesen sind und daher anfällig für Cyberangriffe sein könnten. Die Täter hätten möglicherweise die Kommunikationssysteme des Flugzeugs deaktiviert und seine Flugroute geändert. Kritiker dieser Theorie weisen jedoch darauf hin, dass ein solcher Angriff extrem komplex wäre und erhebliche technische Fähigkeiten erfordern würde.

Theorie 3: Geheime militärische Übung

Eine weitere populäre Theorie ist, dass MH370 versehentlich während einer geheimen militärischen Übung abgeschossen wurde. Unterstützer dieser Theorie verweisen auf die Tatsache, dass in der Nacht des Verschwindens militärische Übungen im Südchinesischen Meer stattfanden. Sie spekulieren, dass das Flugzeug möglicherweise in den

Übungsbereich eingedrungen ist und versehentlich abgeschossen wurde. Die Regierungen hätten dann eine umfassende Vertuschung organisiert, um den Vorfall zu verschleiern.

Theorie 4: Mysteriöse Ladung und Geheimoperationen

Es gibt Spekulationen, dass MH370 eine mysteriöse Ladung transportierte, die von geheimen Operationen von Regierungen oder Geheimdiensten überwacht wurde. Einige Theoretiker behaupten, dass auf dem Flug eine wertvolle oder sensible Fracht war, die ein Ziel für einen Diebstahl oder eine Sabotageaktion gewesen sein könnte. Diese Theorie wird durch das Verschwinden einer verdächtigen Ladung gestützt, die Berichten zufolge an Bord war, aber in den offiziellen Frachtlisten nicht aufgeführt wurde.

Theorie 5: Versicherungsbetrug und finanzielle Motive

Einige Verschwörungstheorien konzentrieren sich auf die finanzielle Seite des Vorfalls. Es wird vermutet, dass das Verschwinden des Flugzeugs möglicherweise mit einem groß angelegten Versicherungsbetrug oder finanziellen Problemen in Verbindung steht.
Diese Theorie legt nahe, dass das Flugzeug absichtlich zum Verschwinden gebracht wurde, um eine große Versicherungszahlung zu ermöglichen oder finanzielle Schwierigkeiten zu vertuschen.

Ein Aspekt, der Kritiker besonders fasziniert, sind die Umstände einiger Passagiere an Bord von MH370.

Zwei Passagiere benutzten gestohlene Pässe, was Verdacht auf kriminelle oder terroristische Absichten erweckte. Obwohl die Ermittlungen ergaben, dass diese Personen wahrscheinlich nicht in den Vorfall verwickelt waren, bleiben Zweifel bestehen, ob andere Passagiere oder Besatzungsmitglieder in eine mögliche Entführung oder Sabotage verwickelt waren.

Unerklärliche Kursänderungen

Die offizielle Flugroute von MH370 wurde plötzlich und unerklärlich geändert, was den Verdacht auf menschliches Eingreifen lenkte. Kritiker argumentieren, dass diese abrupten Kursänderungen nicht zufällig waren, sondern absichtlich vorgenommen wurden, um das Flugzeug zu entführen oder von seiner ursprünglichen Route abzulenken. Die Tatsache, dass das Flugzeug stundenlang weiterflog, nachdem es den Kontakt verloren hatte, lässt ebenfalls Raum für Spekulationen über mögliche Motive und Ziele.

Rätselhafte Funkstille

Ein weiterer mysteriöser Aspekt des Verschwindens von MH370 ist die plötzliche und vollständige Funkstille des Flugzeugs. Kritiker argumentieren, dass die Kommunikationssysteme absichtlich deaktiviert wurden, um das Flugzeug vom Radar zu verbergen und eine Verfolgung zu verhindern. Diese Funkstille könnte durch eine Entführung oder eine Sabotage verursacht worden sein, was auf eine geplante Operation hindeutet.

Einige Kritiker spekulieren sogar, dass außerirdische Einflüsse hinter dem Verschwinden von MH370 stecken könnten. Berichte über unidentifizierte Flugobjekte (UFOs) in der Region und unerklärliche Radaraufzeichnungen haben zu Theorien geführt, dass das Flugzeug möglicherweise von Aliens entführt wurde. Diese Theorien sind zwar äußerst spekulativ und wissenschaftlich nicht fundiert, finden aber in der UFO-Gemeinschaft und unter Kritikern Anklang.

Offizielle Reaktionen und Vertuschungen

Die offizielle Reaktion der malaysischen Regierung und der beteiligten Behörden wurde von vielen als unzureichend und intransparent kritisiert. Kritiker behaupten, dass die Regierung wichtige Informationen zurückgehalten und die Ermittlungen absichtlich behindert hat. Sie argumentieren, dass die Behörden mehr wissen, als sie preisgeben, und möglicherweise in eine Vertuschung verwickelt sind, um die wahren Umstände des Verschwindens zu verbergen.

Die Verzögerung bei der Veröffentlichung von Informationen und die widersprüchlichen Aussagen der malaysischen Behörden haben den Verdacht genährt, dass etwas vertuscht wird. Kritiker glauben, dass die Regierung möglicherweise versucht hat, die Wahrheit zu verschleiern, um politische oder wirtschaftliche Interessen zu schützen.

Ein weiterer Kritikpunkt ist die Manipulation von Satelliten- und Radardaten. Einige Theoretiker behaupten, dass die veröffentlichten Daten absichtlich verändert wurden, um die wahre Flugroute von

MH370 zu verbergen. Diese Manipulation könnte darauf abzielen, die Suche in die Irre zu führen und die wahren Motive und Umstände des Verschwindens zu verschleiern.

Das Verschwinden von MH370 bleibt eines der größten Rätsel der Luftfahrtgeschichte. Die zahlreichen Verschwörungstheorien und Spekulationen rund um den Vorfall zeigen, wie wenig wir letztendlich über die tatsächlichen Ereignisse wissen. Trotz intensiver Suchaktionen und umfangreicher Untersuchungen gibt es noch immer keine eindeutige Erklärung für das mysteriöse Verschwinden des Flugzeugs.

Die Kombination aus seltsamen Vorfällen, unregelmäßigen Kursänderungen, verdächtigen Passagieren und einer intransparenten offiziellen Reaktion hat ein fruchtbares Umfeld für Verschwörungstheorien geschaffen. Während einige Theorien plausibler erscheinen als andere, bleibt die Wahrheit über MH370 weiterhin ein Rätsel, das möglicherweise nie vollständig gelöst wird.

Die anhaltende Faszination und die Vielzahl von Theorien rund um das Verschwinden von MH370 zeigen, wie tief das Bedürfnis der Menschen ist, Antworten auf unerklärliche Ereignisse zu finden. Egal, ob es sich um eine Entführung, ein Cyber-Hijacking, geheime militärische Operationen oder sogar außerirdische Einflüsse handelt – die Geschichte von MH370 wird weiterhin Anlass zu Spekulationen und Diskussionen geben.

Die Nazi-Flucht
nach Südamerika

Die Verschwörungstheorie der Nazi-Flucht nach Südamerika ist eine der am weitesten verbreiteten und faszinierendsten Theorien über das Schicksal hochrangiger Nazi-Funktionäre nach dem Zweiten Weltkrieg. Diese Theorie besagt, dass zahlreiche prominente Nazis, darunter Adolf Hitler selbst, nach dem Zusammenbruch des Dritten Reiches nicht etwa starben oder gefasst wurden, sondern mithilfe geheimer Netzwerke nach Südamerika flohen, wo sie unter falschen Identitäten weiterlebten.

In diesem Kapitel untersuchen wir die Indizien und Belege, die diese Theorie stützen, und präsentieren eine detaillierte Darstellung der verschiedenen Aspekte dieser faszinierenden Verschwörung.

Historischer Hintergrund

Nach dem Ende des Zweiten Weltkriegs standen viele hochrangige Nazi-Funktionäre vor der Aussicht auf Verhaftung, Anklage und Hinrichtung wegen ihrer Kriegsverbrechen. Einige von ihnen, wie Heinrich Himmler und Hermann Göring, nahmen sich das Leben, während andere vor Gericht gestellt wurden. Doch es gibt zahlreiche Berichte und Hinweise, dass einige der prominentesten Nazis entkamen und ein neues Leben in Südamerika begannen.

Der Rattenlinie und Fluchtnetzwerke

Der Begriff "Rattenlinie" bezieht sich auf eine Reihe von Fluchtrouten, die Nazis nutzten, um nach dem Krieg Europa zu verlassen. Diese Routen führten oft über Italien und Spanien nach Südamerika und wurden von verschiedenen Organisationen unterstützt, darunter die katholische Kirche und faschistische Sympathisanten.

Es gibt dokumentierte Beweise, dass Mitglieder der katholischen Kirche, insbesondere des Vatikan, Fluchtnetzwerke unterstützten, die es hochrangigen Nazis ermöglichten, nach Südamerika zu fliehen. Der österreichische Bischof Alois Hudal spielte eine Schlüsselrolle bei der Organisation von Fluchthilfe für viele Nazis, indem er ihnen falsche Papiere und sichere Zuflucht bot.

Argentinien war eines der Hauptziele für flüchtende Nazis. Unter der Regierung von Präsident Juan Perón, der Sympathien für die Achsenmächte hatte, bot Argentinien eine willkommene Zuflucht. Es wird geschätzt, dass Tausende von Nazis, einschließlich hochrangiger Funktionäre, nach Argentinien flohen.

Juan Perón und seine Nazi-Sympathien

Juan Perón und seine Frau Eva Perón waren bekannt für ihre Sympathien gegenüber dem Dritten Reich. Berichte deuten darauf hin, dass sie aktiv daran arbeiteten, Nazis bei ihrer Flucht zu unterstützen, indem sie ihnen sichere Pässe und Zuflucht gewährten. Es wird behauptet, dass Perón persönliche

Freundschaften mit mehreren hochrangigen Nazis pflegte.

Zu den bekanntesten Nazis, die nach Argentinien flohen, gehört Adolf Eichmann, der Architekt des Holocausts. Eichmann lebte jahrelang unter falscher Identität in Buenos Aires, bis er 1960 von israelischen Mossad-Agenten gefasst und nach Israel gebracht wurde, wo er vor Gericht gestellt und hingerichtet wurde.

Neben Argentinien waren auch Brasilien und Chile beliebte Zufluchtsorte für flüchtende Nazis. In diesen Ländern konnten sie relativ unbehelligt leben, oft unter falschen Namen und unterstützt von lokalen Sympathisanten.

- **Josef Mengele in Brasilien**

Josef Mengele, der berüchtigte KZ-Arzt von Auschwitz, entkam ebenfalls nach Südamerika. Er lebte in verschiedenen Ländern, darunter Argentinien, Paraguay und Brasilien. Mengele konnte jahrzehntelang untertauchen und starb 1979 in Brasilien, ohne jemals gefasst zu werden.

- **Walter Rauff in Chile**

Walter Rauff, der Entwickler der mobilen Gaskammern, die zur Tötung von Juden in Osteuropa verwendet wurden, fand Zuflucht in Chile. Trotz mehrerer Versuche, ihn vor Gericht zu stellen, lebte Rauff bis zu seinem Tod 1984 unbehelligt in Santiago de Chile.

Adolf Hitlers angebliche Flucht

Eine der umstrittensten und spekulativsten Aspekte der Nazi-Flucht-Theorie ist die Behauptung, dass Adolf Hitler selbst den Fall Berlins überlebte und nach Südamerika floh. Diese Theorie wird von verschiedenen Dokumenten, Zeugenaussagen und angeblichen Sichtungen gestützt.

Die offizielle Geschichte besagt, dass Hitler und Eva Braun sich im Führerbunker das Leben nahmen, als die Rote Armee Berlin einnahm. Doch Kritiker behaupten, dass Hitler in Wirklichkeit entkam und mithilfe eines Doppelgängers seinen Tod inszenierte. Es gibt zahlreiche Berichte und angebliche Augenzeugen, die behaupten, Hitler in Argentinien gesehen zu haben. Einige dieser Berichte stammen von ehemaligen Nazis und lokalen Bewohnern, die behaupten, Hitler habe unter dem Namen Adolf Schützelmayor in einer abgelegenen Region Patagoniens gelebt.

Verschiedene Dokumente und Zeugenaussagen stützen die Theorie der Nazi-Flucht nach Südamerika. Diese Beweise umfassen freigegebene Geheimdienstberichte, persönliche Memoiren und Interviews mit Zeitzeugen.

Freigegebene Dokumente der CIA und des FBI enthalten Berichte über angebliche Sichtungen von Hitler und anderen hochrangigen Nazis in Südamerika. Diese Berichte wurden zwar nie endgültig bestätigt, zeigen jedoch, dass die amerikanischen Geheimdienste die Möglichkeit einer Flucht Hitlers durchaus ernsthaft in Betracht zogen.

Interviews und Memoiren

Interviews mit ehemaligen Nazis und deren Familienmitgliedern sowie Memoiren von Personen, die in die Fluchtnetzwerke involviert waren, bieten weitere Einblicke in die Fluchtwege und das Leben der Nazis in Südamerika. Diese Berichte zeichnen ein detailliertes Bild der Organisation und Unterstützung, die den flüchtenden Nazis zuteilwurde.

Die Theorie der Nazi-Flucht nach Südamerika wird durch Hinweise auf geheime Organisationen und Netzwerke gestützt, die den Nazis bei ihrer Flucht halfen. Diese Organisationen umfassten ehemalige SS-Mitglieder, Industrielle und Sympathisanten, die in Europa und Südamerika aktiv waren.

ODESSA, die Organisation der ehemaligen SS-Angehörigen, ist eine der bekanntesten Gruppen, die angeblich Nazis bei ihrer Flucht half. ODESSA soll ein weitverzweigtes Netzwerk von Kontakten und Ressourcen genutzt haben, um ehemaligen SS-Mitgliedern sichere Zuflucht zu bieten und sie vor der Strafverfolgung zu schützen.

Einige Industrielle und Unternehmen, die während des Krieges von der Zusammenarbeit mit den Nazis profitiert hatten, sollen ebenfalls Unterstützung bei der Flucht und dem Aufbau neuer Existenzen in Südamerika geleistet haben. Diese Unterstützung umfasste finanzielle Mittel, falsche Papiere und logistische Hilfe.

Moderne Untersuchungen und Dokumentationen

Moderne Untersuchungen und Dokumentationen
haben die Theorie der Nazi-Flucht nach Südamerika
weiter beleuchtet und neue Beweise ans Licht
gebracht. Historiker, Journalisten und Forscher haben
eine Vielzahl von Quellen untersucht, um die
Glaubwürdigkeit der Theorie zu überprüfen.

Dokumentarfilme und Bücher, wie "Grey Wolf:
The Escape of Adolf Hitler" von Simon Dunstan
und Gerrard Williams, haben detaillierte Untersuchungen über die angebliche Flucht Hitlers und
anderer Nazis durchgeführt. Diese Werke stützen
sich auf freigegebene Dokumente, Interviews und
Archivmaterial, um die Theorie zu untermauern.

Archäologische Untersuchungen und Expeditionen

Einige Forscher haben archäologische
Untersuchungen und Expeditionen in Südamerika
durchgeführt, um nach physischen Beweisen für die
Anwesenheit von Nazis zu suchen. Diese Untersuchungen umfassen die Suche nach geheimen
Bunkern, versteckten Archiven und Artefakten,
welche die Theorie stützen könnten.

Die Vielzahl von Berichten, Dokumenten und
Zeugenaussagen bietet eine umfangreiche Grundlage
für die Behauptung, dass hochrangige Nazis nach dem
Krieg entkamen und ein neues Leben in Südamerika
begannen. Obwohl viele Aspekte dieser Theorie
spekulativ bleiben, zeigen die zahlreichen Indizien

und Belege, dass die Möglichkeit einer solchen Flucht nicht vollständig ausgeschlossen werden kann.

Die fortlaufenden Untersuchungen und neuen Entdeckungen in diesem Bereich werden zweifellos weitere Einblicke in diese faszinierende Episode der Geschichte bieten.

Großer Austausch
Der Plan des Hooton

„Wie lasse ich ein ganzes Volk
verschwinden?"

**Als Plan des Hooton werden die in den 1940er
Jahren veröffentlichten Gedanken des Harvard-
Anthropologen Earnest Hooton bezeichnet.**

Dieser legte die angeblich naturell bedingten
rassistischen Eigenschaften der Deutschen dar und
schlug statt einer langatmigen sozialen Umerziehung
eine effektivere biologische **„Umzüchtung"** sowie
eine **„Umvolkung"** als notwendige Maßnahme vor.

Am 4. Januar 1943 veröffentlichte Earnest
Albert Hooton (1887 - 1954), ein US-amerikanischer
Hochschullehrer, der sich stark zur sogenannten
"Rassenlehre" hingezogen fühlte, im „Peabody
Magazine" einen Beitrag im Rahmen eines
Sammelartikels zusammen mit Franz Boas,
Dorothy Thompson und Albert Einstein, mit
dem Titel: **„Breed war strain out of Germans"**
(Den Kriegs-Stamm aus den Deutschen herauszüchten).

Darin unterstellte er den Deutschen eine
besonders stark ausgeprägte Tendenz zum Krieg
und Nationalismus und verlangte ihre langfristige
Umzüchtung. Hooton, der alle Deutschen
gleichermaßen für „moralische Schwachsinnige"
hielt, empfahl, die Geburtenrate der Deutschen

durch gezielte gesellschaftliche Veränderungen Stück
für Stück zu reduzieren und die Einwanderung von
Nicht-Deutschen, insbesondere von jungen,
geschlechtsreifen Männern, zu fördern.

**„Nach seiner persönlichen Anschauung sollte die
vermeintlich biologisch begründete und somit
angeborene, räuberische Neigung der Deutschen
dadurch 'weggezüchtet' werden, indem sie mit
Menschen aus anderen Regionen bewusst
'gekreuzt' werden."**

Ein Plan, der von Hass auf Deutschland und
unerschütterlichem Rassismus gegenüber allen
Deutschen geprägt war!

**Um größeren Widerstand bei den Deutschen zu
vermeiden, schlug Hooton vor, diese Umzüchtung
langsam, aber beständig durchzuführen.**

Ebenso empfahl er am 10. Oktober 1944 in der
New York Times, den Großteil der Angehörigen
der deutschen Wehrmacht für mindestens zwei
Jahrzehnte in den alliierten Staaten als militärische
Sklaven einzusetzen.

**Dieser Vorschlag sollte sicherstellen, dass eine
neue Generation von Deutschen ohne den Einfluss
der vorherigen, als kriegerisch betrachteten
Generation aufwachsen würde.**

Die Idee, durch Masseneinwanderung und
Vermischung der Bevölkerung die nationalen
Identitäten aufzulösen, war Teil eines größeren Plans,

um langfristig Konflikte und Kriege zu vermeiden, indem die kulturellen und ethnischen Unterschiede verwischt würden. Hooton glaubte, dass eine homogene, multikulturelle Gesellschaft weniger anfällig für nationalistische und militaristische Ideologien wäre.

Es scheint offensichtlich, was wirklich hinter der „europäischen Vereinigung" und der Errichtung des Brüsseler EU-Superstaates steckt, warum die ehemals souveränen christlichen Nationalstaaten Europas von ihren „eigenen" Politikern systematisch entmachtet und aufgelöst werden und welche Folgen das neue Zuwanderungsgesetz haben wird.

Die Folgen dieser jahrzehntelangen Umerziehung und biologischen Umvolkung sind in der Veränderung der Gesellschaft mit Kriminalität und Gleichgültigkeit erkennbar!!!

Die Polizei kann einen nun plötzlich nicht mehr vor der Flut an Kriminalität, Diebstahl, Einbrüchen, Überfällen, Gewalt gegen ältere Menschen, organisiertem Verbrechen, Internetkriminalität, Waffenhandel und immer jüngeren Gewalttätern beschützen.

Man hat sich also insbesondere auf amerikanischer sowie britischer Seite intensiv Gedanken gemacht, die deutsche Nation biologisch auszumerzen bzw. wirtschaftlich zu neutralisieren. Es ist anzunehmen, dass solche oder ähnliche Überlegungen der seit Jahrzehnten stattfindenden massiven, systematisch

gelenkten Überfremdung und Umvolkung
Deutschlands zugrunde liegen.

**„Eine weitere Strategie ist die „Verschwulung"
der Gesellschaft und die aktive Förderung der
Homosexualität, um nach Möglichkeit deutschen
Nachwuchs und intakte Familien zu verhindern.**

**Abwehrreaktionen der Völker werden dabei
mittels Kampfwörtern wie Rassismus, Xenophobie
usw. bekämpft!"**

Innerhalb heutiger Verschwörungen werden Hootons
Ideen als sogenannter „Hooton-Plan" zusammen mit
ähnlichen Gedankenspielen wie dem „Kaufman-Plan",
oder dem „Morgenthau-Plan" als tatsächlich
umgesetzter Plan angesehen, der auf die biologische
Vernichtung der Deutschen durch Massen-
zuwanderung hinarbeitet.

- *Der Kaufman-Plan, benannt nach dem
  amerikanischen Schriftsteller Theodore N.
  Kaufman, sah die Zwangssterilisierung aller
  Deutschen vor, um das deutsche Volk
  langfristig auszurotten.*

- *Der Morgenthau-Plan, entworfen von
  US-Finanzminister Henry Morgenthau Jr.,
  schlug vor, Deutschland nach dem Zweiten
  Weltkrieg zu deindustrialisieren und in einen
  Agrarstaat zu verwandeln.*

Der Fall der Berliner Mauer

Am 9. November 1989 mobilisierte eine durch die Medien verbreitete Fiktion eine gewaltige Schar von Menschen, die dazu beitrugen, dass das, was kurz zuvor noch fiktiv war, schließlich doch zur Realität wurde.

"Zum Mauerfall".

- Bescherte ein "historischer Irrtum" den Deutschen den Fall der Mauer und in dessen Konsequenz die deutsche Einheit?

- Gab es damals tatsächlich einen Plan oder spielte doch eher der reine Zufall mit?

- Wie war das mit dem Fall der Mauer am 9. November 1989 tatsächlich?

Am frühen Abend des 9. November 1989 ist der Saal im internationalen Pressezentrum in Ost-Berlin restlos überfüllt, als "Günter Schabowski, der Sprecher des SED-Politbüros," sich den Journalisten stellte. Als die Pressekonferenz sich um 18:53 Uhr ihrem Ende neigte, kam Herr "Riccardo Ehrman" noch zu Wort...

„**Ich heiße Riccardo Ehrman,** ich vertrete die italienische Nachrichtenagentur ANSA.

Herr Schabowski, Sie haben von Fehlern gesprochen. Glauben Sie nicht, dass es ein großer Fehler war, diesen Reisegesetzentwurf, welchen Sie vor wenigen Tagen vorgestellt haben...?"

Schabowski, offensichtlich auf dem falschen Fuß erwischt, setzte verunsichert zu einer Antwort an:

- *„Privatreisen nach dem Ausland können ohne Vorliegen von Voraussetzungen (Reiseanlässe und Verwandtschaftsverhältnisse) beantragt werden.*
- *Die Genehmigungen werden kurzfristig erteilt.*
- *Die zuständigen Abteilungen Pass- und Meldewesen der Volkspolizeikreisämter in der DDR sind angewiesen, Visa zur ständigen Ausreise unverzüglich zu erteilen, ohne dass dafür noch geltende Voraussetzungen für eine ständige Ausreise vorliegen müssen.*

Ständige Ausreisen können über alle Berliner Grenzübergangsstellen der DDR zur BRD bzw. zu West-Berlin erfolgen."

Auf die Nachfrage hin, ab wann dies denn nun gelte, sagte Schabowski zögerlich:

**„Das tritt nach meiner Kenntnis
... ist das sofort, <u>unverzüglich</u> ...!"**

Der Fall der Mauer war jedoch in Wahrheit wohl überhaupt nicht von der SED-Führung beabsichtigt gewesen. Der Sturm auf die Grenzübergänge setzte auch nicht, wie häufig fälschlich angenommen wird, als unmittelbare Reaktion auf die Bekanntgabe einer neuen Reiseregelung durch SED-Politbüromitglied Schabowski ein, sondern erst mit deutlich verzögertem zeitlichem Abstand, als Konsequenz der medialen Berichterstattung, vor allem der West-Medien.

Hunderttausende Menschen forderten bereits seit längerem auf Demonstrationen überall in der DDR freie Wahlen, die Zulassung von Oppositionsgruppen und natürlich auch immer wieder die eigene persönliche Reisefreiheit.

Mit der neu beschlossenen Reiseverordnung wollte die SED-Führung also lediglich ein wenig Druck von sich ablassen. Auf keinen Fall gewollt war jedoch, mit der von Schabowski verkündeten Reiseverordnung "gleichsam auch die ganze Mauer einzureißen."

Vielmehr war geplant, beginnend ab dem 10. November 1989, ständige Ausreisen nun endlich auch über die "deutsch-deutsche Grenze" zu genehmigen, aber natürlich erst nach einem entsprechenden Antrag. Die Besuchsreisen sollten zudem zunächst lediglich bis zu "dreißig Tagen pro Jahr" genehmigt werden und an die Erteilung eines "Visums" und den Besitz eines "Reisepasses" gekoppelt sein (diesen besaßen jedoch nur ein Teil der damaligen DDR-Bevölkerung). Erst danach sollten die Grenzübergänge tatsächlich geöffnet werden.

Mit genau diesem entscheidenden Schritt sollte die DDR ursprünglich gerettet werden, doch in Gang gesetzt wurde dadurch, wie die Geschichte uns lehrte, das komplette Gegenteil.

Schabowskis vorzeitige und recht seltsam anmutende Bekanntgabe, deren eigene freie Interpretation durch die West-Medien, die den bürokratischen Verordnungstext als bedingungslose und sofortige Grenzöffnung deuteten, und die dadurch aufkommende

Mobilisierung der Bevölkerung machten all die zuvor noch vollkommen kalkulierten Absichten der SED-Führung auf einen Schlag zunichte.

**So meldete AP bereits um 19:05 Uhr:
„DDR öffnet Grenze."**

Kurz vor Beginn der ARD-„Tagesschau", um 19:41 Uhr, übertrumpfte dpa die AP-Meldung, stellte die Ankündigung Schabowskis als bereits vollzogene Tatsache dar und verkündete „Sensationelles":

**„Die DDR-Grenze zur Bundesrepublik
und nach West-Berlin ist offen."**

Die „Tagesschau" um 20 Uhr platzierte die Reiseregelung als Top-Meldung:

„DDR öffnet Grenze",

lautete die eingeblendete Schrift, zu der Nachrichtensprecher Joe Brauner die Kernsätze des Verordnungstextes verlas.

**Mit einem Ansturm auf alle Berliner
Grenzübergänge rechnete man im Ministerium
für Staatssicherheit zunächst jedoch offenbar
nicht!**

Um 20:15 Uhr, 75 Minuten nach der Pressekonferenz Schabowskis und unmittelbar nach dem Ende der „Tagesschau", hatten sich gerade einmal achtzig Ost-Berliner an den Grenzübergängen Sonnenallee, Invalidenstraße und Bornholmer Straße zur

„Ausreise" eingefunden, wie der Lagebericht der
Ostberliner Volkspolizei festhielt.

Höhepunkt der westlichen Fernseh-Berichterstattung
waren schließlich die ARD-„Tagesthemen".
Chefmoderator Hanns Joachim Friedrichs verkündete
voller Stolz:

**„Das Brandenburger Tor hat heute Abend
als Symbol für die Teilung Berlins endgültig
ausgedient. Ebenso die Mauer, die seit 28 Jahren
Ost und West trennt.**

**Die DDR hat dem Druck der Bevölkerung endlich
nachgegeben. Der Reiseverkehr in Richtung
Westen ist endlich frei! Dieser 9. November ist ein
historischer Tag. Die DDR hat mitgeteilt, dass ihre
Grenzen ab sofort für jedermann geöffnet sind.**

Die Tore in der Mauer stehen weit offen!"

Nach diesen Berichten gab es nun für zehntausende Ost- und West-Berliner sowie Bewohner
des Umlandes kein Halten mehr. Erst jetzt begann
jener Ansturm auf die Grenzübergänge, der die
Passkontrolleure und Grenzsoldaten dazu zwang,
die Durchlässe endgültig freizugeben und geschlagen
den Rückzug anzutreten.

Alle Fernsehzuschauer, die diesen "historischen
Moment" nicht verpassen und eigentlich nur mal
"gucken und dabei sein" wollten und deshalb an die
Grenzübergänge und das Brandenburger Tor eilten,
führten im Grunde erst das Ereignis herbei, das wohl

ansonsten in dieser Art und Weise gar nicht stattgefunden hätte.

Führende Generäle bedrängten Michail Gorbatschow, die in der DDR stationierten Soldaten aus ihren Kasernen zu holen, um die Grenzen zu West-Berlin und zur Bundesrepublik Deutschland gewaltsam wieder zu schließen, doch er lehnte dies ab.

Eine von den Medien falsch interpretierte, aber dennoch weiter verbreitete Fiktion mobilisierte schließlich die Massen und wurde dadurch am Ende doch noch zur Realität. Der Fall der Berliner Mauer reiht sich somit zu all den welthistorischen Ereignissen ein, die als Folge vorauseilender Verkündungen durch Presse-Agenturen, Fernsehen und Hörfunk überhaupt erst tatsächlich eingetroffen sind.

Durch Doping zum
Wunder von Bern?

Was am frühen Abend des 4. Juli 1954 im Berner
Wankdorf-Stadion geschah, gilt noch heute, mehr
als ein halbes Jahrhundert später, als eines der
größten Sportwunder der Nachkriegsgeschichte.
Doch der Jubel über das damalige **"Wir sind wieder
wer"** ist sechs Jahrzehnte später der kritischen Frage
"Wie sind wir es geworden?" gewichen.

**Die Studie "Doping in Deutschland von 1950
bis heute" befeuerte stets die Doping-Gerüchte
um das Herberger-Team.**

Fest steht, dass mehrere Spieler in der Schweiz
gespritzt wurden. Möglicherweise mit dem
Aufputschmittel **„Pervitin".** "Die Indizien sprechen
stark dafür", erklärte der Studien-Mitautor und freie
Journalist Erik Eggers.

1954 forschten Oskar Wegener und Herbert Reindell
an verschiedenen Amphetaminen. Sie fanden heraus,
dass Pervitin mit durchschnittlich 23 Prozent
Leistungssteigerung wohl die beste Wirkung hatte.

Bei nüchterner Betrachtung sprechen die Indizien
dafür, dass das Aufputschmittel Pervitin – das
leistungs- und aufmerksamkeitssteigernde Mittel
wurde bereits im Zweiten Weltkrieg von Heeres-
und Luftwaffensoldaten genutzt – und nicht wie
behauptet Vitamin C gespritzt wurde, hieß es in

der Arbeit "Geschichtliche Aspekte in der Präanabolen Phase", die im Rahmen der Studie "Doping in Deutschland" veröffentlicht wurde.

In einer Diplomarbeit aus dem Jahr 1959 wird beschrieben, dass im Radsport Mittel wie Pervitin, Strychnin, Arsen und Testosteron schon damals massenhaft verbreitet waren.

Weithin in Vergessenheit geriet zudem der äußerst verdächtige Umstand, dass nach der Weltmeisterschaft ein Großteil des deutschen Aufgebots an Hepatitis erkrankte, was möglicherweise sogar drei Spielern das Leben kostete.

Im Oktober 1954 wurden die ersten Fälle von Gelbsucht bei deutschen Spielern öffentlich.
So berichtete das „Hamburger Abendblatt" am 18. Oktober 1954, dass mit Fritz Walter, Helmut Rahn, Max Morlock und Ersatztorwart Bernd Kubsch nunmehr vier Nationalspieler an Gelbsucht erkrankt seien.

„Als wenige Tage darauf mit Otmar Walter ein weiterer Spieler erkrankte, war das mediale Interesse endgültig geweckt!"

Am 22. Oktober 1954 wurden auch Ärzte öffentlich zurate gezogen, darunter Prof. Dr. med. Dr. phil. Hans Harmsen, Direktor des hygienischen Instituts der Hansestadt Hamburg.

Harmsen resümierte in seiner Stellungnahme den Wissensstand der 50er Jahre: „Die Gelbsucht wird durch das Hepatitisvirus übertragen. Es gibt zwei wichtige Arten der Infektion: Das Virus kann entweder mit Nahrungsmitteln aufgenommen oder über das Blutserum übertragen werden."

Im zweiten Fall handelt es sich um eine Spritzeninfektion; das Virus kann sich nämlich an der Injektionskanüle festsetzen und bleibt auch nach einer gewöhnlichen Sterilisation am Leben. **Es wäre somit also denkbar, dass die Fußballmannschaft Injektionen bekommen hat!**

Insgesamt 13 Spieler ließen sich auf Initiative des Deutschen Fußballbundes am 27. Oktober 1954 bei mehreren Spezialisten in Düsseldorf untersuchen. Diese kamen zu dem Schluss, dass „mehr oder minder die gesamte Nationalelf leichtere Leberschädigungen davongetragen hat."

In dem vom DFB am 8. November 1954 veröffentlichten Gutachten wird eingeräumt, „dass ein Teil der Spieler Vitamin-C-Injektionen erhalten habe." Es sei dennoch unwahrscheinlich, dass es sich um eine „Spritzen-Gelbsucht" handeln könnte.

Bereits angesichts der langen Zeit bis zu den ersten klinischen Symptomen kann eine medikamentöstoxische Hepatitis, vor allem aber eine Hepatitis A (Mundinfektion), ausgeschlossen werden. Für Letztere wird allgemein eine Inkubationszeit von 15 bis 50 Tagen angenommen.

Zudem erkrankte außer der Mannschaft selbst und dem Bundestrainer, Sepp Herberger, niemand aus dem Umfeld der Spieler.

Angesichts des strengen Regiments von Bundestrainer Herberger, „der abends durch das Hotel strich, mit der Nase an den Schlüssellöchern der Zimmer schnupperte, wer noch rauchte", scheint eine sexuelle Übertragung äußerst unwahrscheinlich.

Die Spieler haben die Anschuldigungen immer zurückgewiesen: "Jeder Spitzensportler nimmt Traubenzucker. Bei uns regulierte der Arzt den Verbrauch. Der besseren Wirkung wegen nahmen einige das Dextrogen nicht als Präparat, sondern ließen es sich spritzen," schrieb Weltmeister Hans Schäfer 1964 in seinem Buch. „Das Pech aber wollte es, dass einer von uns das Virus zu einer infektiösen Gelbsucht in sich trug."

Der Spieler Horst Eckel berichtete 2004 in einer Fernsehsendung, die den damals schwelenden Dopingvorwürfen nachging (ohne zu einem eindeutigen Ergebnis zu kommen):

> **„Wir haben Traubenzuckerspritzen bekommen und da war für jeden Einzelnen ja keine Spritze da!"**

In derselben Sendung wurde auch Mannschaftsarzt Prof. Dr. med. Franz Loogen aus Düsseldorf befragt. Überraschend offen wies der Kollege darauf hin, „dass Rahn von einer Südamerikareise zurückkam

und erzählte, dass die Brasilianer alle Medikamente vor dem Spiel bekommen hätten.
Und so hieß es dann bei uns: Ja, können wir so was denn nicht auch machen?"

Loogen zufolge kann es „durchaus sein, dass bei der Injektion ein Krankheitskeim mit injiziert wurde."

Auskunft über die Hygiene bei den Injektionen erteilte Fritz Herkenrath, der Nachfolger des WM-Torwarts Toni Turek. Herkenrath, welcher Ende 1954 selbst erkrankte, berichtete, es seien auch bei Spielen nach der WM noch Aufbauspritzen gegeben worden.

„Der Arzt hat die Spritze kurz in heißes Wasser getaucht – und das war's!"

Lediglich bei Hans Schäfer (Linksaußen) scheinen sicher keine Injektionen stattgefunden zu haben. 2004 bekräftigte Schäfer in einem Interview:

„Ich kann nur für mich sprechen: keine Spritzen, keine Gelbsucht!"

Weitere Bücher

- *Gedankarium: "Auserlesenes Gedankengut" (10in1 Kollektion)*

- *Gedankarium Lite: "Gesellschafts u. Systemkritik"5+1 Edition (Band 1)*

- *Gedankarium Lite: "Philosophie" 5+1 Edition (Band 2)*

- *Pain: Wer bitte hat behauptet das Leben sei schön?*

- *Verbum et Scriptura: Das Wort und die Schrift*

- *Du bist nicht Du, wenn du wohlerzogen bist! Eine strikte Aufforderung dazu Du Selbst zu sein*

- *Freigeist: Meinung frei schnauze*

- *Demokratie? Eine Einführung der unterschiedlichen Herrschaftsvariationen*

- *Dystopie Utopie: Schlimmer geht's immer, besser wird's nie!*

- *Die höhere Erkenntnis: New Edition. (Sonderedition)*

- *Das Handbuch der Welt: New Edition (Sonderedition)*

- *SklavenLEBEN*

- *Die Datenwelt Theorie 2.0*

Raum für Notizen